高职高专公共基础课规划教材

思想道德修养与法律基础

第2版

主　编　宋彩云
副主编　王洪娇　吕秀侠
参　编　陈令霞　孙增林
　　　　佴玉杰　吴现文

机械工业出版社

“思想道德修养与法律基础”是高职院校思想政治教育重要课程之一，是高职院校对学生进行系统的马克思主义理论和思想道德教育的主要渠道和基本环节。本书包括上篇思想道德修养和下篇法律基础两部分，上篇主要内容包括：适应高职新生活、确立人生新目标；树立正确的人生观、努力实现人生价值；充分了解社会、树立正确的择业观；加强职业道德修养、做现代化建设的栋梁；尽快融入社会、在实践中锻炼成长。下篇主要就中国特色社会主义法律基本理论，宪法以及婚姻家庭、职业生活、社会生活中的重要法律规范进行了阐述。

本书可作为高职院校思想政治课教育教材，也可作为职大、函授等成人院校及应用型本科院校教学用书。

图书在版编目（CIP）数据

思想道德修养与法律基础/宋彩云主编．—2版．—北京：机械工业出版社，2015.12

高职高专公共基础课规划教材

ISBN 978-7-111-52221-8

Ⅰ．①思…　Ⅱ．①宋…　Ⅲ．①思想修养－高等职业教育－教材②法律－中国－高等职业教育－教材　Ⅳ．①G641.6②D920.4

中国版本图书馆CIP数据核字（2015）第280620号

机械工业出版社（北京市百万庄大街22号　邮政编码100037）

策划编辑：王玉鑫　责任编辑：王　慧

责任校对：王　欣　封面设计：张　静

责任印制：李　洋

北京振兴源印务有限公司印刷

2016年1月第2版·第1次印刷

184mm×260mm·12.75印张·315千字

0001－3000册

标准书号：ISBN 978-7-111-52221-8

定价：28.00元

凡购本书，如有缺页、倒页、脱页，由本社发行部调换

电话服务

服务咨询热线：010-88379833

读者购书热线：010-88379649

网络服务

机 工 官 网：www.cmpbook.com

机 工 官 博：weibo.com/cmp1952

教育服务网：www.cmpedu.com

金　书　网：www.golden-book.com

封面无防伪标均为盗版

第 2 版前言

为贯彻落实《中共中央国务院关于进一步加强和改进大学生思想政治教育的意见》精神，充分发挥高职院校思想政治理论课对大学生进行思想政治教育的主渠道作用，在党中央、国务院的高度重视、亲切关怀、悉心指导下，中宣部、教育部在2005年年初制定并印发了《中共中央宣传部教育部关于进一步加强和改进高等学校思想政治理论课的意见》和实施方案。根据有关规定，专科层次设置“毛泽东思想和中国特色社会主义理论体系概论”“思想道德修养与法律基础”和“形势与政策”三门必修课。但几年来一直没有专门针对高职院校的教材，在此前提下，2006年我们组织编写了《思想道德修养与法律基础》这本书并首次出版。近年来，随着国内外形势和高职教育的变化，国家相应的政策制度、法律法规都发生了较大变化，我们组织具有多年教学经验的教师对本书进行了修订，旨在更好地帮助高职院校的学生和教师结合自身实际，把思想政治理论课变成大学生真心喜爱、终身受益的课程。

一、“思想道德修养与法律基础”课程的性质与任务

“思想道德修养与法律基础”是高职院校思想政治教育的重要课程之一，是高职院校对大学生进行系统的马克思主义理论和思想道德教育的主要渠道和基本环节。它是以社会主义核心价值观为主线，综合运用相关学科知识，依据大学生成长的基本规律，教育引导大学生加强自身思想道德修养、树立法治观念、增强法律意识的一门课程。其目的在于培养高职院校学生树立正确的世界观、人生观、价值观，了解我国社会主义有关法律的基本精神和主要规定，真正做到依法维护国家和公民个人的合法权益，真正成为拥护党的基本路线，适应生产、建设、管理、服务第一线需要的德、智、体、美全面发展的高素质、高技能应用型专门人才。

二、“思想道德修养与法律基础”课程的基本内容、教材的结构特点

根据“思想道德修养与法律基础”课程的性质与任务，本书在编写过程中重点结合高职教育的特点，在教材内容和结构设计上突出体现如下特色：教材内容分为上、下两篇，上篇（1~5章）是思想道德修养，下篇（6~8章）是法律基础。

思想道德修养部分根据高职院校学生的实际情况，突出职业教育特点，围绕学生在校学习期间的三个阶段（即转变适应期、目标确定与健康成长期、择业就业期）遇到的主要问题进行撰写，尤其结合社会现实突出了对职业选择、职业道德修养以及职业适应等热点、难点问题的阐述，增强了高职院校思想政治课教育的针对性、实效性。

在适应转变、健康成长部分，主要阐明了高等职业教育的性质、特点及大专院校学习、生活环境的特点，对大学生在转变适应期普遍存在的目标迷茫、身心问题和人际交往障碍进

行了分析，并针对大学生的身心特点阐述了解决问题、消除障碍的途径和办法，旨在帮助大学生尽快熟悉新的成长环境，正确确立自身成长目标，为大学生顺利成才打下良好基础。

择业就业部分，主要介绍了我国现行的就业制度及相关政策法规，并就当前的就业形势进行了分析，以帮助学生树立正确的择业观。为使高职院校培养出来的学生真正具备适应生产、建设、管理、服务第一线岗位实际需要的工作能力，具有较强的创业精神和良好的职业道德，该部分还重点对我国的就业准入制度、职业资格制度、职业道德及其在企业发展和个人成长过程中的作用、职业道德规范、职业道德修养进行了阐述。同时，根据一部分学生由于思想认识不够、心理准备不足，就业初期不能很快适应岗位需要，容易产生挫折感这一现实情况，增加了职业适应这一内容，以帮助初次就业的学生平稳地度过职业适应期。

法律基础部分，结合当前依法治国的形势，主要围绕法律原理与法律体系、依法治国与法治理念、具体法律规范三部分展开。

法律原理与法律体系部分，主要阐述了法律的概念、特征及其历史发展，我国社会主义法律基本原理，中国特色社会主义法律体系，旨在不断促使大学生树立法律意识，增强维护法律尊严的自觉性和责任感。

依法治国与法治理念部分，重点介绍了依法治国的含义、总体目标、基本要求、意义，以及社会主义法治理念的内容、意义、培养法治思维方式的途径等内容，旨在帮助大学生树立法治理念、法治意识，养成依法办事的习惯。

具体法律规范部分，主要从婚姻家庭、职业领域以及社会生活领域三个方面着手，重点介绍了《婚姻法》《继承法》《劳动法》《劳动合同法》《劳动争议调解仲裁法》《治安管理处罚法》《刑法》《民法》《诉讼法》等与大学生密切相关的法律，旨在帮助大学生在生活中能知法、守法，并依法理性处理好婚姻家庭生活、职业生活、社会生活中的各种问题，构建和谐家庭、和谐职业、和谐社会生活。

本书在章节结构上采取了概要及学习要点、基本理论、关键术语、案例评析、思考与练习的方式，尤其是案例评析部分，选编了既有说理性又有知识性、趣味性的典型案例作为素材，通过评析的形式，帮助学生从多角度理解所学内容，对于切实提高学生的综合素质起到了十分重要的作用。

三、学习“思想道德修养与法律基础”课程的重要意义和方法

“思想道德修养与法律基础”课程是在总结高职院校德育工作的丰富经验和长期科学研究的基础上形成的，是关于大学生思想、政治、道德、法律意识和心理素质教育培养的系统理论和知识。学习本课程的意义在于：了解党和国家对大学生思想、政治、道德、法律意识和心理素质等方面的基本要求，明确自己的努力方向和奋斗目标，提高人文素养，用正确的世界观、人生观、价值观指导实践，为在大学学习期间健康成长和未来生活打下良好的思想基础。

“思想道德修养与法律基础”课程是一门融政治性、思想性、科学性、知识性和实践性为一体，以应用为中心的多学科知识相结合的思想教育与法律修养课。学习这门课程必须要有科学的态度、正确的方法，既要掌握理论又要付诸实践，同时不断总结反思，这样才能取得良好效果。这里介绍几种主要的学习方法：

（一）要坚持以科学的理论为指导思想

“思想道德修养与法律基础”课程具有强烈的政治性和思想性的特征。我们在学习“思想道德修养与法律基础”课程的过程中，一定要坚持以马克思主义、毛泽东思想和中国特色社会主义理论重要思想为指导，坚持辩证唯物主义和历史唯物主义的基本观点，坚持把坚定正确的社会主义政治方向放在首位。马克思主义、毛泽东思想和中国特色社会主义理论是本课程的理论基础，辩证唯物主义和历史唯物主义是马克思主义的科学世界观和方法论，也是学习“思想道德修养与法律基础”课程必须坚持的基本观点和基本方法。在学习的过程中，要注重把马克思主义的基本观点和方法与中国的实际情况结合起来，以实事求是的态度学习和践行马克思主义的基本观点和方法。

（二）要切实贯彻理论联系实际的基本原则

“思想道德修养与法律基础”课程还具有鲜明的理论性和知识性的特征。理论联系实际不仅是要坚持的学风，而且是学习本课程必须遵循的基本方法和根本要求。要做到理论联系实际，首先，必须重视“思想道德修养与法律基础”课程的理论学习，没有正确的理论，就没有科学的思想，把握不住事物的本质，就不会有正确的行为，也就谈不上理论联系实际。理论学习比较枯燥，一定要下苦功夫，要勤于思考，注重领会其精神实质，要反对形式主义和教条主义的学习态度。其次，要理论联系实际。理论联系实际包括联系现实的社会实际和自己的思想实际及自身的行为实际，如在思想道德修养方面，要联系自己和现实社会上各种各样的思想实际及热点问题，运用科学的理论观点和科学的世界观、人生观、价值观，有针对性地分析、思考，解决思想深层次的问题，提高自己的思想道德修养。在法律基础方面，联系我国改革开放和社会主义现代化建设的实际，特别是依法治国，建设社会主义法治国家，加强社会主义民主法制建设的实际，从理论和实践的结合上进行学习、思考、研究和运用，学以致用。要注意分析现实社会上的案件，以提高自己运用所学法律知识分析和解决问题的能力，提高自己的社会主义法制观念和法律意识。

（三）要将书本知识的学习和社会实践活动结合起来

“思想道德修养与法律基础”课程还具有较强的应用性和实践性的特征。学习“思想道德修养与法律基础”课程，不但要重视理论知识的学习，重视理论联系实际，而且还要重视社会实践活动，要将书本知识的学习与社会实践活动结合起来。这就要求我们在学习“思想道德修养与法律基础”课程过程中，一方面要阅读大量的与思想道德修养有关的政治学、伦理学、社会学、心理学、人才学等方面的书籍，学习有关的法律、法规、法制宣传教育方面的知识，观看新闻、影视作品等；另一方面，要投身到现实社会实践活动中，在实践中学习，接受实践的检验，如有条件可以通过到社会上参观学习、亲身实践、旁听法院庭审等，加深对书本理论知识的理解。

（四）要坚持社会教育与自我修养相结合的原则

“思想道德修养与法律基础”课程是一门思想政治教育课，其目的在于使大学生树立科学的世界观、人生观和价值观，增强社会主义法制观念、法律意识。而科学的世界观、人生观、价值观和社会主义法制观念、法律意识的形成，一方面需要接受社会教育，如家庭教育、学校教育、日常报刊、影视作品、网络及其他媒体方面的宣传教育和社会实践教育等；另一方面，更要注重自我修养和自我教育。社会教育、理论知识学习和他人的帮助，只有通过自我修养、自我教育，才能转化为自己的东西，才能真正成为自己思想的组成部分和行动指南。也只有在日常生活中不断自我修炼、自我教育，科学的世界观、人生观、价值观和社会主义法制观念、法律意识才能不断得到巩固和提高。

（五）要坚持知行统一的原则

知行统一不但是学习“思想道德修养与法律基础”课程的出发点，而且是落脚点。在知行关系当中，“知”是“行”的前提，“行”是“知”的目的。不“知”而“行”，会使“行”失去方向，走上违法乱纪、不道德的人生道路；但只“知”不“行”，“知”也就会失去意义。“思想道德修养与法律基础”理论知识的学习，目的是让学生知道自己应该做什么，不应该做什么，以及应该如何做，不应该如何做。对于大学生来说，“行”最基本的是从自我做起，从现在做起，从一点一滴做起，边学思想道德理论和法律知识边实践，在实践中加深对思想道德理论和法律知识的认识和理解，用所学思想道德理论和法律知识更好地指导自己的行为和社会实践活动，做到自己的行为和社会实践活动同所学理论知识相一致，真正实现知行统一。

（六）要注重交流、勤于思考

在学习“思想道德修养与法律基础”课程过程中，要勤于思考，经常讨论。对不懂的问题，对社会上各种各样的问题要多动脑筋思考，多想想为什么；通过相互间经常讨论，可以取长补短，弄清是非，达到共同提高的目的。要注意收集社会上的先进事迹、模范英雄人物事例作为自己学习的榜样，并运用所学思想道德理论和法律知识，分析社会上发生的现实案例。要注意关心时事政治、关心国家大事，真正提高自己分析问题、解决问题的能力。

编　者

目　录

上篇

思想道德修养

第一章　适应高职新生活　确立人生新目标

概要及学习要点

高等职业教育既是高等教育，又是职业教育。作为高职院校的学生，面对的是不同于普通高等教育的教育教学环境和目标，为使刚刚入学的新生尽快适应高职教育，本章除了介绍高职新生活的特点外，重点阐述了高等职业教育的性质、特点和培养目标，以便使刚刚入学的大学生能够根据高等职业教育的特点调整身心，科学地确立自己的成长目标。

第一节　掌握高等职业教育的性质、特点

我国的高等职业教育是从 1999 年才开始成规模地发展起来的，近年来，我国高等职业教育发展很快，办学规模迅速扩大，办学水平不断提高，办学特色日趋明显，已成为各地教育发展的重点和社会关注的焦点。截至 2013 年年底，全国具有高考招生资格的高职（高专）院校共有 1321 所。年招生 318 万，在校生 973.6 万，分别占高等教育的 45.5%、39.5%。以加工制造、高速铁路、城市轨道交通、民航、现代物流、电子商务、旅游服务、信息服务、汽车维修等行业为例，近年来一线新增从业人员中，职业院校毕业生占七成以上。进入高职院校学习的学生，应首先对高职教育的性质和特点等问题有一些基本了解。

一、高等职业教育的性质、特点

（一）高等职业教育的性质

高等职业教育既是高等教育，又是职业教育。在整个教育系统内，从层次上来划分，高职教育属于高等教育，是高等教育的重要组成部分。与职高、中专、技校等中等职业学校提供的中等职业教育相比，虽在类型上同属职业教育范畴，但高职教育处于更高的等级和层次，高职毕业生可以适应高新技术产业和科技含量更高的职业岗位，具有更强的技术应用能力和创新能力；从类型上来划分，高职教育又属于职业教育，所以，与大家熟悉的传统的普通高等教育相比，虽在层次上同属高等教育，但高职教育与普通高等教育在性质、类型、培养目标与教学特点等方面有很大的不同，具有高职教育自身的特色；如根据《中华人民共和国劳动和社会保障部令》第六号《招用技术工种从业人员规定》中第三条、第四条：一是明确规定国家实行职业资格证书制度，二是明确规定各职业（技术）学校毕业（结业）学生，必须取得相应职业资格证书后，才能到技术工种岗位就业。故高等职业教育是兼有高等教育和职业教育双重属性的一种新的高等教育类型；高职教育培养的人才，既要达到高等教育的基本规格要求，又要具有职业教育特点，要面向实际，突出应用性、实践性，毕业生

要有较强的现场解决实际问题的技术应用能力和创新能力。

（二）高等职业教育的特点

1. 从培养目标看具有职业定向性

高等职业教育培养目标是具有必要的理论基础和较强的技术开发能力，能够学习和运用高新技术知识，创造性地解决生产经营与管理中的实际技术问题，能够与科技和生产操作人员正常交流，传播科学技术知识和指导操作的技术应用型人才。为此，要求高等职业教育必须围绕和针对职业岗位的需求组织和实施教学。

2. 从专业设置和知识结构看具有对社会需求的适应性、针对性

高等职业教育要针对地方经济和社会发展的需要，按照技术领域和职业岗位的实际要求设置专业。专业设置应把握市场的需求性、专业的超前性和可行性。高等职业教育的课程结构不必追求理论的系统性和完整性，只要求掌握本专业必要的理论基础知识即可，它更强调本专业技能的实用性、针对性和所学理论基础知识在实际中的适用性。无论理论基础还是实践技能都以“必需、够用”为度，以实际应用为重点。其教学内容根据特定职业的岗位规范和技能要求，根据用人单位对所需人才的能力和知识结构的要求来确定，突出实用性、工艺性、实践性。注重培养学生的合作能力、自我调节能力、独立思维能力、创新能力、科技成果转化能力及分析解决问题的能力，即围绕着职业技术岗位，培养能解决职业岗位实际问题的实际操作能力，同时注重培养学生对职业岗位变动的良好适应性。

3. 从师资看强调建设一支高素质的“双师型”教师队伍

师资队伍是提高高等职业教育办学水平和质量的关键。与普通高校相比，从事高等职业教育的教师，应具有更为全面的知识储备，较高的专业技术应用能力和组织管理能力，较强的社会活动能力和知识创新能力；既要成为本专业的讲师、教授，又要成为本专业的工程师、经济师、会计师或技师等。教师要定期到企事业单位的生产和管理第一线去，学习和掌握现代生产技术，不断更新知识，丰富实践经验，提高教学水平。总之，高等职业教育的师资队伍应该是一支学术水平和教学水平高、实际工作能力强的“双师型”专兼职教师队伍。

4. 从毕业生看实行的是学历证书和职业资格证书“双证型”教育

《中华人民共和国职业教育法》规定：“实施职业教育应当根据实际需要，同国家制定的职业分类和职业等级标准相适应，实行学历证书或培训证书和职业资格证书制度。”因此高等职业教育的学生在获得毕业证书的同时还要求按照国家制定的职业分类和职业等级、职业技能标准获得相应的职业资格证书。职业资格证书作为就业的凭证和通行证，可以使学生适应劳动力市场就业需求，拓宽就业门路，提高竞争能力。实行职业资格证书制度，有利于提高大学生的职业素质和职业技能，为大学生自主择业和用人单位择优用人提供客观公正的职业技能凭证。

二、我国高等职业教育目前的发展现状及未来趋势

（一）专业设置迅速适应职业结构和产业结构的变化具有一定的浮动性

当今社会，经济建设飞速发展，新兴产业、行业随时都会应运而生，使得社会对人才

的需求不断变化。高校是培养人才的基地，专业的设置要经过预测，适度超前，紧贴社会需求，这样高校才能掌握办学的主动权。同时以社会需求量比较大的长线专业作为相对稳定的专业，优化专业结构，将课程设置分为基础知识、基本技能训练、专业知识与专业技能训练三部分，形成以模块为主的综合课程，利用分割与组合的方式，由相对稳定的专业派生出新的专业或专业方向，使浮动性与稳定性相结合，以不变适应社会需求的多变。

（二）实践教学内容贯穿高等职业教育的全过程

高等职业教育的整个过程，强调理论与实践、知识和能力的有机结合，实践教学贯穿教学的全过程。不同的专业根据自身特点合理确定实践教学在整个教学计划中所占的比重。在整个教学计划中，理论教学与实践教学穿插进行，在不同的学习阶段对实践提出不同的要求。在主要课程之后都会安排一些实践活动，使学生能够运用所学的知识，解决某些问题。在每一个教学环节中，随时随地将理论与实践结合起来讲授，使学生在做中学，在学中做，边学边做，教、学、做合一。

（三）全方位、多层次面向社会办学，走产业化发展道路

高等职业教育既然要按照市场经济的需要或者说按照产业的需要办学，就必须贯彻产学研结合的原则，坚持理论与实践相结合，教育与生产劳动相结合。目前许多高等职业院校都建立了由企业、学校的专家组成的专业指导委员会，对高等职业教育的专业设置、教学计划、课程设置、实践环节等进行可行性论证，确定方案，使教学内容更加丰富，更加切合实际需要。同时根据优势互补、共同受益的原则，巩固和建设一批相对稳定、形式多样、效益显著的“教学实训基地”，通过实施“订单式”培养，使学校、企业、社会连成一片，紧紧依靠社会，开放式办学。走依靠产业办专业，发展专业促产业的产业化发展道路，使学生在社会、企业的大课堂中锻炼工作能力和专业技能，增强岗位意识和敬业精神，提高科研意识，启发创造性思维，也强化了学生的产品质量意识和市场竞争意识，便于学生进行职业适应和职业发展。

（四）国际交流与合作势在必行

高职教育的定位是服务于地方经济，不同地区，经济发展模式、发展重点等方面自然会有所不同，但随着世界经济全球化时代的到来，加强高职教育领域中的国际合作，高等职业教育国际化已成为一种趋势。世界各国之间在高等教育领域中的合作日益频繁，合作项目已涉及开发研究、互认学分、互派访问学者等各个方面。对于我国的高职教育而言，由于发展模式还不成熟，可将西方国家已经比较完善的职业教育模式作为我国职业教育发展的参考。并且在借鉴的同时要清醒地认识到，一种教育模式的形成是以一个国家政治、经济、文化等各方面长期发展和积淀为基础的，有着浓厚的历史和文化背景。要明确的最重要一点是我们到底要从中学什么，如何学，如何结合当地的实际来学。

（五）进一步找准定位、办出特色是高职教育的必然选择

对于高职院校来说，“定位”有三层含义，其一是培养目标的定位，即培养什么样的人

才；其二是办学层次的定位，是专科层次而非本科层次；其三是当地区域性经济重心的定位。前两个定位从目前看，基本上已很明确，关键是第三个定位，如何办出特色、逐步建立起个性化教育模式是所有高职院校在苦苦探索的问题，高职教育是面向区域性经济的，只有找准经济定位，才能知道社会到底需要什么样的人才。

第二节　学会积极适应新生活

渴望早日走上社会，成为有用之才，施展自己的才华与抱负，是莘莘学子的共同心声。但在制订各种计划的同时，同学们首先必须学会去面对和适应全新的环境。能否尽快适应大学生活、融入大学环境，与大学生的健康成长有着极其重要的关系。有些人做到了，其大学生涯自如地展开，有些人却在较长时间内处于困惑、探索和调整之中，以致影响了学业。因此，正确认识和适应环境，是大学生进入大学校园后的重要一课。

一、积极适应新的学习环境

所谓环境，是指环绕在人们生活的周围并对人们产生某种影响的客观现实，是人们赖以存在和发展的自然条件和社会条件的总和。大致而言，环境可分为两类：一是自然环境，二是社会环境。环境总是处在不断变化之中，随着社会的进步，社会环境与人类生活的联系越来越紧密，其变化对人的影响也越来越大。大学生只有不断调整自己，认识和适应新的环境，才能健康成长、幸福生活。

（一）新的学校环境

学校环境是指在学校所在地学习、工作和居住的师生员工所面对和感受的一切自然条件和社会条件的总和。大学环境从范围上看，不仅包括校内环境，还包括与学校有密切关系的周边环境；从表现形式上看，可分为硬环境和人文软环境。

1. 学校内部环境

硬环境包括学校的整体规划、空间布局和设计风格，如校园，校园内的教学区、生活区、娱乐区，学生宿舍、食堂、教室、操场、图书馆、文艺体育场所的设备等。人文软环境包括学校的历史、校风、教风和学风、校园思潮、规章制度、价值观念、道德规范，还有墙报、板报、橱窗、校园广播、电视台、校园网、校刊校报等各种宣传园地和媒体所营造的校园文化氛围。

2. 学校周边环境

硬环境还包括学校所在城市的政治经济发展水平、市区面貌、道路交通、生态环境、风景名胜、历史古迹、人文景观等。人文软环境包括社会风气、市民素质、治安状况、大众传媒、方言俚语、文化传统、风俗习惯、消费水平等。对大多数新生来说，上大学意味着独立生活的开始，是社会化进程中的重要阶段，也是他们正式进入社会前的预演和培训。

学校内部环境就像一个基地，为同学们进入社会提供全方位支持；学校周边环境就像一座桥梁，为同学们接触社会提供各种机会。然而，“基地”和“桥梁”的作用能否得到真正发挥，取决于同学们能否尽快适应复杂的环境。初来乍到的大学新生，对新的学校环境的所有体验都是直观、感性、局部和表面的。有的人刚刚看到眼前的市容和大学的校门就非常失望，或者在走遍整个校园之后觉得也不过如此，想象与现实之间的差距造成了心理落差，产生了排斥情绪；也有的人对新环境非常满意、非常兴奋，很快就接受了现实。无论大家对自己的新的学习和生活环境是否满意，都应当像俗话所说的“既来之则安之”，积极地去适应、去融入，尽力去发现新环境的闪光之处，在时间的流逝中加深对新环境的认识，培养出对“第二故乡”和大学的深厚感情。

（二）新的日常活动环境

大学生新的日常活动环境包括大学生的学习环境、生活环境和组织环境。

1. 宽松与紧张并存的学习环境

中学阶段的教学，主要是基础教育，以基础知识的储备为主，内容上局限于教材，所以每一个词、每一个概念，老师往往都给予明确的解释，中学生进行更多的自学和独立思考的空间有限。在形式上多是采取小班上课，学习的进度固定，每星期、每天、每节课都被安排得满满当当，学习环境的确定性很强。

大学就完全不同了。学习知识的广度和深度都大大增加，有确定的专业方向，需要大学生发挥主动性，在课余时间广泛涉猎相关知识，掌握科学的学习方法，培养自学能力和独立思考问题、分析问题、解决问题的能力。同时，学习环境的弹性大，空间也经常变换。

1）大学实行的是学分制，除了公共科目、专业基础知识必修之外，各专业都开设选修课，大学生可以根据个人兴趣和能力选择选修课程。

2）在大学周课表上，有老师讲授的正课仅占去一部分时间，其余的自修时间，大学生可以自由支配；这就要求学生在学习上要有较强的自律性。

3）大学老师所讲内容信息量大，不局限于书本，还常常涉及本学科研究的最新动态和成果，并且许多问题尚无结论，这就要求大学生上课时不仅要认真听课、做好笔记，还要开动脑筋，主动参与，积极思索。有时在学习过程中遇到了困难，要发扬刻苦钻研的精神，除了要及时与老师、同学交流沟通之外，还要充分发挥图书馆和网络的作用，学会利用图书馆和互联网搜索资料和掌握信息是现代大学生必备的技能之一。

4）作为高职院校的学生除了课堂学习之外，还要经常参加一些课程的实训、实习以及综合素质训练等大量实践活动，以便尽快提高能力，适应岗位需要。这又要求学生有较强的动手能力和吃苦耐劳精神。

5）高职院校的课程考核越来越注重过程化，教师一般都会在每次课后布置大量课外阅读书目或作业，期末复习没有范围和重点。故要求同学们注重把功夫多用在平时，注重学习过程中能力的提高，切忌搞期末突击。

2. 统一与独立并存的生活环境

来到大学，住集体宿舍，多人生活在同一生活空间，对许多大学生来说需要有一个适应的过程。集体宿舍是大学生们起居、互访和相对自由活动的生活场所，也是最能留下美好回忆的地方。一个宿舍里住了好几个人，大家来自四面八方，个性、生活习惯、行为方式等各不相同，难免会有摩擦。如果谁都不让步，只想让别人迁就自己，结果只能是摩擦加剧，关系失和，失去了理想的生活环境。反过来，如果大家相互配合、相互照顾、相互尊重、自我管理，遵守基本的公共道德和行为规范，就能和睦相处，逐步建立稳定而持久的情谊，培养出对宿舍的归属感，使之充满“家”的气氛。

在大学里，没有父母可以依靠，饭来张口、衣来伸手的日子结束了，独立自主的生活开始了。许多人在中学时代强烈希望自己能过上独立的生活，但真的过上了，又会发现所要面对的问题之多、困难之大是始料不及的，自理能力强的同学会很快适应这种生活，应对自如，而有些自理能力差的同学，则可能计划失当，生活中难免出现这样那样的困难。大学新生对此要有充分的思想准备。

3. 多彩与严谨并存的组织环境

进入大学后，各种校园组织都会热忱欢迎新成员加入，以扩大组织力量、提高活动水平。除了正式的组织，如党组织、团组织、学生会、班委会、校园广播台、网络管理服务中心等外，也有业余的、由志趣爱好相同的学生自愿组织起来的各种学生社团。这些社团有各种类型，一是专业学术型，如马克思主义基本原理学习小组、科普协会等；二是文体娱乐型，如文学社、诗社、艺术团、演讲协会、足球协会、集邮协会、摄影协会、书法协会等；三是社会服务型，如无线电修理小组、科学咨询服务中心等。同学们可以根据自己的特点和爱好，经过慎重考虑之后，选择一两个社团参加，丰富自己的课余生活，锻炼自己的组织和交往能力。除了日常的内部活动之外，这些组织还会想方设法举办各种校园活动：一是各类比赛，如辩论赛、歌手大赛、演讲比赛、宿舍文化大奖赛、主持人大赛、服装设计大赛等；二是各种争先创优活动，如评选三好学生、优秀学生干部、优秀团员、文明宿舍等；三是书展、画展、书法展、沙龙、讲座、报告、联谊会、舞会、文化艺术节等。丰富多彩的校园活动不仅使大学生们能在参与中展示自己的特长和爱好，在竞争中提高素质和能力，而且在相互交往中也增进了友谊。

二、主动熟悉并积极参与新的人际交往活动

进入大学，大学生们将面对一个全新的人际交往环境。在这个环境中，有些人如鱼得水，交往广泛且成功。有些人则会感到迷茫和不知所措。还有少数同学把人际关系搞得十分紧张，自己也为此十分苦恼。那么，这个全新的人际交往环境究竟有什么特点呢？

（一）与老师的交往

大学的学习和生活与中学不同，对学生的自学能力和自我管理能力要求较高，学生对教师的心理依赖逐渐减弱，可自由支配的时间增加，使师生之间的交往相对松散、活泼。一般来说，大学生接触最多的是自己的辅导员、班主任或专业导师，他们一般不会像中学老师那样事无巨细地去过问学生在校生活的方方面面，更多的是通过与学生的交往、交流，从思想、方法、目标上对学生进行教育和引导，他们与学生的关系平等，会像朋友一样与学生交流思想、促膝谈心，并参与班级组织的各项文体活动，而班级的日常事务基本上由班委会负责。至于其他任课教师，他们面对不同班级的学生，学生数量多，接触时间短，一般情况下，这些任课教师上课来，下课走，接触机会相对较少，只在其

授课时间或辅导时间与学生接触切磋学问或探讨问题，因而一般是单纯的教学关系。此外，大学生自主意识增强，对教师的授课质量有更高的希望和要求，经常会对教师的教学内容、方法、工作态度进行评价，更愿意与学术水平高、教学态度好、师德高尚的老师接触，由衷地敬佩甚至崇拜这些老师。管理育人的行政人员、服务育人的学校职工等也是大学生经常要面对的人际交往对象，比如宿舍、食堂、图书馆的管理人员等。与师生关系不同，这些交往的顺利进行，必须建立在自觉遵守相应的规章制度的基础上，否则大学生的行为就会受到批评和制约。

（二）与同学的交往

在中学时代，同学们彼此地域同一，语言、生活习惯相近，交往空间较小，交往频率较高。但是，由于他们对家庭和父母的依赖较深，使得那些必须通过人际交往才能办到的事情，很多都由家长或他人代劳了。因此，中学同学间的交往背后很少会有利益交换存在，他们只是从个人的喜好出发，愿意交往才交往，不愿意交往则不交往。也就是说，中学同学间的接触虽多，但相互交往更多是根据个人的意愿来取舍。与中学相比，大学班集体由来自全省乃至全国各地，由有着不同方言和生活习惯的大学生组成，同学间的交往情况发生了重要的变化。一方面，入学初期，大多数学生是从中学校园直接走进大学校园，社会阅历浅、思想单纯，相互之间能够自然地产生纯朴的“同窗”情谊，形成友好的同学关系。另一方面，随着相互交往和了解的深入，不同的地域出身、家庭背景、个性特点、生活习惯，甚至不同的方言，都有可能成为继续交往的障碍，而大学生在学习上、课余活动等的激烈竞争中，往往夹杂着利益冲突，容易对相互间的正常交往造成伤害，有些人因此开始逃避与周围同学的交往。但是，大学生远离了家人的呵护，独立地生活，许多人际交往不再是可有可无的，不再可以任性、随意，特别是同宿舍的同学，朝夕相处，低头不见抬头见，大家必须遵守共同的规则，必须学会彼此尊重、宽容、忍让，与性格、生活习惯不同的人友好共处，否则必然会感到孤独，感到同学间没有友情，使自己的大学生活备受煎熬。在大学校园里，很多新生都热衷于找老乡，与居住地相同或相近的老乡进行交往成为大学生交往不可或缺的一个方面。共同的乡音俚语、饮食习惯，很容易使不同专业、不同年级甚至不同学校的大学生们联系起来，大家一起交流大学生活经验，减轻心理震荡，获得情感共鸣，摆脱暂时的孤独和对家乡的思念。但人际交往是复杂的，形式可以多种多样，唯此才能有利于自身的成长。因此，大学生不能局限于与老乡的交往，否则就会造成一定程度的封闭，减少与其他人相互交流、共同提高的机会。

（三）与父母的交往

大学生异地求学，或虽在本地上学，但却离家住校，从而与父母在地域上隔得远了，相处的时间减少了，相互间的了解途径和交往方式也会有所变化。一般来说，大多数学生都会随着时间的推移觉得自己长大了，会有意识地、积极地调整心态以适应新的环境。他们能体谅父母对自己思念的心情，因此，他们会通过书信或电话及时、主动地向父母汇报自己的学习、生活等情况，和父母加强思想感情的交流。有的同学因家境困难，很体谅父母的辛苦，进入大学就开始勤工俭学，经济上逐步独立，不仅减轻了家里的负担，甚至有时还给家里一定的帮助。他们让父母欣慰地感觉到孩子真的长大了，懂事了。但有些同学平时对父母依赖性很强，有时会非常想家，想父母，电话天天打是不用说的，而且经常抽空或逃课回家；有的同学因为生活、学习出现了一时的困难，还会把自己的不良情绪带给父母，让父母牵肠挂肚。也有少数同学随着知识的增加，和父母越来越没有共同语言，因而不再经常与父母联系，更不用说进行情感沟通，只有缺钱了才想起父母。一旦父母有不同意见或提出不同看法，有的同学还会有过激的语言和行为，因此伤了父母的心。大学生究竟应该如何与自己的父母保持感情的沟通和联系，值得每一位同学认真思索。

（四）社会交往

现时代，社会对人际沟通能力提出了较高的要求。就业压力日益增大的大学生们，要想在激烈的竞争中脱颖而出，找到理想的工作，较强的社会交往能力是必不可少的条件。扩大社会交往的方式多种多样。如加入学生社团、参加社会公益活动、勤工助学、积极参与各种形式的实践教学活动等，积极健康的社会实践活动是扩大社会交往面的一个必不可少的途径。通过各种社会实践活动，大学生们既可以增加对社会的了解，也可以扩大社会交往的范围，还能够提高自己独立谋生的本领。但需要注意的是，在如何对待社会交往的问题上，应注意避免两种倾向。一种是社会交往活动太多，对象太杂，频率太高，认为“多一个朋友多一条路”“关系也是生产力”。如果抱着这样的心态盲目交往，就会严重影响学习甚至使自己染上不良嗜好。另一种是社会活动、社会交往过少，“两耳不闻窗外事”，只管埋头读书，注重了书本知识的积累，却忽视了实践能力的培养。现代大学生要善于在各种社会交往中培养自己的亲和力，掌握与不同类型、不同层次的人交往的技巧、方法，为自己营造一个和谐的人际环境；同时，社会毕竟是复杂的，思想单纯、阅历不深的大学生们要有自我保护意识，谨慎交往，以免上当受骗。

（五）网络交往

网络拓展了人类交往的空间，网络交往已经成为一种重要的新型人际交往方式。人们通过微信、QQ、电子邮件等手段在网络虚拟社区中聊天、交友、游戏等。一般来说，网络人际交往对大学生来说具有双重效应。一方面是积极影响。有的大学生通过网络交往结交了许多朋友，获取了很多有价值的信息，开拓了思路，使自己受益匪浅。另一方面是消极影响。有的大学生患上了网络人际依赖症，他们将虚拟当作了现实，过度热衷于网络交往，过分迷恋在网络上产生的友谊或爱情，并幻想用这些虚拟的人际关系取代现实的人际关系。他们与周围的人没有共同语言，缺乏社会沟通和人际交流，出现孤独不安、情绪低落、思维迟钝、自我评价降低等症状，严重的甚至出现自杀意念和行为。还有的大学生在进行网络交往时受到不良影响，在网络空间里肆无忌惮地放纵自己的思想、言语和行为，全然丧失了道德良知，责任意识淡薄。为了消除网络交往的消极影响，同学们要学会充分利用网络为自己的学习、工作和生活服务，不在网络上无谓地消磨时光。只有“进得去，出得来”，才能使虚拟社会与真实社会相互补充，相得益彰，才能在虚拟社会与真实社会中健康成长。同时，要具备必要的网络伦理知识，培养道德自律意识，正确把握网络人际交往。由于网络人际交往的对象错综复杂，而且除了熟人之外，一般都是在匿名状态下进行的，没有面对面的接触，彼此的认识和了解只是建立在文字交流的基础之上，更容易被别有用心之人利用和欺诈，因此，同学们在进行网络人际交往时，在付出满腔真情之前，必须小心慎重地识别，谨防上当被骗。

第三节　尽快确立成长新目标

高职学习阶段是大学生学习知识、培养能力、发展智力、丰富阅历、积累经验、准备承担成人责任的过渡期，也是大学生步入社会的准备期。对于每一名大学生来说，也是一生中最重要的时期之一。大学生既要适应前所未有的生活，扮演新的社会角色，又要面对新的环境，排除困惑，确立发展方向和成长目标，并通过努力找到实现理想的正确途径。作为高职院校的学生首先要了解时代的要求和高职院校人才培养目标的特殊性，这样才能准确定位，真正担负起时代赋予的历史使命。

一、掌握知识经济时代对人才素质的要求

21 世纪，是一个以知识为基础的经济时代，经济发展越来越呈现以下特征：

1）科学和技术的研究开发日益成为经济发展的重要支撑。

2）信息和通信技术在经济的发展过程中的中心地位越来越突出。

3）服务业在经济发展中开始扮演主要角色。

4）人力素质和技能成为经济目标实现的先决条件。

从我国经济社会发展现实情况来看，我国目前正处在向工业化、城市化转型时期，这一时期资本和土地资源等传统生产要素对经济增长的贡献率会出现递减趋势，同时，我国无论是维系人们基本生存的耕地资源、淡水资源，还是支撑经济持续增长的能源和矿产资源都相对短缺，要加快经济增长方式的转变、缓解资源约束的矛盾，必须增强自主创新能力。但近年来的实践证明，劳动者的素质和创新能力不高，已经成为制约我国经济发展和增强竞争能力的瓶颈。我们既需要一大批从事科学研究、工程设计的人才，也需要培养一大批在生产一线从事制造、施工等技术应用工作的专门人才。否则，即使有一流的产品设计，最好的研究成果，也很难制造出一流的产品。高等职业教育正是为满足这种需要而及时发展起来的，其培养目标也是与我国社会主义现代化建设要求相适应的。面对知识经济的滚滚浪潮，面对以信息技术、生物技术为代表的高新技术及其产业化迅猛发展的现实，当代大学生要义不容辞地承担起中华民族科技创新、步入世界先进民族之林的历史重任，自觉加强创新精神、创新意识和创新能力的培养，为尽快实现国家的繁荣昌盛和民族的伟大复兴贡献自己的智慧、青春和力量。

二、明确我国高职教育人才培养目标的特殊性

高职教育是我国高等教育的重要组成部分，高职毕业生要热爱社会主义祖国，拥护党的基本路线，懂得马克思主义、毛泽东思想和中国特色社会主义理论的基本原理，具有爱国主义、集体主义思想和良好的思想品德；在具有必备的基础理论知识和专业知识的基础上，重点掌握从事本专业领域实际工作的基本能力和基本技能；具备较快适应生产、建设、管理、服务第一线岗位需要的实际工作能力；具有创业精神、良好的职业道德和

健全的体魄。根据这一总体目标要求，高职院校的教育教学体系主要以知识、能力、素质为主要结构，以技术应用能力的培养为主线进行设计，且实践教学在教学计划中占有较大比重，毕业生具有基础理论知识适度、技术应用能力强、知识面较宽、综合素质高等特点。

高职院校的学生要担负起时代赋予的历史使命，必须明确高等职业教育在人才培养目标方面的特殊性，并根据这一特殊性制订自身成长计划。

我国高职教育人才培养目标目前看主要有以下特点：

1. 人才层次的高级性

高职教育是高等教育的重要组成部分，属于高等教育的范畴。高职人才必须具备与高等教育相适应的基本知识、理论和技能，掌握相应的新知识、新技术和新工艺，以较强的实践动手能力和分析、解决生产实际问题的能力区别于普通高等教育，以较宽的知识面和较深厚的基础理论知识区别于中等职业教育。

2. 知识、能力的职业性

高职教育是一种职业教育，它对学生进行某种职业生产和管理教育，以提高职业技术水平为目的。它以职业岗位群的需要为依据开发教学计划，在对职业岗位群进行职业能力分析的基础上，确定培养目标和人才规格，明确列出高职毕业生应具备的职业道德、职业知识和职业能力，进而组织教学。其中，职业知识和职业能力的提高，要着眼于产业结构及其调整，面向21世纪科技发展，不断更新教学内容，调整课程结构，注重知识的横向拓展与结合，体现知识的先进性和应用性，培养学生掌握新设备、新技术的能力。因而，毕业生具有上手快、适应性强等特点。

3. 人才类型的技术性

高职教育的培养目标是面向生产和服务第一线的高级技术应用型人才，它不同于普通高等教育培养的理论型、学术型人才，也不同于中等职业教育培养的单纯技能型人才。高职毕业生不但要懂得某一专业的基础理论与基本知识，而且要具有某一岗位群所需要的生产操作和组织能力，善于将技术意图或工程图样转化为物质实体，并能在生产现场进行技术指导和组织管理，解决生产中的实际问题。此外，还应善于处理、交流和使用信息，指导设备、工艺和产品的改进，是一种专业理论够用，生产技术操作熟练和组织能力强的复合型人才。

4. 毕业生去向的基层性

由于高职教育培养的学生是为生产第一线服务的，因此高职人才毕业去向具有很强的基层性。例如，工科类高职的毕业生主要去企业生产第一线从事施工、制造、运行、检测与维护等工作；艺术类高职的毕业生主要到文化部门从事艺术工作；经济类高职的毕业生主要去财经部门或企业部门从事财经管理工作等。高职毕业生去向的基层性是高职教育的生命力之所在。

5. 培养手段的多样性

高职教育培养目标的复杂性决定了其培养手段的多样性。在教学形式上，高职教育不仅有一定的理论教学，使学生掌握基本理论与基本知识，而且有大量的实验、实习、设计、实训等实践教学，培养学生的综合职业能力。在实施教育的参与对象上，既有学校的专职教师，又有校外兼职教师和实习单位的指导师傅。在教学过程中实施双向化，教师是学习的指导者、促进者、组织者和管理者，为学生学习提供资料、咨询等方面的支持，学生不再是被动接受者，而是主动探求者，教和学成为双向式教学过程。在教学手段上实现现代化，计算机和多媒体技术的广泛应用，将迅速、高效地为高职教育教学提供各种所需信息，极大地提高教学效率和教学质量。

高职教育培养目标的特殊性，决定了高职院校的学生要具有较强的敢于吃苦、不怕困难和刻苦钻研的精神，并且在日常的学习和生活实践中脚踏实地地去努力才能实现。同时也要求大学生能利用好短暂的大学时间，不断充实自己，尽快完成从学生到职业人的角色转变，为今后走好人生的每一步打下一个良好的基础。

三、对自己的学习生活有一个基本规划

来到大学，每一名学生首先都要思考一个问题：我将如何度过自己的大学生活？同时，应审视现实的大学和专业。大学是人生非常关键的阶段，进入大学你终于可以放下高考的重担，第一次开始自由追逐自己的理想、兴趣。第一次独立参与团体和社会生活。第一次有机会在学习理论的同时亲身实践。第一次不再由父母安排生活和学习中的事务，而是有足够的自由处置生活和学习中遇到的各类问题，支配所有属于自己的时间。同时这也可能是你最后一次可以将大段时间用于学习的人生阶段，是你最后一次可以拥有较高的可塑性、集中精力充实自我的成长历程，是你最后一次能在相对宽容的，可以置身其中学习为人处世之道的理想环境。大学生都应当认真把握每一个“第一次”，让它们成为未来人生道路的基石；也要珍惜每一个“最后一次”，不要让自己在不远的将来追悔莫及。在大学三年里，应该努力为自己编织生活梦想，明确奋斗方向，做出正确的大学生生活与学习的规划，创造一段美好的大学生活。

1. 大学学习生活规划的必要性

大学学习生活规划是指学生个人结合自身实际情况和大学环境等因素，为自己确立大学三年的学习、生活以及择业、就业的计划和打算。它是人生规划的一部分。大学三年是一个人的人生观、价值观、世界观形成的时期，尽早做好规划，其重要性和必要性不言而喻。而且面对严峻的就业压力，作为大学生活规划重要组成部分的职业生涯规划也显得越来越重要。据有关调查，很多大学生对自己的发展规划并不明确，不能运用有关理论规划未来的工作与人生，这种情况严重影响了学生的就业准备和定位，甚至影响了将来的生活和对社会的适应性。不少用人单位认为，大学生的社会实践少，解决实际问题的能力弱，只学到书本知识而没有掌握学习方法，缺乏团队精神、人际沟通能力和自我认识。而且相当多的大学生没有注重有计划地在大学生活中培养自己真正有发展潜力的素质。所以，大学学习生活规划是必要的，而且要从大一开始做。做好大学生学习与生活规划是我们充分利用大学黄金时期的先决条件。

大学学习生活与中学不同。在中学，教师发挥的作用非常大，学生跟着学。在大学，一门课程则通常一周只有一两次课，有很多的学习过程是在课堂之外由学生自主去完成的。大

学的教学具有很强的独立性和开放性，所以养成独立学习的习惯在大学非常重要。不少学生在大学学业收获不大，这与学习散漫、无序，没有科学合理的学习规划有很大关系。对于大学生来说，确定自己的职业定位是至关重要的。职业定位就是对未来自己职业的思考与确定，比如学艺术设计专业的学生，就要想清楚以后自己要设计什么，是设计衣服、鞋子还是房屋装修。同学们可以根据自己的兴趣、特长确定自己的设计方向。如果自己的专业和自己的兴趣不在同一个领域，最好能找到二者的交叉点，这个交叉点就是你的职业发展方向。如学习自动化专业的学生对管理非常感兴趣，而对自动化缺乏深入研究的兴趣，那么从事需要较好计算机能力的管理或信息处理工作就是较好的选择，如果同学们对自己的职业兴趣不是很了解，可以借助职业倾向测验（如霍兰德职业倾向测验）来了解自己未来适合从事的职业，也可以咨询有经验的专业人士如专业指导教师、企业专家等。

2. 大学生学习生活规划的要求和原则

确定好了职业发展方向，接下来就要确立好每学期的学习目标，然后制订好相关的学习计划。很多同学说自己也有过不少的学习目标和计划，可都没有实行几天就因为没有耐心或实现的可能性较小而放弃了。那么如何确定科学而又具有吸引力的学习目标呢？如果你的目标是一个宏大而不是很具体的目标的话就有必要把它具体化，要把这些目标转化为用数字描述的、有时间限制的且具有可操作性的学习目标，并利用内在和外在力量监督执行，限制什么时候完成，不要给自己拖延的理由。如为了英语过级，每天晚上学习 2 个小时的英语，主要内容是词汇、阅读、作文、听力练习等，而且还可以规定每天做 2 ~ 3 篇阅读，听 30 分钟左右的听力等。只有这么详细的规定才具有执行力。

同时，学习过程中一是要注重循序渐进，即按照学科的知识体系和自身的智力条件，系统而有步骤地进行学习。它要求人们注重基础，切忌好高骛远，急于求成。具体体现为：打好基础，由易到难，量力而行。二是要自求自得，即充分发挥学习的主动性和积极性，尽可能挖掘自我内在的学习潜力，培养和提高自学能力。培养和提高自学能力，是大学生必须完成的一项重要任务，也是进行终身学习的基本条件。自求自得的原则要求不要为读书而读书，而应当把所学的知识加以消化吸收，变成自己的东西，学会借助图书馆、网络等资源自主学习，不断提高自己独立分析问题和解决问题的能力。三是要专博相济，大学专业对口是相对的，实际生活中不可能达到专业完全对口，在大学期间除了要学好专业知识外，还应根据自己的能力、兴趣和爱好，选修或自学其他课程，扩大自己的知识面，为毕业后更好地适应工作打下良好的基础。

3. 如何实现自己的学习生活规划

第二次世界大战后，随着科学技术的发展和社会结构发生急剧变化，人们逐渐从衣食住行的窘境中解脱出来。现代人开始拥有更充裕的自由支配时间。外部条件的改善，使人们开始注重精神生活的充实，同时人们也越来越认识到，要实现高层次、高品质的精神追求，靠学校教育是难于达到的，人们越来越认识到从幼年、少年、青年、中年直至老年，学习将伴随人的整个生活历程并影响人一生的发展。这是不断发展变化的客观世界对人们提出的要求。作为刚入学的大学生我们应该怎样规划自己的学习生涯呢？

1）树立终生学习、自主学习理念，培养良好的学习习惯。学校教育不可能伴随人的一生，终生学习的理念是认为“生活本身即是不断的学习过程”，它可以使人在急剧变迁的社会中，不断增强自己适应环境的能力，挖掘自身潜能，并且更好地实现自身价值。终生学习要落实到生活的每一个阶段，生命的每一段历程，这就要求我们培养自主学习的习惯。可以说，自主学习是终生学习的根本。虽然学习的方式是多种多样的，但是理念只有一个，就是坚持自主学习、主动学习。这一理念要转化为实际行动必须从培养良好的学习习惯入手：一是把学习当成自己的事情。尽量不需要别人的提醒，做好自我管理。二是对学习有如饥似渴地需要，有随时随地只要有一点时间就要用来学习的劲头。鲁迅说，他只是把别人喝咖啡的时间用在了工作上。他还说，时间就像海绵里的水，只要愿意挤总会有的。事实上，一个人如果养成了主动学习的习惯，他就永远不会抱怨时间不够用，因为随时随地，只要有空闲，他首先想到的事情总会是学习，这样就能把零散的时间都利用起来。三是对自己的学习及时有效地进行评价。一个人在学习过程中，不仅学习水平在不断变化，其兴趣和爱好也在不断地变化。对这些方面进行评价和审视，不仅有利于保证学习的速度和质量，更重要的是能保证学习方向的正确。四是遇到困难坚持不懈。多数人的学习不会一帆风顺，遇到困难能够坚持下去，是主动学习的重要内容。五是要正确对待别人的帮助。常常有人抱怨自己的学习成绩不好是因为父母帮助得不够，或者是父母没给自己创造良好的学习条件。其实，如果我们稍微细心观察，就能发现，越是学习好的学生，越是有思想的人，对别人直接帮助的需求就越少，越能更多地自己埋头钻研。别人的帮助，对他们来说主要是提供不同的信息，拓展自己的视野。

2）结合自身实际确立明确的学习目标，并制订相应的学习计划。学习目标是学习活动的出发点和归宿。明确学习目标是大学生学习的战略前提，是提高学习积极性、自觉性和效率的关键。一个大学生有无明确的学习目标，决定着他在大学期间是否有明确的追求，是否能够积极向上，以及他的学习效率的高低。学习目标为我们衡量活动的成效提供了最好的标尺，明确的学习目标是做好大学学习规划的基础。要制定出科学合理适合自己的学习目标，首先应明确大学期间要解决的主要问题，如人际交往及对新的学习、生活环境、学习任务的适应问题，专业学习、就业、恋爱、心理健康问题，理想与现实的冲突问题等，对于这些问题的解决都应该有明确的计划。

一般来讲，大一为适应和打基础时期。在这个阶段中，可将上半学期作为适应期，在下半学期打好坚实的基础。新生入学后，由于学习方法、环境等与以前相比发生了很大的改变，需要一段时间来适应，学生在这个阶段要尽快熟悉环境，结交朋友，认识教师，积极参加各种社团活动，建立新的人际关系。要尽快实现学习观念和学习方法的改变，摆脱中学形成的对家长、教师的依赖心理，培养自主学习、教师指导与自主学习相结合的观念，同时要初步了解职业，特别是自己未来所想从事的职业或自己所学专业对口的职业。具体活动可包括多与师哥师姐们进行交流，尤其是向大三的毕业生询问就业情况。在专业学习方面，可以从工具性知识（英语、计算机和驾驶）或专升本等方面入手，根据自己的实际情况制订相应的可行性计划，同时根据主客观条件的变化适当调整。在提高自身综合素质方面，可通过参加学生会、社团等组织，锻炼自己的各种能力。

大二为能力全面提高和职业定向时期。这一年除了坚持专业学习和参加学校活动外，可以开始尝试做兼职、参加社会实践活动，并要具有坚持性，最好能在课余时间或寒暑假长时间从事与自己未来职业或本专业有关的工作，提高自己的责任感、主动性和受挫能力，并在这个过程中使自己的职业定向逐渐清晰，知道自己能干什么，喜欢干什么，能干好什么。

大三为实习和就业时期。由于高职的性质和学制特点，高职学生在大三时，要到企业实习，在这个时期，主要培养的是就业的能力与职业技能，通过实习，从宏观上了解单位的工作方式、运作模式、工作流程，从微观上明确个人的岗位职责与规范，使学生尽快融入社会，顺利完成角色转换。这个时期要求学生在实习过程中不断学习、总结、体会、探索完善自己的知识结构，将基础知识、专业知识与实践知识有机地结合起来，实现知识拓展，实现理论知识到实践的升华，同时通过完成工作任务和参加单位的各项活动全方位展示和提高自己的才能。

总之，学习生活规划应贯穿于学习生活的始终，它是帮助学生了解自己、鼓励自己、成就自己的重要方法。

3）掌握适合自己的学习方法。庄子曾说过："吾生也有涯，而知也无涯。"人在有限的一生中向无限的知识海洋进军，并要取得创造性的结果，掌握一套良好的学习方法，对每个人来说都显得尤为重要。

人们常说，学无定法，教无定法，但学习还是有一定规律可循的。一般来讲，大学的学习既要求掌握比较深厚的基础理论和专业知识，同时也需重视各种能力的培养，尤其是高职院校又特别强调学生各种技能的培养。大学三年的时间实际上很短暂，要运用有限的时间提高学习效率，掌握一套科学有效的学习方法至关重要。

首先，我们要特别注重分析、理解等能力的培养。大学学习的特点之一是课堂之外的时间比较多，学生必须学会独立地支配这些学习时间，自觉、主动、生动活泼地学习，理论知识不能靠死记硬背，而要从不同的角度去理解，把思路打开，要勤于思考，多想问题，不断总结。同时通过参加各种活动培养自己的创造能力、组织管理能力、表达能力等，为将来适应社会工作打下良好的基础。

其次，要注重耐力和自我控制能力的培养。学习知识是为了更好地实现自己的人生价值，在学习中，难免会遇到这样或那样的困难，面对挑战，应该保持一种积极向上的乐观的态度，敢于超越自我。学习不能一味地只看中分数，只注重结果而不注重过程，要以一颗平常心来看待一切，把眼光放远，把学习看成是一个终生伴随你的好朋友那样去对待，慢慢地你会发现其中的乐趣和收获给你带来的喜悦。同时要避免在制订学习计划时，热血沸腾，但一遇挫折，便锐气大减，"急流勇退"。要知道，学习如逆水行舟，不进则退，没有坚强的意志和持之以恒的精神是不能达到成功的彼岸的。"自胜者强""唯志坚者始遂其志"，人只有不断地挑战自我、超越自我，才能排除各种干扰，实现自己的理想和人生价值。

再次，要不断研究学习规律，选择适合自己特点的学习方法。学习方法是提高学习效率，达到学习目的的手段。学习方法正确，往往能收到事半功倍的成效。古今中外，许多学有所成、贡献卓著的名人，正是由于发现和认识了学习生活的许多客观规律，才能在特定的领域做出突出贡献。每个人生来不同，也都有自己的长处和不足，在学习中通过点滴进步不断肯定自己增强自信的同时，要学会用他人之长补己之短，认识到学无止境，没有最好，只有更好，有一颗虚怀若谷的心和谦逊的学习态度，小苗终会长成参天大树。

最后，学习要做到理论和实践相结合，做到"知行统一"。南宋诗人陆游有一著名诗句："古人学问无遗力，少壮工夫老始成。纸上得来终觉浅，绝知此事要躬行。"学习切忌学而不用，"知者行之始，行者知之成"，以知为指导的行才能行之有效，脱离知的行必定是盲目的。同样，以行验证的知才是真知灼见，脱离行的知则是空知。因此，大学生应根据自身特点边学习、边实践、边积累。在课余时间，到与职业定位相关的企业去参加社会实践，或有针对性地做一些市场调查，通过不断地从学校到社会的多次反复，总结思考哪些是应该进一步学习和实践的，哪些是应当调整的，这样自己的目标就会越来越明确，成就感也越来越强，既为就业创业也为今后更好地生活实践打下良好的基础。

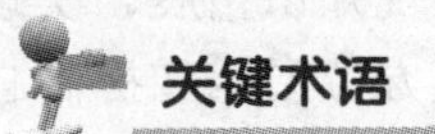

关键术语

高等职业教育　　高等职业教育的性质　　高等职业教育的特点
学习生活规划　　高等职业教育人才培养目标

案例评析

规划自我，成就自我

1953 年，美国耶鲁大学对毕业的学生进行了一次有关人生目标的研究调查。在开始的时候，研究人员向参与调查的学生们问了这样一个问题："你们有人生目标吗?"对于这个问题，只有 10% 的学生确认他们有目标。然后，研究人员又问了学生第二个问题："如果你们有目标，那么，你们是否把自己的目标写下来呢?"这次，总共只有 3% 的学生的回答是肯定的。20 年后，耶鲁大学的研究人员在世界各地追访当年参与调查的学生，他们发现，当年白纸黑字把自己的人生目标写下来的那些人，无论从事业发展还是从生活水平上看，都远远超过那些没有这样做的同龄人。这 3% 的人所拥有的财富居然超过了余下的 97% 的人的总和。可见把目标记录下来并努力付诸行动是事业成功的关键。很多学生觉得自己很想学，可就是觉得有劲使不上，不知道要往哪里使力气。这其实就是一个职业定位与学习目标或计划不明确的问题。

【评析与思考】上述案例无疑说明了人生目标在事业发展过程中的重要性。来到大学，每一位学生首先要思考一个问题："我将如何度过自己的大学生活?"同时，会对自己的大学学习生活有一定的设想。从高中进入大学，生活和学习方式发生了很大的变化，作为一个 21 世纪的大学生，要想抓住机遇，迎接挑战，就必须做好学习与生活规划，尽早确立自己的人生目标。那么，你为规划自己的人生做了哪些准备呢?

思考与练习

1. 高等职业教育和普通高等教育有何不同?
2. 结合切身感受谈谈如何适应高职院校的学习和生活。
3. 谈谈你未来五年的自我规划及相应的实施保证。

第二章　树立正确的人生观　努力实现人生价值

概要及学习要点

大学阶段是一个人从青春期向成年期转变过渡的重要时期，也是人的人生观、价值观形成的重要时期，这个阶段要求大学生对正确认识自我、正确处理个人与社会的关系、超越自我实现人生价值等一系列重大问题进行全方位的面对和思考，这些问题的解决关系到大学生健全人格的培养，也关系到一个人一生的幸福。本章结合大学生的身心特点，重点阐述了大学生认识自我、认识社会的重要性及途径、方法等问题，旨在帮助大学生树立正确的人生观、价值观，真正领悟人生的真谛，在实践中不断超越自我，为今后的学习和工作打下良好的身心基础，实现自己的人生价值。

第一节　正确认识自我

人生观、价值观是建立在世界观基础上的随时调整自己人生方向的“罗盘”和“指南针”，不同的人生观、价值观成就不同的人生，人生的千差万别主要是不同的人生观、价值观导致的。树立正确的人生观、价值观的首要前提是能正确地认识自我和社会以及二者之间的关系。

认识自我是人类从古到今一个永恒的话题，古希腊哲学家苏格拉底有一句名言：“认识你自己。”德国著名作家约翰·保罗曾说过：“一个人真正伟大之处，就在于他能够认识自己。”中国也有句经典名言：“人贵有自知之明。”这些至理名言世代激励着人们去不断探究自我、实践自我、超越自我。

人的一生时刻都在与自己相处，也在与社会相处，一个人只有对自己的智力、能力、个性以及在社会、在他人心目中的地位有一个较全面、客观的认识和评价，才能扬长避短、不断发展完善自己，才能协调自己与他人的交往，提高自己参与社会活动的积极性、主动性，从而最大限度地发挥自己的潜能，成为有所作为、有所贡献的人。在现实生活中，大学生由于其年龄特点、学习和生活经历等原因，对人的自我意识在人的成长过程中的重要性这方面的认识相当欠缺，那么究竟什么是认识自我？认识自我的重要性、途径、方法有哪些？

一、正确认识自我的含义

认识自我是人对自己及自己与周围环境关系的认识。正确认识自我就是对自我的认识与自我的实际情况相符合。它包括两个方面的含义：一是正确、全面认识自己的特点和长处。二是正确认识自我与社会、个人与集体的关系。认识到个人的成长离不开集体，自我的人生价值主要在于对社会的贡献。由心理学我们知道，人不但能认识到外界的客观事物，而且对自己的心理和行为也能认识，并能把自己的意图、思想、感觉、体验传达给自己，从而调节自我，控制和完善自我。一个人能否实现其人生价值，不在于他拥有多少优越的条件，而在于他在多大程度上正确认识自我并基于这种认识成功地进行社会实践。

身心健康的大学生，都具有正确的自我意识，能够客观评价自我，既不妄自菲薄，也不妄自尊大，既不自轻自贱，也不自视甚高，他们能以乐观、向上的生活态度勇敢地面对生活和事业中的困难与挫折，积极进取，敢于拼搏。反之，身心健康状态欠佳的大学生，往往不能正确地认识和评价自己，长期存在着自卑、忧郁、苦闷、悲观或盲目自大等不良情绪，以至于形成了人格障碍，并对学习、生活和社会适应造成不利影响。

二、正确认识自我的具体体现

大学生能否正确认识自我可以从以下几方面判断：一是看他是否了解自己，接受自己。一个了解自己的人对自己的能力、气质、性格和优缺点能做出恰当的、客观的评价，有自知之明；对自己不会提出苛刻的、非分的期望和要求，对自己的生活目标和理想也能定得切合实际。二是能协调和控制情绪，保持良好的心境，能保持和谐的人际关系。在与人交往的过程中，能看到自己和他人的不同，不仅能接受自我，也能接受他人，能认可他人存在的重要性和作用。三是能保持完整统一的人格，在能力、气质、性格和理想、信念、人生观等各方面平衡发展，其所思、所言、所行协调一致。既有积极进取的人生观，又能与社会的步调合拍，也能和集体融为一体。四是对待生活无论是苦还是甜，都能有一个良好的心态，能珍惜和热爱生活，并积极投身于生活，能享受生活而不认为是重负，能从工作中获得满足和激励，并能从工作中积累知识、经验、技术，以使自己的工作更有成效。

三、大学生正确认识自我的重要性

一个人正确认识自我不是一蹴而就的，它需要一个长期的过程，需要不断探索和反思。孔子自述他学习和修养的过程时有一段著名的话："吾十有五而志于学，三十而立，四十而不惑，五十而知天命，六十而耳顺，七十而从心所欲不逾矩。"这段话很好地说明了人的思想境界是随着年龄的增长逐步提高的，我们在孩童时，物我不分，不会调整自己和外界的关系。家长和老师问"你长大了想干什么?"孩子们的回答往往简洁明了："我想当科学家""我想当老师""我想当……"诸如此类。此时，孩子们对自己还没有正确的评价，对成功的因素还没有考虑。但随着儿童的成长，这种"以自我为中心"的意识逐步被打破。进入青年时代，我们开始走向独立生活，开始认识到自己和他人的区别，了解到世界上还有好多事情自己不能驾驭。这既是人认识自我的过程，也是一个人的成长过程，认识自我这一课题实际上伴随人的一生，能否解决好这一课题是人生幸福的关键所在。

大学生的自我意识正处于迅速发展的时期，他们所处的年龄阶段和所具有的文化水准，决定了他们注重对自己进行体察和分析，注重内省，自觉从各方面了解自己、塑造自己。但由于大学生生活阅历有限，社会实践能力不强，他们对自我及社会的认识表现出一定的片面性和幼稚性。他们一方面自尊心很强，但有时又表现为爱慕虚荣；高度的自觉，但又有可能因此产生自卑心理；有一定的自主性，但又时常表现出盲目从众的一方面；自立的同时，在某些事情上又很逆反；盲目地自信，但这极易导致他们自负；强调自我、个性，但这又使得他们容易任性等。这些问题困扰着大学生这个群体，使他们经常处于困惑之中，再加上现代社会变迁剧烈，大学生遭遇的矛盾空前复杂，人与人之间的摩擦不断加剧，心灵的碰撞日趋频繁，内心的压力很容易超过负荷，这一系列问题的解决都有赖于大学生对自我有一个正确的认识和评价。可以说，大学生能否正确认识自我和评价自我，直接关系到大学生的身心健康和自身价值的实现。

四、正确认识自我的途径和方法

一个人随着年龄的增长，生活和社会阅历的增加，身心总是在不断发展变化。在这个变化中我们需要不断更新、不断完善对自己的认识。要正确认识自己，首先我们就必须用全面的眼光看待自己，既要认识自己的外在形象，如外貌、衣着、举止、风度、谈吐，又要认识自己的内在素质如学识、心理、道德、能力等。既要看到自身的优点和长处，又要看到自己的缺点和不足。“金无足赤，人无完人”，每个人都有自己的缺点，同时每个人也都有自己的闪光点。如果你只看到自己的缺点、不足，你将会悲观失望，止步不前；如果你能看到自己的优点、长处，你将会充满信心，迎接生活的挑战。但是如果我们只看到自己的优点，看不到自己的不足，总拿自己的长处与别人的短处相比，我们就容易沾沾自喜，骄傲自大，或者对别人要求苛刻、求全责备。因此，为了全面认识自己，我们首先要敢于承认和面对不完美的自己。其次还要以发展的眼光看待自己。事物总是发展变化的，我们的优点和缺点也不是一成不变的。人只有用发展的眼光看待自己，才能不断提高完善自己。

（一）正确认识自我的途径

人对自己的认识是一个不断探索的过程，要认识自己，我们必须要做一个有心人，经常反省自己在日常生活中的点滴表现，总结自己是一个什么样的人，以下三个途径是生活中经常用到的。

1. 从我与人的关系中认识自我

人们常说，他人是自己的一面镜子。人具有一定社会性，人可以通过各种社会关系如家庭关系、朋友关系、师生关系、同事关系、上下级关系等各种关系来认识自己。从比较当中知道自身条件和他人的不同，知道自身行为和他人有什么区别，进而才能做出取舍。

2. 从我与事的关系中认识自我

俗话说，不经一事，不长一智。一般来说，人经历的事情越多、经验越多，对于自己和周围世界的认识也就越清楚。对于有智慧的人来说，无论是自己还是他人的成败都可以促使其对自我的认识更加清楚。但对于脆弱的人来说可能正相反，失败的经验可能使其产生惧怕心理，会更加束缚其手脚，使其失去信心、坐失良机。而狂妄的人，有可能成功后便狂妄自大，这时成功反倒成为其今后前进道路上的绊脚石。明白了这些道理，对于自己是一个什么样的人自然就会有一个基本判断。

3. 从我与己的关系中认识自我

古人说，吾日三省吾身。一句话道出了自我省察在人成长过程中的重要性。自我省察是人自己教育自己、自我提高的重要途径。对自身容貌、性别、年龄、职业、性格、气质、能力等各方面进行经常性的反思，才能知道自己的优势与不足，从而扬长避短。

（二）正确认识自我的方法

大学生这个年龄段由于刚刚开始认识自己，所以在认识自我方面有以下弱点：一是成功经验少，遇事缺乏自信，认为自己不如人。二是容易受他人期望的影响。他们往往不顾自己的实际状况，期望自己完美无缺，不肯接纳平凡的或有缺点的自我，其结果是对自己的认识和对环境的适应更加困难。三是过度自我接受，有时易导致以自我为中心。要克服以上弱点应尝试从以下几方面省察、控制和完善自己。

1. 发现自己的长处和潜力

每个人身上都有闪光的地方，正所谓尺有所短，寸有所长。要克服自卑，树立自信，坚信天生我材必有用。缺乏自信的同学，常常以己之短比人之长，并从一方面不如人推广到事事不如人。我们不能盲目地和别人攀比，人要善于发现自己的长处与潜力，才能树立自信。

2. 接受自我的不完美

有的同学进入大学以后，一直处于对自我的不满之中，不满意自己的专业或学校，不满意自己的学习成绩与口才，不满意自己的乡音家境等，终日郁郁寡欢，这对于大学生的成长极其不利，长此以往容易产生强烈的自卑感。一个人只有悦纳自我，与自己友好相处，才能积极地进行自我指导，自觉驾驭自己的行为，充满信心地适应和改造环境，从而活出真实美好的自我。心理学家发现，生活中力求完美无缺的人，比不刻意追求完美的人精神压力大得多，而且他们并非都能获得极大的成功。每个人生在这个世界上都是独一无二的，也都是不完美的，人应该珍惜尊重自己的独特性，只有正确认识并愉悦地接纳自己，才能在社会中找到真正属于自己的位置，也只有这样才能理解和尊重他人的个性，包容他人的不完美，从而与社会和谐相处。

3. 与人相处时学会换位思考

大学阶段是自我意识发展最强烈的时期，大学生们往往有强烈的自尊心，好强、好胜，不甘落后，但他们又往往凡事只从自我出发，常常不顾及他人的需要和感受，有的甚至颐指气使、盛气凌人，把自己的意志强加于人。这种人很难赢得别人的好感和信任，人际关系紧张，做事易遭挫折。要想克服这一弱点，必须养成凡事换位思考的习惯，为人处世把握住“己所不欲，勿施于人”这一原则，善于接受不同意见，保持谦虚的态度，以他人之长补己之短，这样才能保持良好和谐的人际关系，为自己的健康成长创造良好的外部环境。

第二节　正确认识个人与社会的关系

个人与社会的关系是人生的基本关系。没有无个人的社会，也没有纯粹孤立的、完全脱离社会的个人。个人与社会总是息息相关，互相影响，互相制约，这是社会生活的基本关系。

人生的过程就是在现实生活的基础上不断解决个人与社会关系的实践过程，人是社会的人，人生在世总会遇到各种人生课题。例如，升学、就业、恋爱、婚姻、理想、前途等许多问题都需要处理，而这些问题无不涉及个人与社会的关系。一个人只有在正确认识了自我和社会以及二者之间关系的基础上，才能很好地解决个人与社会之间的矛盾，从而为实现其人生价值创造良好的条件。

个人与社会的关系实际上是一对矛盾关系。它具体表现在理想与现实、个人与他人、个人与集体，个人与国家、自我价值与社会价值、自我责任与社会责任、自我修养与社会规范等矛盾中，人生就是面临这些矛盾并在解决这些矛盾的过程中存在和发展的。要解决好这些矛盾，首先要认识人的本质属性。

一、人的本质属性

人的本质属性是其社会属性。这是历史唯物主义的重要观点之一，是科学人生观的一个基本理论，是正确认识和处理个人与社会关系的理论依据。要认识人的社会属性，首先要了解一下人的属性的多样性。

（一）人的属性的两大类型

人的属性是多种多样的，概括起来可分为两大类：自然属性和社会属性。人作为自然界的产物，是自然界的一部分，人的自然机体要服从生物发展规律，所以人具有自然属性。所谓人的自然属性，就是人的生理构造和自然本能。例如，发达的头脑、灵活的四肢、直立的躯干、饿了要吃饭、遇到威胁要摆脱、性成熟了要找配偶等。就维系人的生存和生命延续而言，它与动物有许多相似之处。尽管如此，人的自然本能需求与动物相比还是有一定区别的。例如，食欲，动物与人皆有，但动物的食欲极其简单，吃饱就可以，仅仅为了生存。而人就不同了，讲究食物的色、香、味、形、触俱全。人吃东西除了维持生命以外，还包含许多社会内容：美食为了享受、食疗为了治病。再如性欲，人和动物都有性的本能，对动物来说，求偶生育完全是出自自然本能，它既无意识支配，又无价值观导向；而人类的两性之爱、生儿育女，则是爱情的结晶，包含着丰富的社会内容。人选择恋爱对象，不仅要考虑对方生理功能是否健全，而且要考虑他（她）的文化修养和经济状况等。人的自然属性是人类得以生存和延续的前提条件。人的自然属性表明了人和动物的联系和共同点，而不能说明人和动物的根本区别，它不能把人和动物区别开来，因而不是人的本质属性。只有人的社会属性才是人的本质属性。

人的社会属性是指人们在社会生活中所形成的互相依赖性、伦理道德性等多种属性的总和。社会属性是人类特有的属性，它是人区别于动物的根本所在。人的理性、意志、自我意识、语言、文化、劳动、能动性、伦理观念、宗教信仰等都是人的社会属性。人的社会属性在现实生活中主要表现在以下三方面：一是历史性。现实的人总是生活在一定时代、一定社会，因此人的社会属性不是凝固不变的，而是随着历史的发展而发展的。如以中国历代服饰色彩的变迁为例，可说明这个问题。二是民族性。世界上各个民族都有自己的民族特点。从日常生活和饮食习惯等方面看，汉族与世界其他民族就大不一样。三是阶级性。在阶级社会中，人们总在一定的阶级地位中生活，每个人的思想无不打上阶级的烙印。人的社会属性带有阶级性，但阶级性并不等同于社会属性，人的社会属性主要表现为阶级性。

（二）人的自然属性和社会属性的关系

人的自然属性渗透着社会属性，受人的意识指导，受社会属性制约，具有丰富的社会色彩。人的饮食不仅仅是为了生存的需要，还有保持健康、增强体力、完善智力的需要，交往和友谊的需要，美食和享受的需要；人的两性关系不仅是生儿育女，还是双方思想感情、意志和谐的统一，是人生目的、价值观念的协调一致。由此可见，人的社会属性制约和决定着人的自然属性，使人的自然属性深深地打上了社会的烙印，注入了社会的内容。人的社会属性揭示了人区别于其他动物的特殊本质，并制约着人的自然属性，因而，社会属性是人的最主要的、最根本的属性，人的本质在于它的社会属性。人的本质不是社会关系的某一方面，而是全部社会关系的总和，处理好这些关系是人的生命意义之所在。

二、人的属性的体现

人活在世上，就有各种需要。有物质方面的，也有精神方面的。人的需要是人的属性的体现。人的物质需要反映了人性中的自然属性，人的精神需要，反映了人的社会属性。人的物质需要和人的精神需要之间的关系，说明了人的本质的社会性特征。

（一）人的需要的概念及其基本特征

1. 概念

人的需要即人的欲求，是人对自身生存和发展的客观条件的依赖和要求，表现为人的一种匮乏状态。人的需要是人从事实践活动的内驱力，人的一切心理活动和行为表现都是“需要”的驱使。“需要”贯穿人的生命活动的始终，发挥着永恒的动力作用。

2. 基本特征

(1) 多样性　人的需要纷繁复杂，既有生理物质的需要，也有心理精神的需要；既有生存、享受的需要，又有发展的需要；既有低级、中级的需要，也有高级的需要；既有劳动的、休息的需要，又有娱乐的需要。

(2) 多层次性　人的需要呈现阶梯式的层次性，有多种不同的层次。例如，生理、生存需要，安全、保健需要是基本的低层次的需要，而交往、信息、自尊、成就的需要属于高层次的需要。

(3) 阶段性　人的一生是分阶段的。生理心理发展的阶段不同，人的需要也就不同。例如，幼年特别需要父母的慈爱和社会的关怀；少年期特别需要好奇心的满足和个性的健康发展；青年期特别需要职业的自由选择和爱情的称心如意；中年期特别需要个人事业的成功和赢得社会的荣誉；老年期特别需要生活的保障和晚辈的敬重。

（4）阶级性 在阶级社会中，人处在不同的社会经济关系体系中，人们的经济利益、阶级地位和阶级立场、观点是不同的，人的需要有不同的性质，满足需要有不同的手段。地主资本家需要私人占有土地、工厂和种种生产资料，需要依附于他们的劳动者或者大批自由劳动力。而受剥削、受压迫的个体劳动者和从事现代化大生产的工人群众，则需要生产资料归劳动者所有或者归社会公有，需要摆脱剥削，需要获取与他们的劳动等值的工资报酬。

（5）递增性 人的需要，永远不会停止在一个固定的水平线上。人的需要推动人类去从事社会实践，社会实践又会创造新的需要，而这新的需要又会推动人去从事新的实践活动，如此循环往复永无休止，而每次循环之后，人的需要和社会实践，均达到一个新的更高的历史水平。

（6）受制约性 人的需要作为一种心理现象，它的发生和发展，受一定客观条件的制约。人的需要永远离不开社会物质文化发展的水平，人们不能超越客观条件许可的范围提出自己的需要。在现实社会中，一部分人热衷于超前消费，对这部分人来说应对上述需要加以制约和调控。

（二）人的需要的类型

依据马克思主义经典著作关于人性、人的本质和人的需要的基本观点，人的需要可以划分为个人需要和社会需要两大类。

1. 个人需要

个人需要即个人生存和发展的需要。可以分成以下几种：

（1）生存需要 它是个体维持生命和繁衍种族的最基本、最起码的需要，是人的其他一切需要的基础和前提。生存需要包括维持生命的基本的物质需要、获得安全保健的需要、延续种族的需要等。

（2）享受需要 人生在世，不但要能够活下去，而且要生活得好，充分享受人世间的快乐。这就要满足一系列享受的需要，包括丰富的物质生活需要、审美需要、娱乐需要等。

（3）发展需要 人要不断地发展自己的体力和智力以适应改造客观世界的需要和完善自身的需要，其中包括健康身体的需要、学习知识和技能的需要、开发智力的需要等。

（4）交往需要 人是社会的存在物，人不能离开社会。人如果要过人的生活必须与他人、社会团体发生交往关系，即产生交流的需要，尊重、归属需要等。

（5）劳动需要 劳动是人区别于动物的根本标志。劳动不仅是人谋生的手段，还是人的一种根本性需要。它不只是手段的需要，而且是目的的需要。劳动需要包括学习职业技术知识、技能的需要，学习职业道德的需要等。

（6）成就需要 人活在世上，总想让自己活得有意义、有价值、能够对社会有所贡献，于是产生了成就的需要。成就需要包括实现理想和抱负的需要、发挥创造才能的需要、做出积极贡献的需要等。

上述六种需要，有高低不同的层次，各种需要之间都有内在联系。其中，劳动需要贯穿始终，它是人性水平不断提高、人的本质不断升华的重要机制。

2. 社会需要

所谓社会需要，就是社会生存和发展的需要，就是全体社会成员共存、共荣的需要。社会需要也可分为以下几种：

(1) 共存需要　社会要生生不息，不断地繁荣与发展，于是就产生了储备的需要。其中包括物质储备的需要，生产资料储备的需要，劳动力储备的需要等。

(2) 信息需要　社会存在不是封闭的，必须是开放的。个人之间、个人与社会集团之间、社会集团之间、此社会与彼社会之间、现实社会与以往社会以及未来社会之间均需要有交流和传递，于是产生了信息传播的需要。信息需要包括各种信息传播的需要、文化交流的需要、知识技术交流的需要等。

(3) 生产需要　生产需要主要是指社会的物质生产和精神生产的需要，包括物质生活资料的生产和再生产的需要，劳动力即人口生产和再生产的需要，精神产品的生产和再生产的需要等。

(4) 发展需要　社会是不断发展、进步的，发展是社会的内在需要，没有发展的需要，社会的生命就会枯竭。发展需要包括发展物质文明和精神文明的需要，发展人的才能与智慧的需要，发展国际性经济、文化、科学、技术交往的需要等。

上述四种需要，有高低不同的层次，各种不同层次间也有内在联系，其中生产需要最为重要，它贯穿于各种社会生活需要中。

(三) 个人需要与社会需要的关系

个人需要与社会需要两者相互渗透、互相依存，其中有共同性或一致性的方面，也有差别性或不完全一致的方面。个人需要不纯粹是个人的，它或多或少是社会需要的反映，它受社会物质和文化发展水平的制约。社会需要也不是脱离个人需要而独立存在的，社会需要是个人需要的集中体现。社会需要往往是社会全体成员根本性、全局性利益的反映。因此，当个人需要与社会需要发生矛盾时，应当自觉地服从社会需要。

就个人而言，还有物质需要与精神需要的关系问题。物质需要即人对衣、食、住、行、用等物质资料的需要，这是人的生命活动的基础，也是人的其他一切需要的基础。精神需要则指归属、交往、求知、创造、道德等需要。这是人特有的需要，是人区别于动物的重要特征。人的物质需要与人的精神需要相互渗透、相互依存、相互规定、相互制约。人的物质需要是在人的精神需要指导下发生的，而人的精神需要则以一定的物质需要为基础，是人的物质需要的升华。物质需要的发展水平制约着精神需要的发展水平，精神需要反过来又规定了物质需要的性质与内容。两者之间的关系告诉我们，处理好个人需要与社会需要的关系是人生顺利、事业成功的前提。一个人如果孤立地考虑个人需要，不考虑社会需要，或没有联系社会需要来考虑个人需要，个人需要就会成为无源之水、无本之木。离开社会需要的制约孤立地考虑个人需要极容易导致个人利益、个人欲望的无限膨胀，从而失去理想的指导，这实质上是一种个人主义的需要观。

三、个人活动与社会发展的关系

个人需要与社会需要是在个人活动与社会发展的相互作用中实现的。个人活动与社会发展的关系，是马克思主义科学人生观的基本问题，也是同学们一生中要不断遇到、并且要解决的问题。在明确了个人需要与社会需要的基础上，正确认识个人活动与社会发展之间的关系，才能更好地走好人生的每一步。

1．个人活动对社会发展的影响

1）社会规律发生作用不同于自然规律。社会是由人组成的，社会规律发生作用需要人的参与才能表现出来。社会规律只是决定了社会发展的总趋势，只有通过人的自觉活动才能实现。因此，社会的进步和发展是依靠社会成员的自觉努力去推动的。无论是杰出人物，还是普通个人，都会在自己的岗位上对社会生活、社会发展产生一定的作用。

2）个人活动对社会历史产生的作用是不一样的。在性质上，表现为促进和阻碍两种情况。当个人活动符合社会发展规律，反映广大人民群众的根本利益时，就会对社会发展产生积极的推动作用；否则，就会起相反的作用。在量上，由于个人的思想道德素质、科学文化水平、实际工作能力以及主观能动性发挥的程度不同，个人活动对社会发展所起作用的大小也会有所不同，甚至大相径庭。

3）个人活动之所以能对社会发展产生影响，其主要原因是作为社会活动主体的人，具有能动性，即认识世界和改造世界的能力。

2．个人活动要受到社会条件与社会规律的制约

1）个人活动要受到社会环境（包括生存环境、经济环境、政治环境、精神环境）的制约。任何人都是在一定的社会环境中生存和发展的，一定社会的生产力的状况和生产关系的性质，社会的政治制度、社会的科学文化发展程度和传统文化等条件，都对人的活动产生影响和制约作用。

2）个人活动要受到自己的社会地位、工作环境的制约。每个人都在社会中生活，总是归属于一定的群体，从事一定的职业，它的活动自然会受到自己在社会中所处的地位、工作环境、人事关系等条件的限制。

3）个人活动最终要受到社会发展状况的制约。人的活动是在一定的动机支配下有目的地进行的，但这种动机、目的只有符合社会发展的规律时，才能收到效果，达到预期目的，否则将受到社会发展规律的惩罚。

社会环境、社会条件和社会规律之所以会制约个人的活动，其根本原因就在于物质决定意识。社会存在作为一种物质现象，必然制约人的主观意识。人的有意识、有目的的实践活动，归根到底是由物质条件决定的，社会条件、社会规律都是客观的，客观决定主观。

四、人生的真正价值在于对社会的贡献

个人需要与社会需要的关系和个人活动与社会发展的关系原理告诉我们：人生的真正价值在于对社会的贡献，这是马克思主义人生价值观的根本观点，是同学们树立正确的人生价值观的基础。要解决好这一人生课题，必须懂得以下道理：

首先，人生价值的两个方面是密切联系、不可分割的。人一方面为社会尽责任、做贡献，另一方面又从社会和他人那里得到尊重和满足，即从社会获得生活资料、财产、名誉、地位、权利等。这样，人生价值就常常表现为贡献与索取的关系。人们因为贡献而索取，以贡献为索取之源泉，以索取作为贡献的保证。贡献和索取同时并存，不可偏废，不能强调一

个方面而否定另一个方面。

其次，从个人对社会做贡献的社会意义来看，个人对社会做贡献是社会存在和发展的客观要求。人类社会的存在和发展总是取决于一定的物质财富和精神财富的增长；社会要满足个人生存和发展的需要，也必须首先把这些财富创造出来。这就要求成员承担责任，进行创造性的劳动，为社会做贡献，并且要使自己的贡献大于索取。假如，贡献和索取等值，所创造的物质财富都被索取，那么，无论是物质资料的生产，还是人自身的生产，都只能维持简单再生产的水平，不能扩大再生产，更不能有社会的进步；如索取超过贡献，社会就会面临崩溃。只有贡献大于索取，才能促进社会的发展。

最后，从个人为社会做贡献对实现人生价值的意义来看，个人只有为社会做贡献才能成为对社会有用的人，从而使自己的人生具有社会意义；个人只有为社会做贡献，自身的内在品质、知识和能力才能表现出来，才能得到社会的承认，具有社会意义；个人只有为社会做贡献，个人的需要才能得到社会的尊重和满足，自己的人格与才能才会不断得到完善和发展。

由此可见，在人生价值的两个方面中，贡献居于主导地位，只有为社会做贡献，才能实现人生价值。一个人一生有没有价值，有多大价值，起决定作用的是个人对社会的贡献。人生价值的本质在于贡献。对社会贡献越多，其人生价值就越大。

第三节　努力提高身心素质

人的一生在茫茫宇宙中只是瞬间，人活着的意义是什么？什么才是人生的真谛？人应该怎样实现自己的人生价值？每个人的回答可能不同，但生命对于每一个人都是一视同仁的，那就是每个人都只有一次生命的权利。那些珍惜生命和善待生命的人，在无形中延长了自己的生命，并且能使自己的生命散发出夺目的光彩。懂得生命价值的人，从来不会浪费时间，从来不会糟蹋生命。他们能够有尊严地活着，能够抵挡各种不良的欲望，美国作家弗兰克说过：“你热爱生命吗？那么请别浪费时间，因为时间就等于生命。”我国作家梁实秋也说过：“没有人不爱惜他的生命，但很少人珍惜他的时间。”这都是领悟人生的关键。

人生短暂，但对于一个人来说生活的道路又很漫长，这一过程充满曲折变化。现代社会发展速度快，竞争压力大，各种机遇挑战需要人有勇气去面对，有时人生的不幸大得几乎超过了自身承受的极限，比如地震、火灾、海啸等自然灾害，在无法预料的外界环境面前，我们应用什么样的态度面对？英国诗人拜伦有一句话：“无论头顶是怎样的一片蓝天，我都将坚忍地对待。”但大学生由于年龄特点，在过去的生活中一直在别人的呵护下成长，意志相对薄弱，加之生活经验少，遇到问题往往困惑迷茫，要使这些问题不成为自身成长过程中的障碍，大学生必须对自己的身心特点和外部环境有清醒的认识，从而为领悟人生真谛和创造有价值的人生打下基础。

一、健康的身心是实现人生价值的重要前提条件

人要想实现自己的人生价值，成为社会的有用之才首先必须有健康的身心，健康的身心素质包括健康的生理体质、乐观向上的情感胸怀、谦和宽容的为人处世态度、坚韧不拔的意志和较强的自我情绪控制能力。只有具备了这些素质，才能在生活工作中遇到各种困难挫折

时有足够的心理承受能力，才能奋力进取并获得成功。

人的身心发展具有阶段性，人在不同的年龄阶段其身心发展表现出不同的特征和矛盾，面临的任务也不尽相同，并且不同发展阶段之间是相互关联的，上一阶段影响着下一阶段的发展方向，人生的每个阶段对于人的发展来说，不仅具有本阶段的意义，而且具有人生全程性的意义。人只有对自身发展的阶段性特点有足够的认识，才能为其实现人生价值打下良好的思想基础。

大学阶段是人的一生中的关键阶段。这个阶段会受到前一阶段的影响，同时，这个阶段的适应和发展会对大学生将来的、真正体现其自身价值的社会生活带来巨大的影响，这就要求大学生必须对这一阶段自我的身心特点、面临的主要矛盾、主要任务、解决的办法等问题有足够的认识。

二、大学生的身心成长特点

人的成熟有三个标志：一是身体的长成。以个体生理成熟为标志，尤其是以性成熟为重要指标。二是心理发展完善。即形成了完善的自我概念，形成了稳定的个性。三是社会化程度的提高。以人的社会成熟为标志，即个体对自己在社会中所处的角色及所担负的社会责任有正确的认识。我国大学生多数处于18～24岁这一年龄阶段。在这个阶段，个体的生理发展已接近完成，已具备了成年人的体格及种种生理功能，但其心理尚未成熟，更由于大学生主要是在校学习，社会实践比较肤浅，社会成熟也只是刚刚开始。

大学生在校期间的学习和生活大致经历三个阶段：即入学适应期、稳定发展期和准备就业期。入学适应期是整个大学阶段最困难的时期，面临的是陌生的环境、陌生的人际关系和陌生的学习方式，若原有的心理定式被打破，心理容易出问题。在稳定发展期，大学生基本适应了大学生活，新的心理平衡已初步建立起来，在此期间大学生表现出了极强的可塑性，每个人都按照自身独特的方式塑造着自己而逐步成长起来。准备就业期是大学生从学生生活向职业生活过渡的阶段，这使他们面对又一次环境变迁、角色变化，其心理上将又起波澜，但其适应社会的能力与刚入学时相比，已有了明显的进步，已经为走向社会做好了一定的心理准备。尽管大学生在各个不同时期会表现出不同的心理特点，但总的看来，他们在大学期间的心理特点可概括为以下几个方面：

1．自我概念的增强与认知能力发展的不协调

自我概念是指人对自身的认识及与周围事物关系的各种体验。大学生所处的年龄阶段和所具有的文化水准，决定了他们注重对自己进行体察和分析，注重内省，自觉从各方面了解自己、塑造自己。此外，大学校园又十分强调独立、注重自我，使他们以大视角来关心社会的进步与提高；但由于生活阅历有限，社会实践能力不强，他们对自我及社会的认识表现出一定的片面性和幼稚性。

2．渴望独立和仍旧依赖的矛盾

大学生的成人感迅速增强，他们渴望独立，强烈要求社会承认其成人资格。但他们又无法完全靠自己来处理各种实际问题，特别是在经济上，他们仍须一靠父母二靠学校，所以在大学生身上，出现了独立性和依赖性的矛盾。

3．心理的闭锁性与寻求理解的矛盾

大学时期是一个既渴望友情又追求孤独的时期。一方面，大学生爱对自己的内心世界进行细致而深入的探索、反省，有闭锁心理；另一方面，大学生又害怕孤独，希望自己的情感有宣泄的对象，有可以共鸣的知己。这种心理上的二重性，使大学生的情感生活更为复杂。

4．情感丰富而不稳定

从生理角度看，青春期高级神经活动的兴奋与抑制尚不平衡，往往兴奋占优势；从心理角度看，大学中环境、生活、个人地位的变化等引起很多心理矛盾，而大学生的社会经验和认识水平又未达到能真正独立正确处理和调节自身行为的程度，这使大学生成为一个极其敏感的群体，其内心体验极其细腻微妙。随着文化层次的提高和生活空间的扩大，思维空间急剧延伸，必然导致大学生的情感越来越丰富和深刻。但大学生的价值观念尚不稳定，时常处于波动、迷茫、抉择之中，心理成熟又落后于生理成熟，因而其情感不稳定，情绪变化起伏大，情绪冲突多。

5．智力发展达到高峰，但看问题容易主观片面

大学生一般思维敏捷，接受能力强，通过专业训练、系统学习，其智力层次含有较多的社会性和理论色彩。一方面，大学生由经验型思维转向理论型思维；另一方面，思维的独立性和批判性增强，敢于发表自己的独到见解。但由于他们的辩证思维和识别能力还不强，观察分析问题易主观片面。

6．性生理成熟与性心理发展滞后的矛盾

大学生的生理发育已基本完成，性意识日趋强化。一方面，性意识的发展促使其按性别特征来塑造个性和形象；另一方面，性意识的发展也带来了对异性的倾慕与追求。但性心理却远远落后于性生理成熟，会产生诸如不善于处理与异性间关系、渴望追求异性又缺乏勇气、失恋、性自慰、婚前性行为等问题，带来许多痛苦与困扰。

7．社会需求迫切

由于大学生要接受系统专业训练，比同龄人在校园待的时间长，这使他们与社会有一定距离。正因如此，他们渴望加入社会的愿望更为迫切。他们身在校园，却十分关注社会，品评各种社会现象，希望能加入社会去改变各种令人不满意的社会现象，并把专业知识献身社会以体现自己的力量，实现自身价值。

总之，大学时期是大学生心理“断乳”的关键期，在此期间，诸多矛盾冲突交织在一起，如果处理不当，就有可能产生心理问题甚至严重的心理障碍。

三、大学生心理健康问题的主要表现

1．迷茫与困惑

大学阶段，大学生处于自我确认、自我重塑的成长过程中，在这个过程中，一些同学往往体现出困惑丛生、无所适从的心理状态。我国绝大多数大学生在进入大学以前，很少接触社会，对纷繁复杂的社会现象缺乏了解，并且对社会的认识过于理想化。进入大学以后，大

学生们对未来充满着希望，对未来有无限的期盼，当理想在现实面前不能得到实现时，理想与现实的冲突将在所难免，有的同学甚至会产生“厌学”心理。

2. 情绪波动与情感挫折

在大学生活中，大学生们既有对友情、爱情的追寻和渴望，也有情感的迷惑、失落，处理不好，就会受到压抑、抑郁等情绪的困扰。很多大学生是独生子女，同学们在家里受到家长们无微不至的关心和照顾，进入大学以后，由于离开了家乡和父母，一些同学感到难以适应大学生活，不能及时进入到大学的学习状态，产生了情绪波动。他们渴望关爱和友情，苦闷、孤寂、烦恼等情绪时时会袭扰其内心。大学生进入大学以后，独立意识增强和独立生活能力弱的反差，也容易使其产生比较大的心理压力。同时，开放的校园使恋爱成为大学生的重要话题，一些学生难以把握住自己，一旦出现问题就可能走向极端。

3. 学习与就业焦虑

焦虑是大学生中常见的情绪障碍，其中学习焦虑和就业焦虑尤为突出。高考竞争的胜利，使许多大学生受到教师、家长、亲朋好友的赞许，受到了未考入大学的同学的羡慕，其自信心、自豪感和优越感油然而生。然而，进入大学以后，许多同学发现自己来到了一个“人才云集”之地，一些同学没有了往昔的优势，学习压力增大。特别是有些同学发现自己已不是老师和同学关注的“中心”时，会产生深深的失落感。自信心和失落感的相互交织，导致一些同学焦虑情绪的产生。近年来，日趋激烈的就业竞争给在校大学生带来新的压力，想到大学毕业以后面对的就业形势，部分同学往往也会处于焦急和忧虑之中。

4. 人际关系不适

大学生的感情世界十分丰富而敏感，渴望与人交往，获得友谊、尊重和理解，希望能够找到一个同甘共苦、无话不说的知己。然而，不同的地域、不同的生活习惯、不同的性格、不同的兴趣爱好造成的差异和同学之间的相互竞争，又使得一些同学对人际交往产生了心理戒备，甚至形成闭锁心理。这种渴望交往与心理闭锁的矛盾，在心理上形成一个悖论，即一方面渴望与同学们真诚、平等地进行交往，渴望获得友谊、理解和尊重；但另一方面在与人交往的过程中，却怀有多疑、戒备、封闭的心理。对人际交往的期望值越高，在人际交往过程中的猜忌、戒备心理也越重，越是不愿轻易向他人敞露心扉，自我封闭的状态也就日益严重。反过来，自我封闭愈严重，内心的孤独感也就愈强，因而更加渴望与人交往，更加渴望真情和理解。封闭与交往的冲突，是当前一些同学产生失落和自卑心理的重要原因之一。

四、影响大学生心理健康的因素

大学生心理健康问题大量存在，并非偶然，它是生理、心理、社会诸因素作用于个体的结果。

1. 客观因素对大学生心理健康的影响

客观因素的影响主要来自两方面：一是社会紧张性刺激增多、增强；二是受学校文化氛围中的消极因素的影响。主要表现在以下几方面：

1）人际关系的复杂化。

2）学习生活的紧张化。

3）业余生活的单调化。

4）教育思想贯彻的片面化。

较长时间以来，学校教育重智育而轻德育、体育、美育、劳育、心育等，智育中又重分数而忽视能力，由于上述社会因素的影响，许多学生时时感到一种压抑感，这种压抑感是引起心理问题的重要根源，它本身也是一种心理不健康的表现。

2. 个体生理因素对大学生心理健康的影响

对大学生心理健康产生影响的生理因素主要有如下几方面：

（1）大脑的器质性病变　大脑的器质性病变会直接导致各种心理异常，出现意识障碍、智力障碍、严重遗忘症等。

（2）躯体疾病　各种躯体疾病尤其是慢性病，常使人烦躁不安，敏感多疑，情绪稳定性降低，行为控制力减弱，兴趣缺乏，人际关系紧张，严重者可致心理障碍。

（3）遗传因素　在精神疾病中，尤其是精神分裂症、狂躁抑郁症等与遗传有很大相关性。

（4）神经系统的先天素质不健全　这将使心理出现某种障碍，导致病态人格等异常，或引起不健康的心理行为。

3. 个体心理因素对大学生心理健康的影响

大学生个体心理因素是影响和制约大学生心理健康的主要内因，包括以下几方面：

（1）性的生物性和社会性冲突　尽管大部分学生能通过正当途径适当释放性的生理能量，如集中精力于学习、工作上，或经常进行体育运动等，但不少大学生仍有不同程度的性压抑。当他们感觉到自己对性的关心和欲求时，又往往伴随着羞耻心和不安感，导致心理障碍。

（2）心理素质的脆弱　一方面来自整个社会的紧张刺激增多带来巨大压力，另一方面，不少大学生的心理素质远远跟不上社会发展要求，很多学生成长历程过于顺利，极少遭遇逆境，一旦遇到挫折，或惊慌失措，茫然痛苦；或悲观失望、萎靡不振。

（3）个性缺陷　有些大学生性格内向孤僻、沉郁、压抑；过于自卑或过分自尊；急躁冲动、固执多疑、易偏激；有太高的个人期望和太强的个人欲望；不善人际交往，唯我独尊，爱慕虚荣，娇生惯养，感情脆弱。这些个性特征都不利于心理健康。

（4）人生观的动荡模糊　大学生正处于人生观逐步确立阶段，而他们面临的是多元价值体系的选择，加之各种社会思潮的影响，使他们人生观的确立变得困难而复杂、动荡而模糊，错误的人生观往往会限制他们的视野。

（5）心理发展中的内在矛盾　青年大学生正处于由不成熟趋向成熟的过程中，有许许多多的矛盾和冲突，主要表现在：自立与依赖的矛盾，自信与自卑的矛盾，理想与现实的矛盾，知与行的矛盾等。当他们长期处于内心矛盾中，或内心矛盾冲突强度过大时，就会破坏心理平衡而引起心理、生理疾病。

（6）情绪发展中的不稳定性　大学生正处于情绪最丰富、最动荡的时期，他们易冲动，缺乏冷静思考，有时会缺乏客观性。

总之，大学阶段是一生中苦闷、烦恼最多，体验最深刻的时期，其内心敏感而脆弱，易受伤害，当不良的社会环境因素与不良的生理、心理因素交互作用时，会导致心理平衡的失调，损害人的健康。

五、维护身心健康的途径与方法

近年来，针对大学生存在的心理问题，越来越多的高校成立了心理健康工作机构，专门从事心理健康教育，开展心理咨询、心理测试、心理治疗等。同时，大学生自身也已经意识到了心理健康的重要性，许多高校学生自发地建立了学生心理社团，一些同学还自编自演心理剧来宣传崇尚心理健康的新潮流。对于大学生来讲，影响大学生心理健康的因素不外乎主观和客观两个方面。就客观来说，它不以人的意志为转移。因此，要维护心理健康，主要应在主观方面下功夫，重在自我维护。那么，大学生应该如何维护自己的身心健康呢?

1. 养成良好的生活习惯

科学证明，良好的生活习惯对促进人类的身心健康具有十分重要的意义和作用。生活习惯是生活方式的重要组成部分，也是人们保持身心健康的关键因素。不良的生活习惯和嗜好是诱发大学生身心疾病的重要原因之一，如吸烟、酗酒等。特别是近年来，由于网络技术的普及和运用，一些大学生沉迷于网络游戏，不仅严重地影响身心健康，而且荒废了学业。因此，大学生应该注意养成良好的生活习惯，有意识地参加一些高雅文明的娱乐活动，加强体育锻炼，并且要用坚强的毅力克服已有的不良生活习惯。

2. 树立正确的世界观、人生观、价值观

世界观、人生观、价值观是人们最高层次的思想观念，它们不仅影响着人的认识、情感、意志、需要、动机和兴趣等一系列心理活动，而且还对人的行为具有重要的调节作用。因此，大学生世界观、人生观、价值观的正确与否，关乎其心理健康与否。大学生只有对世界和人生有了正确的认识，才能正确处理个人与社会、物质生活与精神生活的关系，形成正确的自我意识，明确自己在社会、群体中的位置，从而对自身的价值和作用有正确的认识。只有在这个基础上，才能对周围环境的变化进行科学分析和预测，才能寻找到解决问题和困难的有效途径与方法，并保持良好的心理状态。可见，正确的世界观、人生观、价值观是大学生个人心理健康的重要思想保障。

3. 运用积极的方法和途径解决心理问题

（1）掌握必要的心理知识　要努力学习心理健康知识，了解和掌握心理活动的规律。

（2）学会进行自我心理调节，培养健康的情绪　可通过参加诸如文体、社团、社会实践等多种活动，加强人际交往，沟通思想，交流信息，以保持心情的愉快。遇到困难和挫折时，应保持乐观向上、勇于拼搏的人生态度和心境，并积极寻找正确解决问题、战胜困难的方法。

（3）借助心理咨询　在咨询过程中，心理咨询工作者通过对咨询者开导启发、提供心理保健知识等方式，帮助他们树立正确的世界观、人生观、价值观，形成正确的自我认识，树立自信心，并找到克服心理问题的办法。因此，同学们应该充分认识到心理咨询对维护心理健康的积极作用，充分利用它来解决自己遇到的在学习、生活、情感、就业等方面出现的

问题。

(4) 建立健全心理防御机制　心理防御机制是一种心理内部的调节机制，它常常能够对人的焦虑、自卑、痛苦等消极情绪起到缓解的作用。常见的心理防御机制有：升华、补偿、幽默、文饰等。然而，心理防御机制也有其局限性，有积极的心理防御和消极的心理防御。积极的心理防御机制使人能够勇敢地面对挫折和失败，有助于人们战胜困难。而消极的心理防御机制只能暂时缓解心理压力，有时带有某种欺骗性，运用不当会使人在挫折和失败面前退缩，丧失自信心，无助于心理问题的解决。因此，同学们在遇到心理问题时，应该以青年人的朝气和勇气，运用积极的心理防御机制，勇敢地面对困难和挫折，并且善于运用各种知识、手段和方法来解决问题，这也是当代大学生必须具备的心理素质。

第四节　不断超越自我，实现人生价值

一个人进入大学只是人生的开始，今后的路还很漫长，人生要经历许多阶段，不同的阶段面临的问题也会有很大差别，不断加强自我修养，不断完善自我、超越自我是自我意识发展的终极目标，也是人生价值实现的关键。做人一生唯求成为最好的自己，成为无遗憾的自己，才无愧于美好人生。老子说："胜人者有力，自胜者强。"一个人只有敢于自我否定，才能不断地战胜自我，超越自我。

在高职院校学习的过程是消耗大量生理和心理能量的过程，是一项集脑力劳动和体力劳动于一身的艰苦活动，学习内容的急剧增多，学习方式的复杂与多样，未来就业的压力等，不仅对大学生的智力水平提出了更高的要求，而且也对大学生的身心素质、道德素质提出了更高的要求。这些都提醒大学生必须从诸多方面不断提高自身境界与修养，才能从容应对急剧变化的世界给人们带来的身心挑战，最终超越自我，实现人生价值。

另外，高职毕业生是高校培养出来的从事专业性较强工作的高级技能型专门人才，专业知识是其知识结构的核心部分，也是技能型人才知识结构的特色之所在。随着社会的发展，市场对这类人才的要求是其掌握的专业知识要精、深。但市场经济的发展进一步强化了企业及其员工的社会化功能，任何一个企业或其员工都不可能再像以前那样只单一地面对少数几个部门和经常打交道的几个人，他们必须面对整个社会，不断与"市场"打交道，并根据"市场"这张晴雨表来不断调整自己的行为。正因如此，高职毕业生应尽可能多地掌握一些人文社科方面的知识、现代科学技术常识和一些实用技能，既注重专长，又做到专博相济，才能增强自己的社会适应性。

但从目前情况来看，部分大学生的现实表现并不尽如人意。由于受诸多因素的影响，一方面高职院校的学生在学业、人际交往、恋爱等问题上遇到的困难挫折比较多，另一方面这些能力的提高又很慢，遇到问题容易采取消极被动的方式去解决，这使得我们不得不重视对大学生以下几方面能力的培养。

一、高职学生学习能力的培养

1．目前我国高职学生学习方面存在的主要问题

1）自学能力不强，学习效率不高。大学学习是个人素质提高的重要阶段，但由于长期

受应试教育的影响，很多学生不探索学习规律，不讲究科学的学习方法，思维不灵活，更有部分学生在摆脱高考压力之后，放松对自己的要求，致使学习效率低下，质量不高，学习能力提高缓慢。

2）无明确学习目标，学习动力不足。大学生由于受主观和客观诸多因素的影响，普遍存在学习盲目性、随意性较大，学习动力不足的倾向。在学校这样一个“避风港”里，同学们对外部社会竞争的残酷缺乏了解，没有对自己形成一个明确的定位，认为自己可以无忧无虑，待到毕业时才意识到这个问题，已悔之晚矣。同时，当他们看到一些企业普遍重视能力的时候，就误认为理论知识不重要，放松对理论基础课的学习，这使得高职学生在学习能力提高方面失去可持续性。

3）自主学习意识不强，缺少自我控制能力。许多学生满足于完成老师留的作业，不能拓展性、研究性地学习。一部分学生对课业敷衍了事，不能有效地自我监控，直接影响了学习质量和效果。

4）不喜欢本专业，缺乏学习兴趣。部分学生对所学专业不甚了解，也不愿意去了解，还有的同学对自己不了解，缺乏对自己的定位。在漫无目的或者目标不清晰的生活中渐渐地养成了懒惰和贪图享受的不良习惯，重心偏移到了以娱乐为主的生活当中。

不管是何种情况，其危害都显而易见。从学生个人来说，专业功底不扎实，综合素质不高，实际上等于没有完成大学培养的任务，属于不合格“产品”；从学校来讲，学生厌学，学风下降，必然导致教学质量滑坡，其负面影响可想而知；从社会用人角度来看，将不合格“产品”输入市场，将一种不良的精神面貌和一种颓废情绪带入工作单位，不仅不利于本人的健康成长，也有损学校形象，同时还会给社会带来负面影响。

2. 影响大学生学习能力提高的因素

影响大学生学习能力提高的因素有外因也有内因，其主要体现在以下几方面：

1）缺乏对大学生涯的完整规划。在大学期间对自己和学校环境缺乏全面的了解，没有对自己的大学生涯做一个完整的规划，不知道自己想要什么，为什么而学习，没有人生目标，缺乏学习的内在动力。

2）对大学自由自主的学习方式不适应。中学时代一直都是在老师、家长的安排、监督下学习，到了大学，学习需要靠学生自己的自觉性。对此，大学新生往往会感到无所适从，不知道该干什么。

3）心理处于走向完全成熟的过渡阶段。大学生作为一个特殊群体，心理上处于尚未完全成熟的阶段，意志力比较薄弱，看到自己学习能力提高不快，往往也会反思，甚至信誓旦旦、痛下决心。但一遇到难题或看到别人都在玩，由于意志力不强、禁不住诱惑，便又会将学习抛在一边。

4）缺乏紧迫感、社会责任感。由于市场经济的负面影响、社会上各种不良思想的冲击及大学生自身原因，部分大学生以自我为中心，过多地追求物质享乐，不善于动脑，怕吃苦，精神世界匮乏，及时行乐，缺乏社会责任感和紧迫感。

5）学校课程缺乏时代性与实用性。学校所设课程虽多，但大多空洞、乏味，实用性不强，缺乏创新性与时代性，难以引起学生的兴趣和共鸣。在信息化时代知识更新换代的速度加快，学校教材的更新赶不上学科、专业的发展要求，尤其是部分基础性学科的教材版本太过陈旧，这不仅影响教学质量，也降低了学生的学习热情。

6）教师教学方法单一，不能因材施教，使部分学生丧失学习兴趣。

7）部分教学设备陈旧落后，不能满足学生急剧增长的学习需求。

上述几方面都是导致大学生学习能力提高缓慢的因素。

3. 如何在培养学习能力方面突破自我

1）认识自我，为自己确立切实可行的学习目标和人生目标。这要求学生，首先要加强对自身的了解，对本专业的了解。其次要经常和导师交流，听取专业人士的意见，并经常通过社团和社会实践体验生活，看自己喜欢什么，能做好什么，优势劣势在哪里，最终确定学习和人生目标。

2）注重培养自己的兴趣爱好，变被动学习为主动学习。俗话说，兴趣是最好的老师，它能使人在学习过程中产生愉快的情绪体验，有利于促进人产生进一步学习的需要。可以说，有了兴趣，就有了很好的动机，从而容易化被动学习为主动学习。

3）合理安排学习时间，充分利用每分每秒。大段的时间应用来保证学习效率，零碎的时间则可以安排一些花时间较少的学习任务，让自己经常看到努力付出的收获，从而坚定自己的信心。

4）正确面对挫折和失败，学会在挫折中成长。任何事物都不是一帆风顺的，在人的成长道路上，尤其如此。当遇到挫折或失败时，要坚持，不气馁，敢于承认和正视挫折的存在，要有与挫折抗争的精神，有战胜困难的勇气，要学会在失败中奋起，在挫折中成长，只有经过不断的磨炼才能超越自我。

5）学会经常利用励志书籍、讲座等激励自己，增强自己的社会责任感，紧迫感。让学习的动机不再是来自于外部考试，而是来自于内部原动力，为谁学，为什么学这一问题解决了，学生的学习境界自然提高，从而成为终身学习的人。

二、高职学生人际交往能力的培养

人的社会属性决定了人要在与他人的交往中成长和发展，每一个人都生活在人际关系网络中，人生的发展和事业的成功与人际关系有着密切的关系，人际交往能力是现代人才培养的一个重要方面，是衡量一个人是否具有适应现代社会能力的标准之一。不善交际，缺乏交际能力，就有可能人为地在自己与社会之间筑起一道心理屏障，妨碍个人的全面发展，甚至影响工作。因此，要想在现代社会中有所作为，就必须努力培养自己的社交能力，建立良好的人际关系。

1. 人际关系基本知识

（1）人际关系的概念　生活缺少不了人与人之间的交往，人是社会的人，生活在社会中的人总是通过一定的纽带联系起来，人际关系即是人们在相互交往的基础上所形成的人与人之间的直接关系。

（2）人际关系的类型　在现实生活中，人际关系是十分丰富的。从交际范围来分，可分为个体与个体、个体与群体、群体与群体三种类型。从人际结合的纽带来分，可分为血缘关系、地缘关系、业缘关系三种类型。从人际交往的性质来分，可分为首属关系（一种面对面的比较亲密的人际关系，如夫妻、朋友等）和次属关系（非面对面的，不密切的人际关系，或者是一种间接的甚至是象征性的关系，比如一个大学里互不相识的同学）、组织关系和私人关系、利害关系和非利害关系、相容型关系和不相容型关系等。正因为人际关系的类型十分丰富，初涉社会的大学生更需要谨慎对待，要学会针对不同类型的人际关系采取不同的人际交往方式。

2. 人际关系与人际交往之间的区别与联系

（1）人际关系与人际交往二者的含义不同　人际关系是指在人际交往中建立和发展起来的人与人之间的关系。人际交往又称社会交往，是指个人与个人、个人与群体或群体与群体之间通过一定的方式进行接触，从而在认知、情感和行为上发生相互影响的过程。

（2）人际关系和人际交往各有侧重点和特定的内容　人际交往侧重反映社会群体中人与人之间相互联系的过程和形式，而人际关系则侧重反映交往后建立的各种心理状态和行为特征。

（3）人际关系与人际交往有联系　人际关系是在人际交往的基础上形成和发展的，是人际交往多次反复并凝结为一定模式的结果。人际关系的性质、亲密程度从各种各样的人际交往中表现出来，也影响着交往的内容和交往的频率。

3. 建立良好的人际关系的重要性

1）良好的人际关系有助于人们感受生存的意义，有助于人的身心健康，有助于事业成功，是人生幸福的需要。实践证明，消遣和财富不能使我们感受到生活的意义，唯有与他人良好的联系，才能使我们体验到生活的富有。良好的人际关系能使人心情轻松、心境平和。一个人如果处于相互关心与爱护、融洽、宽松的人际环境中，就会心情舒畅，从而有益于身心健康。反之，不良的人际关系容易使人产生猜疑、嫉妒，造成焦虑、不安、郁闷、困惑和萎靡不振的精神状态。严重不良的人际关系，还会使人产生惊恐、痛苦、憎恨、愤怒，有些人还会患上精神疾病。大量研究表明，人际关系确实会影响人的身心健康和人生业绩。

2）良好的人际关系有助于促进人们的共同协作，为完成特定的任务共同奋斗。现在科学技术迅速发展，每个科研项目的攻关都不可能靠单枪匹马，需要众多的人联手合作共同完成。良好的人际关系能促进人们之间的信息交流，在知识激增的今天，不建立和谐的人际关系，就不能尽快获得信息，而获得了信息，就等于加大了成功的砝码。通过友好的人际关系，人们可以吸取力量，增强信心。一个有着和谐人际关系的群体，能够使人们形成乐观、自信、积极的人生态度，对于群体成员的人生影响必定是积极向上的。

3）良好的人际关系能营造一个和谐、信任、友爱、团结、理解、互相关心的客观环境。这种环境能使人处于舒畅、快慰、乐观、奔放的精神状态，使人的道德情操、心理环境得到净化，思想境界得到升华，使生活和工作充满激情、富有创造力。美国卡耐基工业大学曾对 1 万多案例记录进行分析，发现“智慧”“专门技术”“经验”只占成功因素的 15%，其余 85% 取决于良好的人际关系。

人不可能独立于社会生活之外，每个人都处在政治、经济、文化等各种相互关系中，都必须与他人打交道。为了增长知识、探求问题、寻求乐趣，交往是必不可少的手段，只有积极进行社会交往，人才能适应这个社会，才能使智力和创造力得到最大限度的发挥。要想建立良好的人际关系，必须学会人际交往。

大学生正处于社会化的重要阶段，对于大学生来说，无论是科学文化知识和生产技能的获得，还是社会规范的自觉遵守和良好行为习惯的养成，都有赖于不断地与社会、与他人的交往实践，有赖于在交往实践中不断地接受社会、他人的教育和引导。积极的人际交往有助于大学生个性的发展和完善，尤其对于大学新生来说，大学新生由于刚刚进入一个全新的环境，也由于青春期特殊的心理规律，往往会有一种不可名状的孤独感。积极开展人际交往，有益于沟通思想，排解心头的烦恼，融洽同学之间和师生之间的感情，从而产生对同学、老师和学校的友好感、信任感和归属感。这种感情的交流，包括欢乐的共享和积郁的宣泄，对大学生的身心健康是十分有益的。

4. 人际交往的原则与方法

建立并保持人际关系就要展开人际交往。大学生在刚刚走进大学校园的时候，都有着很强烈的与他人交往的动机。然而，强烈的交往动机并非必然能产生健康和谐的人际关系。健康和谐的人际交往需要真诚和爱心，但也需要掌握必要的人际交往的原则与方法。

（1）人际交往的特点　人际交往是一个十分复杂的社会现象，现代社会随着科学和信息技术的迅猛发展，随着交通和通信方式的愈加便利，人际交往的内容和形式更是得到了空前的发展。一般说来，人际交往具有以下一些基本特点：

一是人际交往具有选择性。在当代社会，由于科技的进步、经济的发展、物质文化生活的丰富，多种多样的选择机会令人应接不暇，现代人对网上聊天、网上交友、虚拟社区已不陌生，应当说这一切都为人际交往的选择性提供了大量的可能性。在这样的条件下，大学生在实际的交往实践中，注意交往选择，慎交往，交益友，就显得尤为重要。

二是人际交往具有开放性和互动性。这是交往行为的基本属性和基本要求，因为只有在对外界环境的开放中、在与外界对象的互动中，才存在交往行为。在开放性的人际交往中，交往主体与交往客体的划分具有不确定性。事实上，交往的双方互为主体，即使在某些情况下，好像一方是交往的发起者，具有主动性，但只要一进入交往过程，交往双方就进入了互为主体的状态。交往的互动性要求人们在交往中保持积极状态、发挥能动作用、扩大交往范围，敢于交往，善于交往。

三是人际交往具有层次性。人际交往的层次性体现在不同对象、不同时间、不同场合、不同需要和目的等各个方面，如与亲友、与同学、与老师、与熟人、与陌生人交往，以及因公交往和因私交往，这就需要人们根据不同类型交往的特点采取有针对性的交往策略。

（2）人际交往的原则　为了建立健康和谐的人际关系，使人际交往真正能够对大学生的健康成长发挥积极的作用，大学生在交往活动中应注意遵循以下一些基本原则：

一是平等原则。平等待人是良好的人际交往的前提，交往要平等，首先指的是在与不同的人交往时应该平等相待，做到一视同仁，不能因为家庭、经历、特长、经济等方面的原因而对人“另眼相看”，也不能因为学习成绩、社交能力等方面存在差异而看不起别人。其次指的是要平等地对待自己和他人，把自尊和尊重他人有机地结合起来。学会将心比心，学会换位思考，正如孔子所说的，“己欲立而立人，己欲达而达人”“己所不欲，勿施于人”。只有平等对待所有人，才能换取别人对自己的平等相待。

二是诚信原则。诚信是人际交往得以延续和深化的保证。诚信包含着忠诚和信义两方面的意思，这两个方面又是彼此相通的，“诚”是“信”的内在的思想基础，“信”是“诚”

的外在的集中表现。在中国历史上，诚信历来被当作人际交往的基本信条。交往要讲诚信，就是要求在交往中，彼此应当抱着心诚意善的动机和态度，相互理解、接纳和信任，要杜绝“逢人只说三分话，未可全抛一片心”的交往陋习。

三是宽容原则。宽容是良好的人际交往必不可少的要素。所谓宽容，就是心胸宽广，忍耐性强，对非原则性的问题不斤斤计较，能够以德报怨。宽容大致包含的要求有：要宽厚待人，不要过分地挑剔别人。在与他人发生矛盾时，要有宽广的胸襟，豁达的气量，要容许别人有不同的意见。宽容对于人际交往具有极其重要的意义，它有助于扩大交往空间，也有助于消除人际间的紧张和矛盾。当然，宽容不能趋于怯弱，宽容更不等于无原则地一味容忍退让，在人际交往的过程中要善于把宽容与对坏人坏事的姑息迁就区别开来。

四是互助原则。互助是人际交往的必然要求，交往是一种特殊的人类行为，从心理学的角度来看，交往行为的发生总是源于一定的动机，这个内在动机就是期望着通过交往“获得众人的支持”。既然每个人在交往的过程中都期待着“获得众人的支持”，那就必定要从我做起去支持别人，互助就成为交往的必然要求。

（3）人际交往的技巧与方法　大学生要有成功的人际交往，不仅仅要遵循以上原则，还应该在把握人际吸引规律的基础上，掌握成功交往的若干技巧。人际交往最直接的目标，是要在交往的对象之间产生积极而肯定的亲和倾向，也就是要形成人际吸引。一般说来，人际吸引除了受宏观的社会政治、经济、文化的因素影响之外，还受到生活中一些具体因素的影响。第一是邻近吸引，即指距离近的交往双方容易产生相互吸引。这是因为离得越近，双方交往接触的机会就越多，彼此之间就容易形成亲密的关系。第二是熟识吸引，即指彼此熟悉的交往双方比陌生人更易亲近，这是因为随着交往频率的增加，彼此之间更容易产生感情的交流、思想的共鸣、共同的语言和共同的志趣，也就更容易成为知己。第三是相似吸引，即指交往双方在年龄、性别、职业、社会地位、兴趣爱好等方面的一致或相近，容易产生吸引。第四是互补吸引，即指人们在能力、人格、爱好、学识等方面虽有所不同，但由于交往双方的需求和满足途径正好成为互补关系，就会形成强烈的吸引力。第五是人格吸引，即指人的气质、性格、能力等人格品质对人际吸引产生持久的影响，比如真诚坦率、热情友好的性格特征具有强烈的吸引力，而自私自利、虚伪奸诈、冷酷无情的人则令人讨厌。

大学生在人际交往中应掌握以下几方面的技巧与方法：

第一是重视第一印象。人际交往总是从第一印象开始的，第一印象具有认识效应、即时效应和长久效应，会直接影响双方交往的态度。一般说来，在首次交往中如果给对方留下诚恳、热情、大方的印象，进一步的交往就有了良好的基础；相反，如果留下虚伪、冷漠、呆板的印象，对方就不愿再接近自己。因此加强自身的修养，重视交往中的第一印象十分重要。当然，第一印象毕竟是初步的、表面性的，当第一印象不佳、对方对自己有误解时，也不要灰心，仍要坚持友好、热情地与人交往，以便让对方进一步地了解自己。

第二是寻找共同话题。要使交往顺利进行，选择话题很重要。最好是事先了解对方的兴趣爱好，或者个人经历、家庭情况乃至祖籍掌故，讲对方感兴趣的话题，对方就会把你当成知音，双方感情自然会融洽起来。如果事先无法了解，可尽量把话题引向对方身上，从中发现对方的兴趣，使整个交谈有一个良好的开端，并为今后的交往打下基础。

第三是讲究语言艺术。讲究语言艺术是培养交往能力的重要内容。首先应注意正确地运用语言，学会用清楚、准确、简练、生动的语言表达自己的思想，养成使用敬语、谦语的习惯，妥善地运用赞扬和批评，力求语言有幽默感。此外应注意耐心、虚心地倾听他人的讲话。倾听是人际交往的法宝，当对方讲话时要目光专注、姿态谦恭，要适当发问但又不要随意打断。

第四是适当保持交往的距离。交往距离与人际关系的质量有关，关系融洽则距离较近，关系紧张则距离较远。初次交往，相距太远会使对方感到你没有诚意、有意疏远他，距离太近又会使对方感到不自在。因此在交往的过程中，通过分析把握彼此关系的现状以及对方的性格特征等要素，在此基础上选择适当的交往距离，也是交往的艺术之一。

第五是克服心理障碍。在交往中常见的心理障碍有羞怯心理、自卑心理、猜疑心理和嫉妒心理等。羞怯心理使人害怕与陌生人交往，即使交往也难以清楚、准确、充分地表达自己的见解和情感。自卑心理使人在交往中首先怀疑自己的交往能力，交往中总是畏首畏尾，遇到一点挫折就怨天尤人、自我贬损。猜疑心理是交往的拦路虎，正常的交往往往会因疑心作祟而产生裂痕甚至发展成对立关系。嫉妒心理使人心胸狭窄，鼠目寸光，交往难以维持。因此，要有正常和成功的交往，就必须努力克服这些不良的交往心理障碍。

第六是正确对待竞争与合作。竞争是互动的双方为了达到某种目的，在社会同一领域与对方展开的争胜竞赛。合作是指两个或两个以上的人或群体为达到共同的目的而联合，为相互利益而协调一致的活动。竞争与合作在形式上是对立的，但在社会生活中却是相辅相成的，竞争与合作是既对立又统一的关系。二者相互渗透，相辅相成。竞争中有合作，合作中有竞争。竞争促进了合作的加强，提高了合作的质量和水平，而合作又保证了竞争的成功。大学生要学会生存，就要既善于竞争、勇于竞争，又善于合作。善于竞争，是指遵循社会竞争的规范和法则，掌握竞争的技巧和方法，讲道德，讲风格，光明正大，公平竞争。勇于竞争在于培养自信心、创新意识和勇气。具有自信心，方能在竞争中充满激情和战斗力。具有创新意识，敢为天下先，方能形成独特的个性，在竞争中不断突破自己，超越他人，才能抓住机遇，展示自己的优势、才华、个性，得到社会的承认。善于合作，是指一要真诚地对待合作者，把自己的思想、见解毫无保留地和盘托出，尊重对方的见解，这是成功合作的开始；二要谦虚，尺有所短，寸有所长，要善于从合作者身上发现火花，吸取营养，丰富自己的见识；三要推崇他人，因为事业上任何一点突破都有继承性，都不是一个人的所为。推崇他人会赢得别人尽可能多的帮助与合作，为自己的学业和事业注入新的活力，不断攀登新的高峰。

上述技巧与方法，只是人际交往过程中的一般规律，实际上人依据其年龄、性别、职业、职位、所处环境等的不同，扮演的社会角色也不同。在与人交往时，要注意到不同的社会角色有着不同的行为规范，与不同的人相处，也要求有不同的方法和技巧。同时，在现实社会中，由于各人的性格、禀赋、生活背景及目的等的不同，思想上会产生一定的隔阂，这是正常的，也是可以理解的。但如果在工作或生活中和所有的人都合不来，那就不正常了，需要做自我调整并加以改变。

总之，搞好人际关系是一门艺术。所有的人都需要不断地学习和实践才能臻于娴熟。希望大学生能根据自己的具体情况，做一个自我分析，从而冲破自我封闭的樊篱，虚怀若谷，去建立一个和谐的人际关系。

5. 如何克服人际交往障碍

人际交往对大学生完成学业、发展人格具有重要作用。随着自我意识的增强，大学生不愿意再依赖家长、老师，希望用自己的眼光去观察社会，用自己喜欢的方式去结交朋友，但由于心理成熟度有限，适应能力不强，往往在人际交往中容易出现一些异常心理，造成人际交往障碍。要克服这些障碍，首先要了解一下影响人际关系的主要因素。

（1）影响人际关系的主要因素

首先是文化因素导致的如语言障碍，民族或群体在情感和意识上的倾向问题，教育程度差别上的障碍等。

其次是社会因素导致的地位角色障碍，如所处社会地位、角色、职务、年龄、经济、政治等方面的条件差距。空间距离障碍，如双方空间距离太大，中间媒体环节过多，必然会阻碍人际关系的建立。沟通网络障碍，在群体结构中人们交往形成的不同沟通网络，因各种因素会造成对人际交往的影响。

再次是个体因素导致的个性结构障碍，如人们的需求、动机、习惯、态度、价值观、人生观等方面的差异，以及个性品质特征的障碍，如虚伪、冷漠、孤僻、猜疑心大等。

由于上述因素的影响，在人际交往过程中，出现一些困难或不适应是难免的，但如果个体的人际关系严重失调，人际交往时常受阻，就说明存在着交往障碍。

（2）大学生常见的交往障碍

1）认知障碍。认知障碍在大学生的人际交往中表现突出而常见，这一是由青年期的交往特点所决定的。青年期自我意识迅速增强，但其社会阅历有限，客观环境的限制使其不能够全面接触社会，了解人的整体面貌，心理上也不成熟，因而在人际交往中常带有理想的模型，然后据此在现实生活中寻找知己，一旦理想与现实不符，则交往产生障碍，心理出现创伤。二是受以自我为中心的心态影响。人际交往的目的在于满足交往双方的需要，是在互相尊重、互谅互让、以诚相见的基础上得以实现的。而有的大学生却常常忽视平等、互助这样的基本交往原则，常以自我为中心，喜欢自吹自擂、装腔作势、盛气凌人、自私自利，从不考虑对方的需要，这样的交往必定以失败而告终。

2）情感障碍。情感成分是人际交往中的主要特征，情感的好恶决定着交往者今后彼此间的行为。交往中感情色彩浓重，这是处于青年期的大学生人际交往的一大特点。情感障碍具体体现在以下几个方面：

一是嫉妒与自卑。嫉妒是一种消极的心理品质，表现为对他人的长处、成绩心怀不满，报以嫉恨，乃至行为上冷嘲热讽，甚至采取不道德行为。嫉妒容易使人产生痛苦、忧伤、攻击性言论和行为，导致人际冲突和交往障碍。自卑是一种过低的自我评价。自卑的浅层感受是别人看不起自己，而深层的体验是自己看不起自己。有自卑心理的大学生在交往中常常是缺乏自信，畏首畏尾。遇到一点挫折，便怨天尤人；实际上，自卑并不一定能力低下，而是凡事期望值过高，不切实际，在交往中总想把自己的形象理想化、完美化，惧怕丢丑、受挫或遭到他人的拒绝与耻笑。这种心境常使自卑者在交往中感到不安，因而常将社交圈子限制在狭小的范围内。

二是自负与害羞、孤僻。自负在人际交往中表现出傲气轻狂、居高临下、自夸自大，过于相信自己而不相信他人，只关心个人的需要，强调自己的感受而忽视他人。与同伴相处，高兴时海阔天空；不高兴时大发脾气。与熟识的人相处，常过高地估计彼此的亲密程度，使对方出于心理防卫而疏远。

自卑和自负，是导致交往障碍的两个极端。害羞在大学生人际交往中常常表现为腼腆，动作忸怩，不自然，脸色绯红，说话音量低而小，严重者会怯于交往，对交往采取回避的态度。而过多约束自己的言行，会导致无法充分表达自己的愿望和情感，也无法与人沟通，造成交往双方的不理解或误解，妨碍了良好人际关系的形成。

3）孤僻也会导致交往障碍。具体表现为孤芳自赏，自命清高，结果是水至清则无鱼，人至察则无朋，与人不合群，待人不随和。或是由于行为习惯上的某种怪僻使他人难以接受。由于在心理上与行为上与他人有着屏障，自己将自己封闭起来。

4）人格障碍　所谓人格，是指人在各种心理过程中经常、稳定地表现出来的心理特点，包括气质、性格等。人格的差异往往会带来交往中的误解、矛盾与冲突，人格不健全可直接造成人际冲突。如不同气质类型的人对同一问题的处理方式不一样，胆汁质的人性情急躁，言谈举止不太讲究方式，这会使抑郁质的人常感委屈和不安，造成双方的互相抱怨和不满。而相同性格类型的人（同是内向性格或同是外向性格）也很难融洽相处。

（3）常见人际交往障碍的克服

每个人在交往中都会或多或少地出现这样或那样的问题，改善人际关系，加强人际交往，对大学生的学习、生活和心理健康都有重大意义。学会与他人的良好沟通是克服人际交往障碍的良药。良好的人际关系是在交往中形成和发展起来的。初入校门的大学生，要想很好地与人交往，首先必须学会与人沟通。新生在和一些不熟悉的人交往时，可以从一般的寒暄开始，之后转入中性话题，如来自哪个学校、姓名、有哪些业余爱好等，而后再转入双方感兴趣的，触及个人利益的话题，如工作、学习、身体等即可随便交谈起来，这种交往能锻炼自己使对方开口的本领，寻找相互感兴趣话题的本领。良好的人际关系有赖于相互了解。相互了解有赖于彼此思想上的沟通。因此要常与人交谈，交换看法，讨论感兴趣的事情。这样，可借以表达自己的喜怒哀乐，降低内心压力。在沟通中求得主观世界与客观世界的平衡，有益于身心健康。但在沟通时，语言表达要清楚、准确、简练、生动。要学会有效聆听，做到耐心、虚心、会心，把握谈话技巧，吸引和抓住对方。近年来越来越多的人发现，沟通在我们正常生活中越来越重要了。有调查表明，一个人一天中约有 60%～80% 的时间花在与亲人、朋友、下属、同事或顾客间的沟通上。沟通不好，会产生误解，造成障碍，从而失去很多机会。学会与人沟通是建立良好人际关系的桥梁。

在与人沟通过程中应主要掌握以下原则和技巧。一是积极、主动的原则。不要看见对方冷淡、陌生，便望而却步，不敢热情。“日疏愈疏，日亲愈亲”，相信自己的热情能融化任何冰山雪岭。要主动出击，积极沟通。情感是有迁移性的，对方不是石头，面对你的热情大方，即使对方开始冷漠，也会一扫而光，觉得与你“似曾相识”“一见如故”，距离自然很快被缩短。二是欣赏与赞扬的原则。对别人一定要真诚地欣赏与赞扬，这样会使你的人际关系更加和谐，每个人都会有他的亮点，发现它，赞扬它，只要你的赞美出于真诚，没有一个人会抗拒你的善意。三是互相尊重的原则。只有给予对方尊重才有沟通，否则很难沟通。四是互相理解的原则。一旦与他人有误解、有矛盾，应将你内心的感受、感情、痛苦、想法和期望讲出来，但绝对不是批评、责备、抱怨、攻击。一般来说，任何人对他本人的所作所为都认为是合理的，在批评、责备、抱怨、攻击、发火之前一定要了解别人这么做的理由与原因。五是理性沟通的原则。不理性不要沟通，不理性只会导致争执，不会有好结果，这种沟通无济于事。有不良情绪的时候不要沟通，尤其是不能够做决定。情绪不良时，人很容易冲动而失去理性，使事情不可挽回。六是绝不口出恶言。沟通不能够信口开河、口无遮拦。如果自己说错了话、做错了事，如不想造成不可弥补的伤害，最好的办法就是主动承认错误并道歉。

至此，我们较为系统地了解了与人沟通和建立成功人际关系的基本原则和技巧。这些道理看上去虽然都很简单，但是，在实际生活中，我们要想使自己所明白的和所能做到的统一起来，还要对自己进行强化训练，为此大学生应经常进行自我反思，通过反思才能懂得哪些该坚持哪些应予以纠正，这样自己的思想才能不断上升到一个新的层次，登上一个新的台阶。同时要注重在实践中验证自我。一个人经过反思觉察了自己的优势和劣势后，要靠实践检验其是否正确。经过实践，哪些方面给你带来了成功体验，哪些方面让你有挫败感，哪些该坚持，哪些该放弃自然会逐步明朗。这样使“知”与“行”在自己的潜意识中有机结合起来，才能形成自我超越的行为原动力。

总之，自我超越是无数次的努力换来的质变，需要大学生具备持之以恒的精神，而不是在困难面前退却，需要大学生踏踏实实地行动，它不是遥不可及的，也不是一蹴而就、唾手可得的。只要你能够认准目标坚持到底，那么总有一天，你会看到最精彩的自己，终能实现自己的人生价值。

三、当代大学生如何树立正确的恋爱观

爱情作为人类的基本情感之一，是大学校园里的热门话题。正值青春期刚步入大学校门的大学生，就如同打开了鸟笼的小鸟，在蔚蓝纯洁的天空中自由飞翔。随着性生理的成熟和性心理的发展，渴望爱情，想谈恋爱已成为大学生中较为普遍的心理状态。但是，正值青春期的大学生虽然性生理趋于成熟，但性心理尚未完全成熟，他们对爱情的本质，爱情与人生、事业的关系等问题的认识并不是十分清晰。一旦恋爱过程中出现问题，他们就会陷入烦恼之中，严重的甚至会耽误学业、影响身心健康，故如何树立正确的恋爱观、正确处理恋爱过程中出现的问题是大学生面临的重要课题。

1. 爱情的本质和三要素

所谓爱情是一对男女基于一定的社会基础和共同的生活理想，在各自内心形成的相互倾慕，并渴望对方成为自己终身伴侣的一种强烈、纯真、专一的感情。性爱、理想和责任是构成爱情的三个基本要素。性爱把爱情与人世间的其他情感，如亲情、友情明显区别开来，使爱情成为特殊的“情爱”。理想赋予爱情深刻的内涵，是爱情生长的内在依据。爱情是两个人感情的交融，这种交融以双方人格、志趣上的相互影响和相互认同为基础，并形成双方对生活的共同理想，从而使爱情具有巨大的鼓舞力量，能够振奋人的精神，激发人的智慧，升华人的品德。责任是对性爱和理想的升华，责任也因此成为爱情得以长久的重要保障，是坚贞爱情的“试金石”。古今中外，人们所赞美的爱情无不体现着恋人间为对方“忘我”的付出。这种自愿担当的责任，丰富了爱情的内涵，提升了爱情的境界。上述三个基本要素构成了爱情的有机统一整体，它们的完美结合成就了人世间美好的爱情。性爱的吸引，使得爱情打上了情爱的烙印，并把异性间的爱情与友谊根本区别开来。理想的契合，使得爱情表现着

恋人们对生活的希望和对未来的憧憬，使热恋中的人们焕发出极大的热情来克服生活中的消极和颓废。责任的担当，则使得爱情不是自私地占有对方的感情，而是自觉自愿地为所挚爱的人付出感情、担当责任。

2. 当代大学生恋爱观现状

大学生活环境相对于中学时代来说比较宽松，大学生获得了比较多的个人支配时间和空间；大学生又是一个特殊群体，他们总是站在时代的前沿，最容易接受新思想、新事物、新观念。这本是一个有利条件，但由于大学生心智尚未完全成熟，在该不该谈恋爱，怎样谈恋爱等问题上又存在许多困扰。当前大学生恋爱观呈现以下几个特点：

（1）恋爱现象的普遍性、公开性　受整个大环境的影响，他们中很多人对恋爱问题不再矜持与含蓄，表现得投入且大胆，有的同学甚至不管场合、地点、恋人之间行为举止或过分亲昵，或因为一点矛盾大吵大闹，完全不考虑后果。

（2）恋爱心理不成熟性　当代大学生谈恋爱时，考虑的问题往往都比较片面，更多注重的是感情上的愉悦，至于如何让彼此的感情得到升华，恋爱与家庭、社会、周围的人和事的关系并不过多考虑，有的同学甚至认为恋爱和结婚完全是两回事。

（3）恋爱目的不明确性　有些大学生或把恋爱当作一种感情体验，及时行乐，或为了充实课余生活，排遣寂寞，填补空虚，把恋爱当作一种消遣文化，只注重恋爱过程，轻视恋爱结果，实质上是只强调爱的权利，否认爱的责任。

（4）恋爱动机错误性　有的同学谈恋爱把经济条件、权力背景等放在首位。这类大学生一般是基于利益关系而谈恋爱。他们在选择对象时，考虑的并不是爱情，而是对方能不能在学习上、生活上、将来就业发展上对自己有所帮助。恋爱于他们而言只是为了达到某种现实目的的手段，并不是为了爱情。

（5）恋爱只追求刺激性　随着西方文化的传入，开放的“性”思想对当代大学生的价值观产生了极大的影响。正值青春期的大学生，往往对性充满了幻想和渴望。再加之一些影视和文学作品的影响，一些控制力较弱的学生，为追求刺激，以满足性欲望为目的和异性交往。这种同学往往将恋爱视为儿戏，只追求感官上的刺激，忽略了爱情的真谛。这不仅会在精神和身体上深深地伤害对方，也会使自己身心健康受到极大损害。

上述恋爱观对大学生的学习、生活等各方面的影响显然是负面的，实际生活中也经常由于上述问题处理不当造成大学校园中恶性事件的发生。

3. 大学生应树立怎样的恋爱观

爱情是人类独有的情感，象征着纯洁、忠贞、美好和神圣，是男女在内心形成的最真挚、最热烈、最稳定、最专一的情感。它以人的性生理发育为前提，以人的具有社会内容的思想感情为基础。当代大学生的性生理发育虽然基本成熟，但性心理还有许多不足，人生观不够稳定，学习基础不够牢固。大学生虽迫切渴望爱情，但不能正确理解恋爱的含义。因此，树立正确的恋爱观，能帮助大学生正确处理好学业与爱情的关系，使大学生把爱情作为奋发学习的动力，也为将来建立幸福美满的家庭做好准备。

1）大学生应首先懂得爱情的真谛是责任和奉献。大学生由于社会阅历浅，思想单纯，很多学生对于自己的人生目标还没有一个清晰概念，对于爱的真谛的理解更是简单幼稚，这个时候千万不要盲目地或过分急躁地追求爱，要分清自己的条件是否成熟，要调整好自己的心态，树立自尊、自爱、自强、自重等应有的品格，以理智的态度对待爱情。爱情不是树荫下的甜言，不是桃花源中的蜜语，不是轻绵的眼泪，而是一种责任和奉献。在社会生活中，人具有两方面的责任：一是个人对社会应尽的责任；二是个人对家庭、父母、孩子、朋友和爱侣的责任。第二方面的责任属于私人生活的性质，是社会干预最为微弱的生活领域，主要依靠良好的道德修养和自觉的责任感来维持。正因为如此，它体现了一个人的人格魅力。大学生一旦进入爱的王国，就必须具有强烈的责任感和奉献精神，因为只有这样，才能获得真正的爱情。

2）志同道合的心灵沟通是收获美好爱情的坚实基础。在恋人的选择上最重要的条件应该是志同道合，思想品德、事业理想和生活情趣等大体一致。这样在遇到困难、矛盾时，才容易互相理解、共渡难关。马克思和燕妮的崇高爱情就是建立在志同道合的基础上的，正因为如此，他们的爱情才经受住了艰难困苦的考验。

3）要正确处理爱情与学（事）业之间的关系。爱情是美好的，它是人生内容的重要组成部分，但不是人生的全部，它应该服从于事业，促进事业的发展。一个人只有事业取得成功，其爱情之花才会开得更加鲜艳芬芳。所以，大学生应该把学业放在首位，摆正爱情与学业的关系，不要把宝贵的时间全部用于谈情说爱上而放松了学习。不能很好地完成学业，就不会有好的事业，而没有事业的爱情如同在沙漠中播种，缺乏坚实的根基和土壤，迟早会枯萎。只有将爱情同事业结合，爱情才会有旺盛和持久的生命力。

4）恋爱要严肃认真、感情专一。爱情是一个男性与一个女性之间的爱慕关系。这种关系包括自己特有的感情和义务，它只能存在于恋爱者两人之间，不容许第三者介入。而且，恋爱不是儿戏，双方要真诚相待、实事求是地对待自己，也实事求是地对待对方。无数事实证明，用欺骗手段骗取爱情，是不会幸福的。另外，双方一旦建立了恋爱关系，就要忠贞专一，搞三角恋爱、多角恋爱的行为都是不道德的。

5）在恋爱过程中，应多一些理解、信任和宽容，互相尊重，共同进步。爱情是互爱的统一，相爱的双方，都有着自己独立的人格和精神世界，既不能完全依附于对方，也不能要求完全占据对方。爱情与做人一样，理解、信任、诚实和宽容都是十分可贵的品质。爱很多时候意味着付出，要相知、相敬、相让。“世上没有十全十美的人”，两个人在一起并不是简单的组合，必须互相包容；爱，就必须接受他的一切，包括缺点。

6）要正确处理恋爱挫折。爱情是双向、相互的，以双方的爱情为基础，失去任何一方的情感投入，爱情就会失去平衡，恋爱即告终止。这时失恋的一方无论对另一方爱得有多深，都是不现实的了，作为有理智的大学生应该正视这一现实。此时要学会换位思考，设身处地地为对方着想。这样做有助于你理解对方终止爱情的原因，有助于你接受失恋这一痛苦的现实并及早走出失恋的阴影。失恋的同学可通过运动法释放激动情绪产生的能量，也可通过转移注意力、适当倾诉、心理咨询、改变环境等方法排解不良情绪，并尽快把失恋升华为一种奋发向上的动力，尽快投入到学习或者工作中去。切不可因为失恋而一蹶不振，认为生活、人生都失去了意义。要知道，恋爱是生活的重要组成部分，但不是生活的全部。只有这样才能要正确地看待爱情，摆正爱情的位置，处理好爱情与学习，爱情与人生，爱情与婚姻的关系。

总之，恋爱是为了寻找志同道合、白头偕老的终身伴侣，不是为了安慰解闷，寻找刺激，更不是单纯为了性的满足。共同的理想、共同的品德和情操是最根本的。正确的恋爱观应该是理想、道德、事业和性爱的有机结合。

四、努力提高自身综合素质

青年是祖国和民族的未来，青年兴则国家兴，青年强则国家强。我国大学生目前占全国人口的比重只有8%左右，和发达国家的30%多比起来还相差很远。大学生素质如何，直接影响和决定着我国现代化建设的进程和参与国际竞争的能力，直接影响和决定着我国历史使命的完成和成才目标的实现，因此，每一位大学生都有义务和责任努力适应社会发展的需要，尽快提高自身综合素质、确定自己的成才目标，这样才能真正担负起历史赋予的重任。当前，高等职业教育在地方经济发展中起着特别重要的作用，用人单位对高职院校毕业生综合素质的要求也很高，高职生应根据自身实际和现实可能性，制订全面素质提升计划，并重点从以下几方面提高自身素质：

1. 以科学理论为指导的思想政治素质

坚定正确的政治方向和政治立场，用科学的理论武装头脑，是大学生必须具备的思想政治素质。在社会主义市场经济条件下，经济成分的多元性必然导致人们思想的多元化趋势，西方社会思潮的冲击，封建残余意识的影响等，都会使人们的思想观念、政治立场产生动摇。为此，我们必须坚定不移地树立建设中国特色社会主义的共同理想和正确的世界观、人生观、价值观。要立足于解放思想、实事求是，正确认识社会发展规律，正确认识国家的命运和前途，坚定建设中国特色社会主义的新观念。要善于运用马克思主义世界观和方法论研究新情况、解决新问题，增强把握全局和解决实际问题的能力，真正做到理论科学、思想端正、头脑清醒、立场坚定、旗帜鲜明、行动自觉。

2. 以全心全意为人民服务为核心的道德素质

道德是社会调整人与人之间以及个人与社会之间行为规范的总和，是维护社会生活的重要支柱。全心全意为人民服务是社会主义道德建设的核心，是当代人才道德素质的集中体现。实践全心全意为人民服务，是发展社会主义市场经济、实现社会主义现代化的客观要求。要做到全心全意为人民服务，就要提倡和发扬集体主义精神，提倡尊重人、关心人，热爱集体，热心公益，扶贫帮困，为人民为社会多做好事，反对和抵制拜金主义、享乐主义和个人主义，要做到对社会负责、对人民负责，正确处理国家、集体、个人的关系，反对小集团主义、本位主义，反对损公肥私、损人利己，要大力倡导文明礼貌、助人为乐、爱护公物、保护环境、遵纪守法的社会公德，要大力倡导尊老爱幼、男女平等、夫妻和睦、勤俭持家、邻里团结的家庭美德，还要增强民主法制观念、依法办事。只有这样才能适应未来社会发展需要。2001年10月中共中央颁布的《公民道德实施纲要》，立足于我国已全面进入小康社会的这一基本社会状况，提出了20个字的公民基本道德规范，即“爱国守法，明礼诚信，团结友善，勤俭自强，敬业奉献”，这既是对当代中国公民的基本要求，更应当是当代大学生要具备的道德素质。

3. 较强的工作能力素质

能力素质的概念比较广泛，它集中表现在人们认识事物并且反映事物的正确性、机敏性、深刻性、广阔性上。对于职业人来说，它除了包括一定岗位需要的特殊工作能力素质外，还包括语言文字表达能力、社会交往能力、组织管理能力、办事能力和创新能力。这些能力的高低甚至决定了一个人事业的成败，高职院校的学生必须加以注意和重视。

4. 健康的身心素质

要成为跨世纪的人才，还必须有健康的身心素质，否则，不但影响成才，甚至连正常的学习和生活都保障不了。健康的身心素质应包括健康的生理体质、乐观向上的情感胸怀、谦和宽容的为人处世态度、坚韧不拔的意志和较强的自我情绪控制能力。只有具备了这些素质，才能在工作中讲求协作，对在竞争中遇到的挫折具有足够的心理承受能力；才能在艰苦的工作中不怕困难、奋力进取并获得成功。

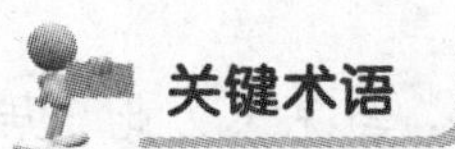

人的本质属性　　人的需要　　心理健康　　人际关系　　人际交往　　恋爱观

马克思的人生超越对当代中国大学生的启示

在社会科学领域，学术的价值之一，就是让每一个个体在社会或者历史中寻找到属于自己的位置，以确定自己的人生走向。马克思作为一个伟大的思想家，他在那个特定的时代，找到了自我，并成功地超越了自我，从而成为一个对历史有着重大影响的人。

马克思的一生能够取得辉煌的成就，与其不断地超越自我是分不开的。这种超越体现在马克思的一生之中，这也是马克思能够创立马克思主义的重要原因。

1. 超越青年黑格尔派，走向唯物主义者

马克思并不是一个天生的唯物主义者，在其早期，马克思所信奉的是黑格尔的唯心主义学说。1835 年马克思进入波恩大学学习，次年10 月转入柏林大学。他学的是法学，但主要精力放在学习历史和哲学上。在大学阶段，他参加了倾向进步的“青年黑格尔派”的活动，吸取了黑格尔的辩证法思想；这时的马克思在政治上是一个革命民主主义者，坚决反对普鲁士封建专制制度。就基本的哲学立场上而言，这时的马克思是一个唯心主义者，在其 1841 年 4 月完成的《德谟克利特的自然哲学和伊壁鸠鲁的自然哲学的区别》的博士论文中体现出来的都还是黑格尔哲学的唯心主义立场。

1842 年 4 月，马克思开始为《莱茵政治、商业和工业日报》（即《莱茵报》）撰稿。同年 10 月，他迁居科伦，担任该报主编。11 月间，首次与恩格斯见面。马克思在《莱茵报》发表一系列文章，痛斥普鲁士贵族地主对农民的残酷压迫，坚决捍卫农民劳苦大众的利益。1843 年 1 月，普鲁士当局决定从 4 月起封闭《莱茵报》。股东们要求马克思将报纸办得温和一些，马克思断然拒绝，并于 3 月 17 日声明退出编辑部。

由于普鲁士政府的迫害，马克思在 1843 年 10 月移居法国巴黎。他住在工人区，广泛接触工人群众，了解他们的生活和斗争情况；同法国的民主主义者、社会主义者、工人秘密组织的领袖以及德国流亡者的秘密团体“正义者同盟”的领导人建立密切联系；还时常出席法、德两国工人和手工业者的集会并发表演说。与此同时，他研究了法国阶级斗争的历史、空想社会主义以及英国古典政治经济学，并和黑格尔左派分子卢格合办了《德法年鉴》杂志。1844 年 2 月，马克思在该杂志创刊号上发表《＜黑格尔法哲学批判＞导言》和《论犹太人问题》两篇文章，论述了科学共产主义的许多重要原理。文章主张对一切剥削制度进行无情的批判，尤其是“武器的批判”；第一次指出无产阶级是实现社会主义革命的社会力量，公开声明自己的哲学是为无产阶级服务的。他鲜明地指出：“哲学把无产阶级当作自己的物质武器，同样地，无产阶级也把哲学当作自己的精神武器。”这是马克思从唯心主义转向唯物主义，从革命民主主义者转为共产主义者的重要标志。

1844 年 8 月底，马克思与恩格斯在巴黎第二次见面。从此，两人为世界无产阶级解放事业并肩战斗。他们合作写成的第一部著作，是 1845 年 2 月出版的《神圣家族，或对批判的批判所做的批判》(简称《神圣家族》)。这部著作批判了“青年黑格尔派”的唯心主义哲学，阐明了人民群众是历史创造者这一唯物主义基本原理。

1845 年 1 月，法国政府根据普鲁士政府的要求，将马克思驱逐出境。马克思为此迁居比利时首都布鲁塞尔。同年春天，恩格斯也到了那里。他们在这里合写了《德意志意识形态》。这部著作第一次广泛地阐述了历史唯物主义的基本原理，揭示了社会发展的客观规律，制定了马克思主义关于社会经济形态学说的初步提纲，并且第一次提出了无产阶级夺取政权的历史任务。

从这里我们看到，马克思走向唯物主义是在其长期的对社会问题的关注中形成的，是在对现实问题的批判中形成的，正是为了批判的科学性和合理性，马克思在实践中超越了黑格尔的唯心主义思想，走向了唯物主义，这是马克思的第一次超越。

2. 在实践的角度对理论的超越

马克思是一个思想家，也就是说他是一个理论家，作为一个理论家的马克思同样也超越了传统的理论家，将理论研究的方法与目的都带入了一个新的境界。马克思在这一点上的超越主要体现在以下几个方面：

第一，关于理论的价值。

理论是用来干什么的？是用来解释世界还是用来改造世界的？马克思在《关于费尔巴哈的提纲》中如此总结道：“哲学家们只是用不同的方式解释世界，问题在于改变世界。”这是马克思对理论的价值的思考，理论学习与研究的目的不在于解释世界，而在于改变世界，也就是理论与实践的结合，所以马克思才得出了，“理论一经掌握群众，就会变成巨大的物质力量。”这就是理论的价值之所在。

第二，关于理论的基石。

理论是奠基在什么基础上的，是建立在纯粹的理论研究的基础上，还是建立在现实的基础上？马克思在《关于费尔巴哈的提纲》中写道：“人的思维是否具有客观的真理性，这不是一个理论的问题，而是一个实践的问题。人应该在实践中证明自己思维的真理性，即自己思维的现实性和力量，自己思维的此岸性。关于思维——离开实践的思维——的现实性或非现实性的争论，是一个纯粹经院哲学的问题。”哲学的基础应该是在实践的基础上的，而不是在纯粹的理论研究的基础上的，纯粹的理论研究只会使研究脱离现实，形成一个在现实生活中根本无法实现的结论。

第三，关于理论自身的定位问题。

理论家应该站在什么角度来研究和思考问题？应该如何来研究社会，理论家与社会存在是一种什么样的关系？

理论研究要反映存在，但理论家不能单纯地站在理论之外来研究和批评社会，理论还必须到现实生活中去，不仅要投入到对社会的批判中去，还必须投入到对社会的改造中去，只有投身于改造社会的过程中，才能使自己的理论不断得以完善。马克思、恩格斯一生的成就，不仅在于他们作为理论工作者进行了大量的研究，更在于他们是在实践中对革命运动进行了认真的总结和反思。

3. 对自我学说体系的超越，将自己的思想体系开辟成开放的思想体系

对于理论家而言，以一生的辛劳来构思一种思想理论，在构建理论的过程中面临着超越前人的问题，也就是自己必须在学习前人的过程中超越前人，这一点马克思做到了，他吸收了黑格尔的辩证法思想，超越了黑格尔思想唯心主义的局限性，走向了唯物主义；马克思吸收了费尔巴哈的唯物主义思潮，同时也超越了费尔巴哈唯物主义的局限性走向了辩证唯物主义；马克思吸收了空想社会主义者的思想，但在实践的基础上超越了他们的空想成分；马克思吸收了英国古典政治经济学的研究成果，继承了他们关于资本主义社会许多问题的研究结果和方法，但同时以剩余价值学说理论超越了他之前的经济学家。

马克思不仅在学习的过程中超越了他的知识来源者，同时在其理论成型和趋向成熟以后，他面临的主要任务就不再是超越他人，而是超越自我，超越自我的知识体系，不断地完善自己的思想体系，使之成为一个开放的思想体系。

4. 对个体的人的超越

我们在学习马克思时，不仅要看到马克思是一个伟大的思想家，一个伟大的马克思主义者，同时还必须看到马克思是一个个体的人，在其一生中他超越了其同时代人对人生的追求。

【评析与思考】 任何一个人生活在世界上，都面临着一个对自身价值的追问问题，即人的价值何在？人如何在自己的一生中追求自身的价值，实现自身的价值？作为一个常人而言，我们所说的成功又是什么？是政治上的显赫？还是经济上的富足？

在马克思的一生中，他完全可以以其才华实现其政治上的显赫或者经济上的富足。如果马克思不批判普鲁士政府，他不会几次被驱逐；如果马克思以其经济学上的智慧去赚取金钱，他一生也不会穷困潦倒。但马克思在这样的人生际遇中并没有改变自己的人生志向，而是坚持自我，最终走向了自我的成功。

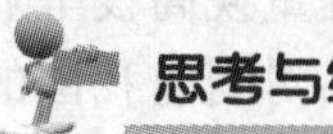

思考与练习

1. 大学生为什么要正确认识自我？
2. 大学生应如何正确处理个人需要与社会需要之间的关系？
3. 当代大学生应如何树立正确的恋爱观？
4. 大学生如何在社会实践中不断地实现自我超越？

第三章　充分了解社会　树立正确的择业观

概要及学习要点

就业市场对于大学生而言还是一个陌生的环境，与我们所熟悉的校园生活截然不同。毕业生要想顺利地实现自己的职业理想，就必须尽快地熟悉就业环境，本章针对上述问题，重点阐述了我国现行的就业制度及有关政策法规，分析了当前就业形势，以帮助学生树立正确的择业观念，并做好充分的就业准备。

第一节　我国现行的就业制度及有关政策法规

在市场经济条件下，高校毕业生就业政策发生了较大的变化。因此，毕业生一定要打破旧的就业观念，牢固树立"通过自身劳动获得合法收入即为就业"的新就业思想。在进入人才市场就业之前，一定要深入了解国家的就业政策和学校的就业原则，熟悉毕业生就业工作的主要程序，以及各个就业环节实施的过程中应注意的问题。同时高职毕业生还要针对自身的特点，有重点地了解有关地区及有关行业的就业政策。

一、我国现行的就业制度及有关政策法规

培养与社会主义市场经济要求相适应的大量劳动者和各方面专门人才，不断提高劳动者的素质，关系到21世纪中华民族复兴事业的全局。高校毕业生是宝贵的人才资源，合理使用毕业生人才资源是落实科教兴国战略的重要措施之一。党中央、国务院高度重视高校毕业生就业工作，采取一系列措施，为高校毕业生施展才华创造条件。我们也应当对当前我国的就业制度、就业政策有充分的了解。

（一）认清形势，转变观念

从1999年起，我国连续扩大招生规模，使高等教育发展进入一个新阶段。高校"扩招"后，高校毕业生数量迅速增加，2001年全国高校毕业生为115万，2011年高校大学毕业生人数达660万，2015年预计达到749万，创下历史新高，大学生就业面临新的挑战。但从总体来说，目前高校毕业生数量与各行各业的需求量相比还远远不足，主要是高校毕业生在地区的分布和结构上不平衡，造成了结构性的就业困难。解决这一问题，需要进一步解放思想、转变观念，深化高校毕业生就业制度和社会用人制度等方面的改革。高校毕业生就业工作要以中国特色社会主义建设重要思想为指导，围绕促进国家经济发展和社会稳定的大局，采取有效的措施，进一步转变高校毕业生就业观念。建立市场导向、政府调控、学校推

荐、学校与用人单位双向选择的就业机制，努力实现高校毕业生的充分就业。

（二）高校毕业生就业工作管理体制进一步完善

在国务院领导下，教育部、国家发改委、人力资源和社会保障部、公安部等有关部门密切配合，共同做好高校毕业生就业工作。省（自治区、直辖市）人民政府成立了由政府主管领导牵头，有关部门参加的领导协调机构，统筹做好高校毕业生就业工作；并抓紧调查研究，认真研究分析未来几年高校毕业生的就业形势，把高校毕业生就业工作纳入当地经济和社会发展的整体规划；同时提出深化改革、妥善解决高校毕业生就业问题的具体措施。从这一点可以看出国家对大学生就业工作的重视程度，这就是我们在择业过程中的组织保障。

（三）人才培养结构加快调整

高校根据国家“十二五”规划提出的经济、社会发展的需要和科学技术发展的趋势，加快调整高校学科专业结构和人才培养结构，提高教学质量，使高校培养的人才更好地满足实际的需要。社会急需的专业扩招，就业率过低的学校和专业要减招直至停招。

（四）高职院校毕业生就业的渠道进一步拓宽

高职院校学生毕业后何去何从？就目前看主要的就业单位有五大类：公有制单位、非公有制单位、灵活就业、政策就业和参军入伍。从就业渠道角度看，主要通过人才市场、媒体招聘、自主创业、“专升本”、亲友介绍、学校推荐等形式引导高校毕业生到基层、到中小企业就业。

（五）非公有制单位聘用高校毕业生的有关问题逐步得到切实解决

对于到私营企业就业的高校毕业生，公安机关要积极放宽建立集体户口的审批条件，及时便捷地办理落户手续。用人单位也要保障大学生的合法权益，如签订劳动合同、缴纳社会保险等。同时也鼓励大学生自主创业，工商和税收部门要简化审批手续，积极给予支持。

（六）制定了鼓励人才合理流动的政策

主要包括鼓励用人单位根据实际需要多招聘高校毕业生，取消对接收高校毕业生收取的城市增容费、出省费、出系统费和其他不合法、不合理的收费政策。省会及省会以下城市放开对吸收高校毕业生落户的限制。

（七）对尚未就业高校毕业生的有关政策相继出台

对毕业离校时未落实工作单位的高校毕业生，档案管理机构对保管其档案免收服务费用。学校可根据本人意愿，将其户口转移入学前户籍所在地或两年内继续保留在原就读的高校，待工作单位落实后，将户口迁至工作单位所在地。如果超过两年仍未落实工作单位的高校毕业生，学校和档案管理机构将其在校户口及档案迁回其入学前户籍所在地。这方面主要是说如果毕业生没有找到职业，那么你的所有材料可以被免费保管，但时间只有两年。

（八）高校毕业生就业市场秩序得到进一步整顿和规范

根据有关文件规定，应届高校毕业生就业招聘会主要在高校内举办，跨省举办的高校毕业生招聘会，必须经当地省级人民政府主管部门批准，并接受监督。要采取措施实现高校毕业生就业市场、人才市场和劳动力市场相互贯通，实现网上信息资源共享，更好地为高校毕业生和用人单位服务。

（九）对高校毕业生的思想教育和就业指导工作进一步加强

这方面主要包括对毕业生进行正确的世界观、人生观、价值观和择业观教育，帮助其树立自主择业、勤奋创业、终身学习的观念，树立根据社会需要就业，到基层建功立业的思想，主动到祖国需要的地方干一番事业。政府有关部门要切实做好毕业生就业工作，以提高就业率为中心，加强就业指导，新闻媒体要加强毕业生就业的宣传报道，提高用人单位对这项工作的认识。

二、大学毕业生就业管理部门的一般工作程序

高校毕业生求职择业前应该了解毕业生就业管理部门的工作程序及相关的就业政策，收集处理信息，做好资料准备和心理准备，慎对应聘和签约。目前，高校毕业生的就业管理机构主要有教育部、国务院有关部委，各省、自治区、直辖市、政府主管部门，以及高等院校。这些管理机构的工作程序和内容大致如下：

（一）分析形势，制定政策

教育部对年度国民经济发展和国家重点建设情况开展调查研究，制定相应的政策，从而确定年度的就业工作指导意见。各省、自治区、直辖市、中央各部委按照有关文件精神制定出本地区、本部门所属高校毕业生就业工作的具体意见，各高等学校根据国家就业方针政策和规定以及学校主管部门文件要求，结合本校毕业生实际情况，制定本校毕业生就业工作细则。

（二）资源统计和资格审查

毕业生资源统计工作一般在每年的 9 月开始进行。资源统计内容包括毕业生毕业专业、姓名、性别、政治面貌、家庭所在地、培养类别等。资源统计是一项十分重要和严肃的事，既不能有丝毫差错又不能弄虚作假，凡是属于国家正式派遣的毕业生都必须是招生时列入国家任务计划内招收的学生。各高校负责本校毕业生的资格审查工作，及时向主管部门和地方调配部门报送毕业生资源情况。省、自治区、直辖市主管部门负责本地区毕业生的资源统计工作，并按时报送国家教育部。国家教育部在每年的 11 月左右向各地区、各部门提供下一年度的毕业生资源情况，包括毕业生所在的学校、所学专业以及毕业生来源地区等。各地区、各用人单位要向国家教育部提供毕业生需求信息。国家教育部负责向社会及时通报毕业生资源情况和需求情况，并及时组织毕业生供需信息交流活动。

毕业生资格审查工作在每年 12 月左右完成，主要从毕业生德育、智育、体育三方面审查是否符合毕业条件，对于不符合学校学籍管理有关毕业条款的，给予结业处理。（结业生落实到就业单位后同样可以派遣，只是就业报到证上要注明“结业”字样）

（三）就业指导

各高校对应届毕业生进行就业指导，包括思想教育、政策指导、形势分析、信息指导、

心理辅导、技术指导等，目的是为帮助毕业生根据自身特点和社会职业需求，选择最能发挥自己才能的职业，全面、迅速、有效地与工作岗位结合，实现自己的人生价值和社会价值。现在有很多高职院校将就业指导提前到大二或大三上学期开始，形式也很多样，如：开设选修课、讲座、个别指导等。

（四）供需见面和双向选择

供需见面和双向选择活动是毕业生落实就业单位的重要方式。各地区、各部门和各高校的就业管理机构在每年的12月至下一年的4、5月，采取多种形式召开由学校和用人单位参加的“供需见面、双向选择”大会和开办毕业生就业市场，为毕业生求职择业创造条件、提供服务。毕业生在学校的指导下可直接参加这类活动。经供需见面和双向选择后，毕业生、用人单位应签订毕业生就业协议书，作为毕业生派遣报到就业的依据。

（五）《就业协议书》的审查和《报到证》的签发

每年5、6月，高校应做出毕业生鉴定和安排毕业生体检，审查《就业协议书》是否合法有效，手续是否齐全。毕业生就业主管部门凭学校、毕业生和用人单位三方签订的《就业协议书》签发《全国普通高等学校本专科毕业生就业报到证》（以下简称《报到证》）。外省生源毕业时未落实就业单位的，由毕业生就业主管部门签发回生源所在省（自治区、直辖市）的就业主管部门报到的《报到证》，同时，以就业计划的形式函告对方就业主管部门，这部分学生在择业期内落实就业单位后，由该省（自治区、直辖市）的就业主管部门转签《报到证》。

（六）派遣、报到接收工作

学校派遣毕业生的时间一般在每年的6月底至7月初，派遣毕业生统一使用《全国普通高等学校本专科毕业生就业报到证》，公安部门凭《报到证》办理户口迁移手续。毕业生持《报到证》和《户口迁移证》到工作单位报到，用人单位凭《报到证》予以办理接收手续和户口关系。毕业生报到后，用人单位应根据工作需要和毕业生所学专业及时安排工作岗位和岗前培训等。

（七）改派和毕业离校时未落实工作单位的离校毕业生的派遣

在派遣过程中出现特殊情况需要调整改派的，按下列原则办理：

1）在本省、自治区、直辖市辖区内用人单位之间调整的，由地方主管毕业生调配部门审批并办理改派手续。

2）跨部委、跨省（自治区、直辖市）调整的，由学校审核同意后，统一报国家教育部审批并下达调整计划，学校所在地方主管毕业生调配部门按照调整计划办理调整手续。改派手续一般在每年9月以后开始办理，毕业生调整改派须在1年内办理，逾期不再办理。

3）毕业离校时未落实工作单位的毕业生，在择业期内落实工作单位的，可将《就业协议书》寄送学校就业工作部门，由学校在规定的时间统一到主管毕业生调配部门办理《报到证》。

三、大学毕业生的择业程序

在求职择业过程中，高校毕业生不仅需要了解就业工作运行的客观流程，同时自身也应当遵循合理的择业程序，以便最终达到顺利就业的目的。高校毕业生自身的择业程序大致包括以下几个主要步骤：

（一）了解就业政策

高校毕业生就业是一项政策性很强的工作。了解国家有关就业政策是高校毕业生求职择业的关键一步。有人曾经形象地将求职择业中不熟悉就业政策的高校毕业生比作“不懂比赛规则而上场比赛的运动员”。的确，面临求职择业的高校毕业生们，如果不首先了解国家以及有关部门的就业政策而盲目地去选择职业，那么很可能事与愿违，或事倍功半，甚至处处碰壁。

（二）分析形势，准确定位

高校毕业生在求职择业前，一定要分析当年的就业形势，根据所在院校的地位、声誉、影响，所学专业就业情况及供需分析，学历层次的就业需求，特别是根据自身素质，对自己做一个正确的估价，明确差距所在。同时必须保持积极、主动的择业心态，这是确保求职成功的一个重要前提。在择业取向上，要遵循有利于发挥素质优势，有利于发展成才，有利于顺利就业的原则。

（三）收集处理就业信息

高校毕业生求职择业，不仅取决于整个社会的政治、经济状况以及自身的能力素养，而且也取决于是否占有大量的就业信息以及能否有效利用信息。就业信息是毕业生求职择业的基础和必备条件，谁能及时获取信息，谁就获得了求职的主动权。因此，毕业生应当及时、全面地掌握有关就业方面的种种信息，并认真地对这些信息进行分析，筛选整理，及时运用。

（四）自荐应聘

高校毕业生在掌握有效需求信息的同时，要准备好自荐材料并准备应聘。应聘主要有两种形式：一是毕业生本人去用人单位面谈、应试；另一种是毕业生在学校和各级地方就业指导管理部门举办的毕业生就业市场应聘。无论哪种方式，均要力求提高择业成功率。

（五）签约

通过双向选择，毕业生确定了用人单位，对方也明确表示录用后，毕业生就可以和用人单位签订由教育部统一制订的《就业协议书》。该协议书明确规定了学校、用人单位及毕业生本人三方面的责任、权利与义务。《就业协议书》一经签订，便视为生效合同，不能随意更改。签约的各方都要守信用，不能做与《就业协议书》内容相违背的事情。需要指出的是，有的毕业生在与用人单位签约后，又去联系其他单位，这种做法是不妥的，结果也不会好，往往会几头落空。要记住，不讲信誉的人在社会上是不受欢迎的。

（六）文明离校与报到就业

毕业生在离开母校奔赴工作岗位之际，既有对学校、老师和同学的依依惜别之情，又怀有对未来生活的美好憧憬，还可能有对未来生活的几分不安，有一种复杂的心境。青年人，总要想方设法表达这种复杂的心情，关键是应选择有益向上的活动和方式，给母校和老师留下真情和眷恋，给人生留下一个美好的回忆。文明离校是对新一代高校毕业生应具有的精神风貌的基本要求，广大毕业生应该把良好的学风留给在校的学生。毕业生办完离校手续后，就持《报到证》和《户口迁移证》在规定期限内（一般为 1 个月）到用人单位或就业部门报到，同时，学校在此时间范围内将毕业生档案转递到用人单位。毕业生报到后，其工资和福利待遇按国家有关规定执行，工龄从报到之日起算。自《报到证》签发之日起，无正当理由，超过 3 个月不去指定单位报到的，国家不再负责其就业。

第二节　当前就业形势分析

我国从 2002 年开始，高校扩招后的毕业生逐渐进入就业市场，就业形势也发生了很大变化。据权威部门统计 2015 年全国高校毕业生数达 749 万人。应届毕业生对就业形势严峻的一面要有充分的思想准备。

一、严峻的就业形势

（一）大的经济环境发展态势不容乐观

我国加入世界贸易组织（WTO），标志着我们朝着全球经济一体化的目标迈出了关键性的一步。但与此同时，我国经济受国际经济的冲击和影响也变得更加直接。目前全球经济的发展不景气已是不争的事实，尤其是 2008 年金融危机后，美国经济进入衰退期。作为我国主要出口国的日本、韩国的经济也处在长期低迷的境地。这种不利的国际经济大环境必将对我国的经济带来严重冲击。

（二）社会对毕业生的需求形势不容乐观

经济发展放缓的态势，必然导致社会对人才需求的减弱。据媒体报道，受国际上公司裁员风潮的影响，目前一些在华的跨国公司也纷纷开始裁员，不少外资企业接受国内大学毕业生的数量明显减少。

（三）毕业生就业中供需矛盾的结构性矛盾越来越突出

这种长期存在的结构性矛盾，在毕业生就业中将会更加突出。主要表现为：

（1）专业供需不平衡　社会对计算机、通信、电子、法学、外语、自动化、机械、市场营销等学科的毕业生需求旺盛。从近年收到的用人单位信息中看，与计算机、通信、电子、外语、自动化、机械、市场营销等热门专业相关的用人单位占到近 95%，需要冷门专业的用人单位却只有几个。

（2）层次供需不平衡　专科生相对容易就业，本科生呈现供大于求的趋势。

(3) 地区之间的供需不平衡　相比之下，经济发达地区和一些中心城市对毕业生需求量较大，而边远和欠发达地区需求明显不足；同一专业，在有的地区需求较大，有的地区则需求不足。

(四) 毕业生就业期望值居高不下

这也是影响毕业生充分就业的一个重要原因，尽管就业形势严峻，竞争激烈，但多数毕业生的就业期望值的实际降低幅度并不大，具体体现在毕业生并不急着很快签约，还是要不断挑选。除对薪酬要求有所下降外，毕业生对地域、行业、发展机会等的期望值并没有下降，反而有升高。同时，毕业生对职业发展前途、福利待遇、劳动合同等内容的关注程度大大提高。在现阶段，绝大部分用人单位都有成型的、稳定的劳动工资制度，提供给毕业生的收入、待遇也是有一定限度的，毕业生对个人及用人单位情况要有一个正确的分析及评价，不能无限制抬高就业期望值，超出用人单位的负担能力，甚至超出社会现实的要求都是不可能得到满足的。应该说，除了一些学历层次偏低、所学专业较冷门的学生外，对大多数毕业生来说，找到一份工作并不是十分困难的事情，问题在于很多毕业生的就业期望值脱离了社会的需要和现实的可能。

二、就业工作能够得以平稳发展的有利条件

毕业生的就业难度增加，不容乐观，这是现实，但只要各级政府、高等学校、毕业生及用人单位予以充分重视，共同努力，保证毕业生的顺利就业是可以做到的。对于毕业生的就业，目前有以下几个方面的有利条件：

(一) 我国经济持续健康发展的势头，为毕业生就业提供了较好的就业环境

尽管不景气的国际经济环境给我国经济造成了冲击和影响，但由于我国政府采取了拉动内需、产业结构调整、国企改革等积极而行之有效的经济政策，我国经济连续几年实现平稳快速的增长，成为全球瞩目的新秀，这种良好的国内经济环境为毕业生就业创造了许多有利条件。

我国加入 WTO 初期，经济发展所带来的就业空间增大并不明显，但近几年来，我国新增就业机会明显增加，甚至有些行业能够大量提供就业机会，如服务业、房地产业、家电业、食品业等创造的就业机会明显增多。未来几年，我国的经济发展预计能保持在 7% 的增长水平，如果按通常的经济每增长一个百分点，可以提供 80 万 ~100 万个就业岗位计算，7% 的经济增长速度将会给高校毕业生带来可观的就业空间。

(二) 高校就业指导工作不断加强，为毕业生就业创造了有利条件

面对当前严峻的就业形势，高校对毕业生就业这项工作给予了前所未有的重视。就业指导机构普遍得到了充实和加强，以高校为基础的各种形式、不同规模的就业市场活动日趋规范，受到毕业生和用人单位的普遍欢迎。据统计，初次就业的大学生中，有近 60% 是通过学校来落实单位的。高校通过举办大型人才交流会和固定的小型的长期的人才交流会、开展多种形式的就业指导、咨询服务等，为毕业生充分就业、用人单位挑选人才提供了更为有效的服务，这些有利条件将会进一步促进毕业生就业的平稳进展。

（三）毕业生综合素质的不断提高将有助于择业的成功

培养综合素质较高的应用型高技能人才一直是高职院校办学的根本目标。近年来，高职院校对调整人才培养结构、提高教学质量、加强大学生综合素质越来越重视，大学生的综合素质有了明显提高。面临就业选择的毕业生，在择业心理、择业技巧、推销自己的能力等方面也较以往的毕业生有了显著进步。这对毕业生的顺利就业是非常有利的。

（四）以专升本为切入点，促进良好学风建设已初成规模

以专升本代替就业，已成为提高高职高专毕业生就业率，确保毕业生最大限度就业的一个主要途径，专升本一方面可以教育延缓就业，同时也提高了劳动力素质，对缓解严峻的就业形势起到了重要作用。

第三节　树立正确的择业观

高校毕业生是宝贵的人才资源。做好大学生就业创业工作，关系实施人才强国战略和全面建设小康社会的全局，关系广大青年学生的切身利益，关系高校和社会的稳定。当前和今后一个时期，伴随着社会转型、经济结构调整和深化教育体制改革，大学生就业形势比较严峻，就业压力普遍增大，帮助大学生树立正确的择业观，是做好大学生就业创业工作的关键。

一、大学生择业观念的新变化

在当前大学生就业市场上，毕业生的择业意识、择业观念、择业标准、择业渠道、择业办法以及在择业中所呈现的矛盾等都发生了明显的变化，具体表现在以下几个方面：

（一）择业意识增强

大学生的择业意识随着毕业生就业制度改革的深入和就业市场化的发展，越来越强烈。

1. 从“等待分配”变成“主动出击”

双向选择的就业制度被社会和广大毕业生接受，毕业生自主择业意识、竞争意识不断增强。面对当前严峻的就业形势和就业压力，他们摆脱被动依靠、消极等待的思想，树立竞争择业的思想，并主动出击，提早准备，勇敢地走向就业市场，积极主动地参与就业竞争。通过竞争，寻求理想的职业；通过竞争，实现个人的职业目标。例如，大学生在提高自身素质的基础上，通过多种渠道了解社会需求，主动“推销”自己。有的提早准备，了解“行情”，按照社会需要塑造自己；有的则主动学习求职知识和技巧，并灵活应用；还有的甚至从低年级就关注就业市场的变化，并将学习、实习、社会实践与就业紧密地结合起来。

2. 由注重“择业结果”变成注重“择业基础”

过去许多大学生只是一味地去追求如何去求职，如何找到理想的就业单位（即注重择业的结果），而忽视平时的就业准备（即择业的基础）。如今，大学生对自身素质在求职择

业中的作用比以往任何时候都要清楚。不少大学生意识到“学业”是“择业”的基础和前提，要想在就业竞争中获胜，就必须努力提高竞争的“实力”。因此，他们发奋学习，全面提高自身综合素质，注重各种能力的培养和提高。如今，学校校园中所出现的学习风气不断浓厚，学习自觉性日渐提高以及“外语热”“计算机热”“辅修课热”等，都是大学生为适应市场需要所做出的努力。

（二）择业观念时尚

随着大学生就业的进一步市场化以及竞争的日益加剧，大学生的择业观念也发生了很大的变化，并且日渐时尚。具体表现是：

1.“先就业，后择业，再创业”的观念

面对当前的就业形势，许多大学生改变了“一步到位”的思想，树立“先就业，后择业，再创业”的观念，走一条面对现实，降低起点，先融入社会，再寻求发展的道路。他们在毕业时，只要有条件基本认可的单位接纳，就先工作，实现就业，走进社会。工作一段时间后，认为不合适，再重新选择职业。有了一段就业和择业经历，各方面的经验和能力得到提高，具备了自信心和“实力”，时机和条件到来时，即可大显身手，走创业之路，去追求自己的理想事业。

2. 到非国有单位就业的观念

过去，部分人片面认为，只有到国家机关、事业单位、国有企业才算就业，而到三资企业、民营企业等非国有单位则不稳定、不可靠、不保险，因而不愿去这些单位就业，即使暂时去了也不作长远打算。留恋公职，留恋干部身份。如今，广大毕业生已摒弃了这种狭隘的就业观念，树立了新的就业观。即只要既能发挥自己的能力和才干，又能服务社会，同时有相对稳定的收入，不管是国有单位还是非国有单位，甚至从事个体经营，都是就业。这是一种富有弹性而广泛的就业观。也就是说，大学生已淡化“公有”“私有”的观念，树立起了全方位、多渠道的就业意识。

3. 淡化“专业对口”的观念

随着人才培养的宽口径和社会对待学生综合素质及能力要求的不断提高，如今，越来越多的毕业生在求职择业时，已淡化“专业对口”的观念，而是在“学以致用”的原则下，发挥素质优势，在更加宽泛的就业范围和领域内，寻求理想的职业。

4. 自主创业的观念

一些大学生在毕业时，不是向社会寻求工作，而是用自己所学的知识自主创业。例如，有的毕业生自己或与其他人合作创办公司，以充分发挥自己的专业优势和素质优势；有的毕业生则“另起炉灶”，从小事做起逐步发展。这不仅解决了自己的就业问题，而且也为他人创造了就业机会。

5. 正确对待“待业”的观念

随着毕业生中待业人数越来越多，大学生对待“待业”逐渐有了正确的认识。很多人意识到，待业不仅越来越成为一种很正常的社会现象，而且暂时的待业不等于永久性失业。

部分大学生经过短时期待业后，可能会很快找到就业岗位。因此，他们积极争取即时就业，同时对待业的心理承受能力也大大提高。

6.“适时跳槽”的观念

在传统“统包统分”的就业制度下，由于个人很少有择业的机会，因而“一次就业定终身”成了大学生普遍的就业心理。而在当今“双向选择”的市场就业氛围下，职业流动不仅得到大学生们的认同和支持，而且现代社会的发展，正在加快社会职业的流动。这些变化，打破了“从一而终”的就业观念，代之以职业流动和“适时跳槽”等观念的确立。正因为如此，许多大学生在工作岗位上能够发挥专长，大显身手。

7. 终生教育的观念

现代职业变化的日新月异，人们职业岗位的迅速变化，以及职业对从业者要求的不断提高，使许多高职学生意识到，要想不被职业淘汰，就必须树立终生教育的观念，不断地学习新知识，努力适应社会发展的需要。同时，大学生们已经意识到，大学教育固然重要，但它仅是终生教育的一个阶段，大学毕业生以后的延伸教育和重新学习，对于选择和重新选择职业岗位，取得职业成就，具有非常重要的作用。

（三）择业标准务实

许多毕业生在择业时，选择标准更加务实，其考虑的主要因素可归纳为以下几点：

1）首先注意能否发挥个人的才能和施展特长。这是与他们就业动机中突出自我发展，追求长远的人生发展目标相一致的。

2）越来越重视经济利益，即重视单位的经济效益，工资水平和福利待遇。

3）挑选单位的地域位置。多数毕业生向往大城市，尤其是沿海中心城市。他们认为这些地区经济发展水平高，生活环境和发展前景较好，施展个人才能的机会也多。

4）注重单位的发展前景。

5）力求有一定的社会地位。大学生择业时虽然很重视经济利益，但并未将其作为唯一因素。求得有一定社会地位的职业，仍然是许多大学生的就业理想。许多毕业生不仅注重单位的地域位置、经济效益、福利待遇，而且注重单位的发展前景及工作环境、企业文化和用人机制。

（四）择业渠道多元化

在毕业生日益适应“供需见面，双向选择”的就业制度，就业观念不断更新的新形势下，毕业生择业的渠道也形成了多元化的趋势。毕业生不仅通过学校部门获得就业信息，参加本校组织的各种招聘会，而且充分利用外校、外地及社会上的人才交流大会落实就业去向，有的则利用社会媒体、中介组织获得就业信息；还有一些人借助于家长、亲朋好友、校友及老师、同学的推荐获取就业信息、签订就业协议。面对当前的就业形势，有的继续复习考研，或出国深造；有的先参加短期培训，再慢慢寻找就业单位；有的还选择自主创业的路子等。

（五）择业方法讲究

在大学生就业市场上，毕业生越来越重视择业技巧，因为择业知识的学习和择业技巧的掌握，对毕业生成功地求职择业具有重要的意义。因此，许多毕业生精心准备自荐材料，注重对自己的“包装”，力求面试时给招聘单位留下良好的印象；讲究择业道德和文明礼貌；通过多种渠道收集就业信息等。许多毕业生还采取了“自荐”“他荐”和同学之间的相互推荐，或请院（系）领导、班主任、辅导员、代课老师推荐等方式择业，都收到了良好的效果。

二、如何树立正确的择业观念

高职院校的毕业生经过三年的拼搏，开始进入择业阶段。这是决定自己命运的关键时刻。很多人不知究竟“路在何方”，心里难免忐忑不安。尚未找到工作的大学生虽然从学校里学到一些基础知识和专业技能，但对整个社会的了解还不多也不够全面。因此，他们在观察和处理问题时，经常用书本上学到的理念去生搬硬套，缺少理性的思维和成熟的眼光，显现在择业过程中，他们不同程度地折射出浮躁、焦虑和恐惧等心理障碍。因此，大学毕业生应该正确面对这些问题，运用科学的方法，及时地化解自己的心理障碍，以便使择业顺利进行。

（一）梳理情绪，消除择业浮躁

随着全球经济一体化的冲击，我国社会主义市场经济体制的逐步建立和完善，高等教育的体制改革也正在进一步深化。在国家就业政策指导下，大学生自己走向人才市场，自主择业。很多大学毕业生都能够正确转变择业观念，主动迎接人才市场的挑战，积极投入到自主择业的行列中去。然而，也有部分毕业生面对纷繁复杂、竞争激烈的人才市场，感到无所适从，产生了浮躁心理。

1. 引起择业浮躁的因素

（1）青年期固有的因素　从小学、中学到考取大学，通常需要13年，等到大学毕业时年龄一般都在23岁左右。处在这个时期的青年，接受新鲜事物快，容易产生幻想，处理问题好冲动，自我意识比较强烈。虽然他们的生理发育已经成熟，但相当一部分大学生心理发展还不成熟、不稳定，生理状况与心理因素有明显的不同步性，再加上他们的知识结构不完善，每个人的生活体验又有千差万别的因素，其个性心理特征就会有较大的差异，在择业过程中就表现出心理上的浮躁、彷徨和不安等，感到寻找工作无从下手、无从做起，既想尽快步入社会，又不知归宿何处。

（2）优柔寡断的弱点　从学校到社会，这是人生的一个重要转折。面对这一转折，大学毕业生既要能够做到知己知彼，尽快适应，又要不失时机，抓住转折机遇，权衡利弊，当机立断，但少数大学毕业生优柔寡断、犹豫不决，“这山望着那山高”，以至白白失去许多择业良机。这样，在人才市场上就出现了“热门难进，冷门更冷”的怪现象。

（3）期望过高的心理　大学生在毕业时都希望找到一份能施展自己才华和实现自己人生抱负的工作，这是人之常情，也是完全可以理解的。但是从目前情况来看，绝大多数毕业生希望到大城市、大公司、大企业等大单位去工作。根据某媒体近年在全国范围内所做的大规模抽样调查显示：75%的毕业生想留在大城市工作，72.8%的毕业生希望在沿海地区工作。这一切都说明，大学毕业生普遍对择业的期望值过高，对社会的需求不了解，结果往往造成大城市、大公司不愿要，小城市、小公司人已招满的尴尬局面。

2. 平息择业浮躁的良药

大学毕业生面临择业，迫切希望有人帮助他们保持应有的心理平衡，解决择业过程中的种种浮躁心理问题，维护他们的心理健康，特别是在大学生进入人才市场自由择业的改革步伐不断加快、竞争日益激烈、信息量逐步增大、人们观念发生较大变化的新形势下，大学生的上述需求就变得更为迫切。从学校来看，有的学校已经开设了就业指导课，但由于教材针对性不强，师资参差不齐等原因，大学生对教材内容体会不深，使课程的讲授效果大打折扣；从就业市场来说，运作机制还不够健全，许多环节有待完善，一些政策性的法规和条例尚未出台；从学生自身来说，树立高尚的职业理想、寻求最佳的效益、牢固确立市场观念也非常重要。

（1）高校要认真做好毕业生就业指导工作　大学生择业时受到了主客观两方面因素的制约。针对不少大学毕业生择业过程中存在的浮躁心理，高校指导毕业生用正确的价值观念、道德标准和行为规范参与择业活动，就显得十分重要。就业指导工作的内容主要有三个方面：一是信息指导，二是思想指导，三是技巧指导。针对心理浮躁问题，思想指导和技术指导更为重要。

信息指导是就业指导的基础。信息指导，可让大学毕业生尽可能多地掌握用人单位需求信息，以便主动投身到择业过程中，避免盲目性。思想指导重要的是要帮助大学毕业生树立正确的就业观。要教育毕业生从个人实际出发，主动适应社会需要，正确认识和处理好眼前利益和长远利益的关系、理想和现实的关系、挑战和机遇的关系、挫折和成功的关系、个人和社会的关系等。只有克服浮躁的情绪，正确把握自已，顺应时代潮流，转变择业观念，才能一步一个脚印地去实现自已的人生理想。

择业技巧是就业指导课的基本内容之一，大学毕业生存在的择业浮躁心理在一定程度上起因于缺乏恰当的择业技巧。面临就业选择的大学毕业生，普遍思想准备不足，有浮躁感，不清楚有关的政策规定，不了解自已有哪些权利和义务。所以需要学校设置相关课程进行指导。至于具体的应聘程序、资料的整理和使用、面对用人单位应如何介绍自已、如何了解对方，以及应有的礼仪和言谈举止，也需要学校进行必要的指导。这样，可以避免由于介绍不着边际、材料不得要领、礼貌不周、言语不当、衣冠不整、手续不全等技术原因而造成择业的障碍。

（2）大学生要树立高尚的职业理想　如果说中小学时期是一个人的择业理想的萌芽阶段，那么，大学则是一个人职业理想茁壮成长的时期。大学毕业生在走向社会的时候，职业理想通常已经形成，这对今后的职业生涯有着长远的重大影响。

大学生的职业理想是指大学生对未来职业的一种强烈追求和向往，是指对未来职业的规划和构想。这是决定大学生选择职业的类型和原因的决定性因素，求职择业的一切都以此为基本出发点，大学生高尚的职业理想应当使个人志向与国家利益、社会需要结合起来，走出个人的小天地。如果纯粹只从个人的角度考虑问题，就非常容易走向死胡同。在这方面，马克思的青年时代的职业理想很值得今天的大学生好好学习。马克思1835年在特利尔中学毕业时写的一篇关于职业理想的文章《青年在选择职业时的考虑》，就提出了一些对今天的大学生求职择业仍有深刻启迪的看法。他在谈到职业选择时指出："如果我们的生活条件容许我们选择任何一样职业，那么我们就可以选择一种使我们获得最高尊严的职业，一种建立在我们深信其正确的思想上的职业，一种能给我们提供最广阔的场所来为人类工作，并使我们自己不断接近共同目标，即臻于完美境界的职业，而对这个共同目标来说，任何职业只不过是一种手段。"

（3）在发展变化的社会中找寻最佳位置　选择职业，就是选择未来。每个大学毕业生，如果正确地选择了职业，就是为未来的成功奠定了良好的基础。为此，毕业生要把握好机遇，迎接挑战，争取迈好走向社会的第一步。那么如何迈好这第一步呢？首先需要对所处的社会环境进行相对全面的了解和认识，弄清当前大学毕业生面临的就业形势。就总体而言，随着社会主义市场经济体制的逐步建立，我国经济发展加快，社会对大学毕业生的需求会不断增加，毕业生就业形势还是比较乐观的。但具体到某个地区、某个学校、某个专业，情况就不尽相同了。从近几年看，工科类大部分专业供不应求，其中机械、计算机、自动控制等专业需求量较大，而文科和理科类的某些专业需求较少，有些专业甚至没有需求信息。由于我国人口众多，生产力发展水平较低，接受高等教育的人数在逐年增加，而就业机会往往不能同步扩大，就业难仍旧是困扰各级政府的一大难题，加之国企改造，国家行政机关和事业单位压缩编制、裁减人员，下岗失业人员日益增多，大学毕业生不能把期望值制定得太高，即使热门专业的毕业生，也同样要不断调整自我期望值，使理想切合实际，符合社会需要，这样才能在激烈的竞争中掌握主动权，从而找到比较理想的工作。

（4）大学生的思想观念要适应市场经济环境的需要　在社会主义市场经济体制下，我国的毕业生分配制度已经从传统的"统包统分制"转向在国家计划指导下的以市场为媒介的"双向选择制"，大学生的就业实行了在国家政策指导下的自主择业方式。在这种与过去统包统分就业制度完全不同的就业方式中，大学生本身的思想观念转变至关重要，这就需要大学生择业意识、行为要主动与国家的毕业生就业制度"接轨"。

有人认为，大学生的天职主要是学习科学文化知识，以后未必在经济领域工作，有无市场观念关系不大，这种看法是错误的。高校毕业生就业制度的一个重要特点就是，把社会主义市场经济的竞争引入大学生的就业之中，建立起公平、公正、公开的人才竞争环境。作为未来的科技文化人才，在市场经济环境中却不懂得市场规律，不懂得经济规律，是很难在经济大潮中站稳脚跟的。在经济舞台上，不仅仅是经济的竞争，而且是人才的竞争，是把科学技术转化为生产力的竞争。人才的竞争，对于每一个大学生来讲，都是一种新的挑战。所以，大学生必须树立市场竞争意识，才能与之相适应。我们必须深刻认识到，人才的竞争对社会的发展和个人的成才有着十分积极的作用。只有通过平等的竞争，促使人们高水平、高标准地表现自己，充分发挥自己的潜力，才有利于人才的成长。只有通过平等的竞争，才能体现实力的较量，才能克服不正之风对人才成长的干扰，使真正有实力的人的才华得到充分的发挥和展示，促进社会的整体发展。

要清醒地认识到，市场经济的供求规律还深深地影响着人才市场。供不应求，择业的范围就大，就业就比较容易；供过于求，择业的范围就小，就业就比较困难。明白了这一市场规律，在求职择业时就不会一厢情愿想当然，不会只想着自己有什么学历就应该得到什么工作。

所以，大学毕业生应该在思想上牢固树立起市场观念。只有树立了市场观念，认识市场，主动适应市场，才能不断强化自身的竞争意识，做好参与竞争的思想准备。

（二）松弛心理，消除择业焦虑

心理学研究表明，适度的焦虑能使个体产生压力，这种压力可增强大学毕业生的进取心，使他们产生求胜的心理和行动。但是，如果过度地焦虑，自己又不能在一定时间内化解，就会严重影响个人主观能动性的发挥，给择业带来不必要的困难，甚至造成择业失败。

引起择业焦虑的因素有：

（1）依赖因素　在求职择业中又具体表现为两种倾向：一种是从众心理，自己缺乏独立的见解，不是从自己的实际情况出发做出切合实际的选择，而是人云亦云，见别人都往大城市、大公司里挤，自己也跟着凑热闹；另一种是依赖政策、依赖他人的倾向，而不是主动选择、积极竞争，坐等学校给自己推荐单位。这种心态也是与激烈竞争的社会现实不符的。大家都知道，职业的选择往往也是对机遇的一种把握，错过机遇，将会与成功失之交臂，有时甚至会遗憾终生，一旦今后找到的工作不理想，焦虑感就会随之而来。

（2）等待因素　在求职择业中具体体现为两种类型：一种是大学毕业生自己不积极参与择业，而是靠父母和亲朋好友出面四处奔波，到处找关系、托人情，缺少择业的主动性，即使在别人的帮助下一时能找到工作，也难以适应今后的竞争；另一种是有些大学生在找工作之初，用人单位的需求量较大时，不愿与用人单位签订协议，总认为还会有好的单位在后头，结果是当断不断，反受其乱，患得患失，举棋不定，等到机会丧失时便产生焦虑、苦闷的情绪，这也是导致许多毕业生陷入择业误区的一种因素。

（3）短视因素　有些同学在择业时过分看重地位，过分看重实惠，一心只想进大城市、去沿海发达地区，到挣钱多、待遇好的单位，甚至为了暂时的功利可抛弃所学的专业。这种心理可能会使你得到一些眼前利益和满足，但从长远发展看并非明智之举。另外，有相当一部分毕业生认为，只有到大型企业去干，才能充分发挥自己的聪明才智，认为大型企业机会多、福利好、工作稳定，而小企业只有几十或几百名员工，资金不雄厚，更谈不上什么发展前途了。进不了大企业就心理焦虑，真的进了大企业，才发现里面人才济济，竞争非常激烈，“大材小用”现象十分普遍，同样会焦虑。

（三）消除择业焦虑的技巧

大学毕业生择业的过程，是一个复杂的过程。而对严峻的就业形势，面对众多的竞争对手，要想获得择业的成功，没有充分的心理准备，没有良好的竞技状态是不行的。因此，必须克服焦虑心理。主要是更新观念，打破传统的事事求稳、求顺的思想，不怕风险和挫折，并且客观地分析自己，合理地设计求职目标，尽量减少挫折，增强求职的勇气，最大限度地减轻心理焦虑的程度。

1. 转换角色，适应社会需要

求职择业不同于学习期间的社会实践，它是要找到一个适合自己的工作岗位，并能在这个岗位上充分发挥自己的作用。毕业生在求职前必须从宏观上了解国家的有关政策，了解正在实施的改革措施及存在的问题；从微观上了解自己专业就业的基本情况和改革趋势，以及劳动人事管理的办法和动态，用人数量和标准，同时还应尽可能地了解有关政策和法规。了解的目的不是研究、评判，而是为了接纳、为了适应。

因社会发展迅速，经过数年专业学习的大学生毕业时，人才需求的数量和模式与当年入学时所做的预测可能已发生了很大的变化。许多同学经过几年的学习，对专业和行业的认识及情感也发生了很大变化。一些专业由热变冷了，由“短线”变成了“长线”；一些专业在不断地调整和改造中，却依然跟不上形势的变化和需求。种种现象使大学毕业生在求职择业时感到焦虑、无奈和迷茫。要想有所作为，走出无奈，毕业生只有走出象牙塔，正确认识自己的求职地位，不要把学校、社会、家庭、亲友所给予的尊重、爱护关心当成社会给予的最终认可，而要转换角色，投入社会，了解社会，积极主动地适应社会需求，主动接受社会选择。

2. 客观评价自己，树立良好心态

“尺有所短，寸有所长。”每个人都有自己的优点和长处，也都有自己的缺点和短处，所以每个毕业生对自己和自身能力都应有客观和正确的认识，努力明了自己能干什么和不能干什么，这就是所谓“知人者智，自知者明”。只有这样，毕业生才能树立良好的心态，在求职中抓住机遇，从而避免盲目和减少失败。

良好的择业心态主要表现在以下几个方面：

（1）确定适当的择业目标　择业目标要与社会需要相一致，确定能够实现的目标、扬长避短是成功的钥匙。

（2）避免从众心理　大学毕业生处在择业大潮中，自己的期望水平会受到其他择业者的影响。虚荣心、侥幸心理会使他们改变原有的自我期望而采取不切实际的从众行为。学成从业、服务社会、实现自身价值，是每一位大学毕业生美好的愿望。但是有些毕业生在择业过程中，不是从自身的特点、自身的能力、自身的优势和社会的需要出发，而是在同学中盲目攀比，好像不到一个比别人更好的单位就不能实现自身的价值。这样即使为了求得一时的心理平衡到了一个比较体面的单位，也不一定有利于自身价值的实现和长远发展。

（3）避免理想主义　大学毕业生择业期望值普遍居高不下，已经影响到毕业生顺利就业。有些大学毕业生由于刻意追求最满意的结果，而错过了其他好的机会，有的甚至造成就业困难，待在家里无所事事。尤其是有些各方面条件比较好的大学毕业生，在择业过程中，脚踩几只船，“这山望着那山高”，不能及时调整就业期望值，以至于后来就业困难，悔之晚矣。

（4）克服依赖心理　有些毕业生在择业过程中缺乏自信，把希望寄托在拉关系、走后门上，有的甚至由家长出面与用人单位洽谈，殊不知这样做的结果恰恰让用人单位对毕业生产生缺乏开拓能力、独立生活能力和工作能力的印象。当今社会，挑战与机遇并存，失败与成功同在，只有在择业之初就树立强烈的自信心，敢于竞争，勇于竞争，才能在众多的求职者中脱颖而出。

3. 无私奉献，具有高尚的敬业精神

对于即将进入社会的大学毕业生来说，树立高尚的敬业精神是准备进入社会的思想成熟的重要标志之一。大学生是否具有敬业精神关系到今后的职业生涯能否顺利、能否成才、事

业能否发展的一系列问题。在高校毕业生就业制度已经发生重大变革的形势下，具有敬业精神已经成为社会对高校毕业生素质的新要求。因此，大学毕业生要树立良好的敬业精神，把良好的敬业精神作为准备就业的必要条件。

4. 扎根基层，实现人生理想

大学生准备求职择业，还必须面向基层，做好艰苦创业的思想准备。冷静地分析当前的就业形势与今后的趋势，就会发现，现在大城市和各大型企事业单位已经形成了一个比较完整的人才系统。它所需要的只是进一步的调整和提高，假如只把眼光往这些地方看，势必会造成一般大学生特别是大专生“就业难，难于上青天”的假象。而另外一方面，西部地区、广大的乡镇、生产第一线多年来却未能接收到较大数量的大学生，很多非国有企业还缺乏大量的高层次的专业技术和管理人才，急需大批有才能的大学生去开拓，去创业。所以，可以说大学生建功立业的机会在基层，在第一线。因此国家在政策上号召大学生到基层去，到国家重点建设单位去，到生产第一线去。当然，基层工作比较艰苦，生活条件、工作环境相对较差一些，正是因为这一点，很多大学生在求职择业时顾虑重重，望而却步。其实，当今大学生要做一番事业，基层大有其用武之地。树立献身基层、扎根基层的就业观大有好处。基层是大学生成长的广阔天地，现在很多毕业生有一种片面的择业观，在心理上畏惧下基层，认为下基层就没面子、没前途。确实，基层单位的条件相对较差，但从另一方面来看，正因为基层人才比较匮乏，大学生去后往往被委以重任，甚至独当一面，有很多的机会施展才华，这些地方不但是当今国家最需要人才的地方，也是大学生最容易显示特长、做出成绩的地方。据一些高校近年来的毕业生成才情况的追踪调查报告显示，工作出色、成绩显著的大学毕业生大多出自基层，大多是从基层艰苦奋斗成长起来的，可以说，基层是毕业生成才的沃土。诚然，在基层创业是比较艰苦的，总是要付出更多努力，甚至是代价。但是，宝剑锋从磨砺出，梅花香自苦寒来。没有艰苦的锻炼，没有工作经验和能力的逐渐积累，又哪里能够做出前所未有的成就和担当重要的责任呢？大学生只要真正深入到基层中，扎扎实实地工作，勤勤恳恳地奉献，兢兢业业地苦干，肯定大有收获。

三、释重缓冲　消除择业恐惧

大学毕业生就业制度的改革使大学毕业生求职呈现多元化趋势，拓宽了大学毕业择业的广度。但是职业的选择自由度越大，职业选择行为的责任就越重，择业的心理恐惧感便越强烈。大学毕业生应弄清恐惧的原因，正确估计自我、他人和社会，在真正进入人才市场后才能驾轻就熟。择业中要充分自信，消除恐惧心理，应注意正确估计自己的实力和层次，不要妄自菲薄。

（一）引起择业恐惧的因素

有的大学毕业生面对用人单位严格的录用程序感到胆战心惊，有的因自己是女生而怕求职困难，有的因自己的学习成绩不佳而烦恼，有的因自己的能力较弱而紧张恐惧，这些都是择业恐惧心理现象的表现。引起择业恐惧的因素，主要表现为以下几种：

1. 传统观念的影响

首先是社会习俗的影响。有的大学毕业生把社会上的某些传统观念作为自己选择职业的依据；有的同学虽然对一些社会习俗有自己的独到见解，很不赞同，但迫于社会舆论的压力，产生了从众心理，因而在择业时，求稳、求静、求享受，缺乏艰苦创业的准备，出现争进大公司、大城市，而不愿到基层、到生产第一线的思想倾向。其次是家庭、朋友的影响。中国几千年的传统文化，使部分青年学生“苦读十年，荣宗耀祖”的观念、家庭地域观念很重。他们选择职业时，首先是征求父母的意见，想到的是对家庭有没有利，有没有面子，离家远不远，而事业发展则是第二位的。无形之中，家庭、亲友利用其特殊地位，对大学毕业生的就业择业起了决定性作用。

2. 自卑心理的影响

有的同学三年顺利走过来了，也具备了一定的实力和优势，面对激烈的竞争，却产生自卑心理，觉得自己这也不行，那也不如别人，缺乏竞争勇气，缺乏自信心，走进就业市场心理发怵，参加招聘面试更加忐忑不安。在这一阶段择业的毕业生可能在之前的就业竞争中遭受了挫折，从而产生了低落情绪。另外，如果自己所学的专业在社会上竞争力不强，未必能在人才市场的竞争中占优势，也很容易对自己的能力缺乏自信心，产生自卑心理。自卑心理是大学毕业生在进行职业选择时必须消除的心理障碍，求职时畏首畏尾会给用人单位留下无能的印象，使求职不易成功。一旦中途受挫，就会更加缺乏心理上的承受能力，总觉得自己确实不行。在竞争激烈的人才市场中，这种心理障碍是走向成功的大敌，必须认真加以克服。

3. 信心不足的影响

许多大学毕业生在“双向选择，供需见面”的市场竞争中会流露出信心不足的心理。尤其是一些性格比较内向、不善言辞的学生，一些学习成绩平平甚至曾受过处分的学生，还有一些专科生和女大学生，在面对择业市场时，缺乏自信的心理表现得更为明显。形成这样的心理，一方面是受到社会和用人单位的影响，另一方面也说明大学毕业生不敢正视现实，对自己的长处估计不够，缺乏竞争的勇气。有的毕业生因为心理负担过重，缺乏应试的临场经验和现场应变、自我控制能力，以致在求职过程中过于怯懦；有的怀疑就业制度不健全；还有的想当然地认为，就业时的“关系”“能力”在竞争中有“四两拨千斤”的作用，不愿公平竞争，免得白费心血。更有甚者，面对激烈的择业竞争，不少大学毕业生在“大学生择业难”的阴影下产生恐惧心理和示弱心态：“我能竞争得过别人吗?”“要是碰钉子多丢人!”“万一失败了怎么办?”这种心理障碍往往使大学毕业生缺乏竞争的勇气和获胜的信心。

4. 怕苦思想的影响

在大学毕业生求职过程中，普遍存在着攀高的心理，理想职业的选择标准是“三高”，即起点高、薪水高、职位高。大学毕业生希望所选择的工作名声好一点、牌子响一点、效益高一点、工作轻一点、离家近一点、管理松一点，这是典型的贪图享受，怕吃苦、怕受累的表现。在怕苦怕累的心理驱使下，大学毕业生选择职业的面很窄，其直接后果是增大了大学毕业生求职的失败率和困难。大家都知道，没有耕耘哪有收获，追求事业成功必须付出艰苦的努力，艰苦的环境与事业的成功是连在一起的，大学毕业生似乎永远处于两难境地。他们中的一部分缺乏艰苦奋斗的思想准备，追求轻松、舒适、安逸的情调，所以在择业时，常把发挥能力干一番事业摆在舒适的工作、生活之后。许多人对到艰苦的地方去工作顾虑重重，甚至表现出极大的不情愿，他们不是看自己的专业特长能否发挥作用，从而在实现社会价值的同时实现个人价值，而是贪图享乐，希望能去名声好、条件好、待遇高、离家比较近的单位工作。

（二）消除择业恐惧的方法

为了提高心理健康水平，保证求职择业的顺利进行，大学生不仅应当积极排除择业期间可能会出现的以上种种心理恐慌障碍，而且还应及早进行心理锻炼和接受思想教育，努力形成正确、健康的择业心态。消除择业恐惧的方法多种多样，以下几种也许很有效。

1. 必须正视现实

现实是客观的，既有利于自己的一面，也有不利于自己的一面。应该看到我国目前的生产力发展水平还比较落后，社会为大学毕业生提供的工作岗位不可能使人人满意。供需形势也很不平衡，边远地区、艰苦行业、基层和第一线急需人才。另外，我国毕业生就业市场还不规范，不公平竞争在一定程度上依然存在。这些都是客观现实，大学毕业生应该面对这些事实，一切从实际出发，正视现实，既不要心存幻想，也不能逃避现实。正视现实还包括正视自身，一个不能正确认识自己的人，不可能把主观愿望和客观现实有机结合起来。正视自身，包括对自己的思想表现、专业学习状况、各种能力、身心素质等都有一个客观认识。对自己有充分认识，有助于确定恰当的择业目标。具体应做到以下几方面：

1）正确评价自己。正确评价自己就是要纠正过低的自我评价，多找自己的长处，即使微不足道也不要忽略，利用自己的优势以长补短，寻求成功的经验，增强自信，从而有效克服自卑感。

2）树立坚定的信心。信心是成功的第一要诀，在求职择业过程中，信心不仅可以给自己带来勇气和力量，也会使用人单位从气势上产生认同感。要使自己在择业过程中保持坚定的信心，就要相信自己的能力，相信自己能够胜任工作，要经常对自己进行积极的心理暗示，比如说，"别人能干好，我一定也能干好""我一定能干得更好"等。

3）注重发挥自己的优势，扬长避短。要抓住自身特点，发挥自己的优势，尽量避开自己的不足，这样，就有可能在择业竞争中占据主动地位。

4）要有一腔打动用人单位的热情。要让用人单位感觉到，你是热爱生活、热爱事业的，只要它们给你一次机会，你会尽心尽力干好本职工作，它们不会因为选择你而感到失望的。

对于女大学生来说，由于一些用人单位存在着性别偏见，这就给她们就业择业带来很大的压力。实际上，从小学、中学到大学，女同学无论在学习成绩上还是专业发展上，都是与男同学并驾齐驱的，甚至某些方面比男生还更胜一筹。然而，由于历史的、现实的、主观的、客观的原因，女大学生在社会职业的选择上却往往处于劣势。因此，女大学生必须充分认识自身的特点，清楚自己的长处和弱点，在求职择业过程中扬长避短，发挥自身的优势。虽然女大学生在生理、心理、性格上与男生有着一定的区别，但是，女大学生也具有自身的优势。例如，女生普遍具有温柔、贤惠、细腻的性格；感知能力较强，形象记忆较好，想象力较为丰富；尤其在语言能力上比男生更具有优势，女性一般学习掌握语言较快，语言表达较清楚、流畅；另外在外语、阅读、精巧手工制作等方面也比男生略胜一筹。这些都是女大学生的优势所在，关键在于如何发现、发挥自己的优势，展示自己的才华，把握机会，选择适合自己的行业、地区和单位，从而获得择业的成功。

女大学生要想使自己在择业竞争中保持良好的竞技状态，自如应付所遇到的各种问题，必须做好思想准备、心理准备，增强心理的承受能力，不要一遇到挫折就心灰意冷，自暴自弃，产生恐惧感。要知道，在择业中遇到挫折是很正常的事情，应该放下思想包袱，认真找寻失败的原因。求职择业过程，是一个全面展示自己的过程，必须努力完善自己，提高自身的素质，要有显示自己才华的勇气。女大学生要树立自尊、自信、自立的品质：在心理上，要有自信心，要相信自己和男生一样有实力，要敢于竞争，克服胆小、自卑、怯懦等不良的心理状态；在行为上，要保持热情端庄的仪表，切忌羞涩、扭捏，或过于泼辣、随便，无所顾忌。总之，女大学生在择业过程中，要发挥优势，把握机遇。

2. 充分展示自己、推荐自己

大学毕业生就业制度的改革，为大学毕业生和用人单位提供了“双向选择”的机会，使大学生能够根据国家赋予自己的权利，结合自己的专业、爱好、性格、特长、愿望等挑选工作岗位。大学毕业生应该珍惜这个机遇，敢于竞争，不怕挫折，努力实现自己的抱负和人生理想。敢于竞争，首先要有竞争意识。大学毕业生应该有青年人的朝气和锐气，要敢想、敢说、敢干，有敢为天下先的精神和气概，不能事事唯唯诺诺、胆小怕事；敢于竞争，就要从实际出发，充分考虑到自己的专业、性格、气质、爱好等，扬长避短，发挥自己的特长；敢于竞争，要有一定的实力，靠真才实学，而不能靠纸上谈兵，更不能互相拆台或互相嫉妒，竞争应该是在互学、互勉、共同进步中进行。大学毕业生还要不怕挫折，要有充分的思想准备，尤其是要做好遭受挫折或暂时失败的思想准备。在择业竞争中，挫折、失败在所难免。遇到挫折，要认真分析原因，是主观努力不够，还是客观条件不具备。认真分析，才能心中有数，更好地调节心理预期，最终成为竞争中的强者。

“双向选择”既表明大学生有选择单位的权利，也表明了用人单位有选择应聘者的权利。因此，当大学毕业生面临自己的欲求、动机、行为不被社会满足和接纳时，就应当将自己的心理能量导向比较崇高的方向，使之符合社会文化与规范的要求。要学会优势互补，学业上竞争不过别人，就在能力上与别人竞争；当因为性别或生源而遭受到不公正的待遇时，要能够进行适当的自我安慰，维护个人尊严，保持进取心，平衡身心，不要为一时一事的困难和挫折所吓倒。

3. 树立正确的择业观

尽管社会为大学生择业提供了“双向选择”的机会，多数大学生可以通过“双向选择”获得较满意的职业，但择业难的问题并没有从根本上得到解决。要看到不管怎样，择业是自己新生活的起点，一定要全身心地投入，才能使自己成长、发展、充实，从而实现人生的目标，实现服务于社会的目标。要认识到基层是锻炼人的最好地方，基层为大学生施展才华提供了有利条件，大学生要想成才，没有什么捷径可走，只有立足基层，才能有所作为。要看到国家正在实行的西部大开发战略已经取得了显著成效，西部地区与发达地区的差距正在日益缩小，西部地区已经采取了很多吸引人才和有利于人才成长的措施，在今后相当长的时间内，西部地区仍是我国最具有活力的地区。有理想、有抱负、有才华的青年大学毕业生，应该怀着一腔热血，到祖国最需要的地方去，到广大的西部地区去建功立业，奉献青春。到艰苦的地方去，要克服怕苦怕累的心理，首先要从思想上认识到能吃苦是一个人的基本能力，不能吃苦就不会有事业的成功，即使是非常好的职位也同样需要吃苦。另外，也应该认识到艰苦的环境最容易锻炼人，也最容易成功。当然，要克服怕苦怕累的心理，培养自己艰苦奋斗的作风，更需要实践，大学毕业生要在日常的工作和学习中有意识地做好吃苦耐劳的思想准备，这不仅会对求职成功大有益处，而且对自己的一生都会产生积极的影响。我们已经看到，我国人事制度正在进行较大改革，随着市场经济的不断发展和完善，人事制度也越来越开放，人才流动的机会将会越来越多。首次择业未成功或未能如愿，还会有第二次、第三次甚至更多次的择业机会，人才市场将会为毕业生提供更为广阔的前景。

4. 合理宣泄情绪

大学生面临毕业时，经常会因这样或那样的事情而情绪不稳定，比较容易出现情绪低落或心情暴躁的情况，在这种情况下，如果能够选择适当的地点或时间，进行合理的宣泄，如该哭的时候就哭，该笑的时候就笑，既不超越社会规范，又不违背人情常理，别人是很容易理解的；反之，如果违反道德规范或校规校纪，出现砸毁门窗、折断桌椅或是拿他人出气、酗酒闹事等行为，则将害人害己，严重的甚至会自毁一生。在漫长的人生道路上，预想不到的困难和挫折是不可避免的，择业中遇到挫折是很正常的事情，大学生千万不要大惊小怪，更不要因此而心里不安。在遭受挫折之后，一定要对自己的挫折进行正确归因，查漏补缺，扬长避短。按照现代的归因理论，成功或失败可归因于四个方面，即个人能力、努力程度、任务难度和机会。前两者属于主观因素，后两者属于客观因素。最好的办法就是客观分析自我，努力克服择业过程中容易产生的浮躁、焦虑、恐惧等心理障碍，以积极的心态、平稳的心境、出众的心智、旺盛的心力、顽强的斗志和乐观的心情投入择业，为找到自己理想的职业而努力。

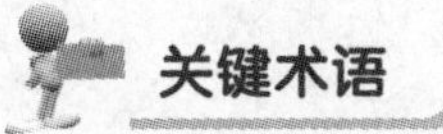

关键术语

双向选择　　　　择业观

案例评析

某高职院校毕业生小魏来自农村，一心想在某地区工作。从大二开始，她就强烈地意识到自己不可能像一些城里同学那样靠家里帮忙解决就业问题，只有依靠自己主动去争取。小魏对自己的状况做了以下客观的分析：认为自己虽已大二，但对就业问题一无经验，二无资料。同学讲得神神秘秘，老师在就业指导课上也告诉了许多，但自己仍是一头雾水。分析来分析去，小魏打定主意，先按老师说的从掌握就业政策入手，先把某地区一带的就业政策和就业信息调查研究一番，再做决定。她首先用一段时间到图书馆把各地的报纸找到，然后在网上查询一番，再加上其他一些渠道，她收集到许多有关就业方面的信息。通过对收集到的信息进行分析研究，她对上一年的就业形势和就业政策比较熟悉了。

到了寒假，小魏决定不回家了，留下来到各地参加供需见面会，亲自摸一摸情况。从毕业前的2月份开始，小魏参加了很多地区的供需见面会，看到很多教育单位“要求本科以上学历”的条件，对一般院校的毕业生主要接收本地生源。对此她虽有准备，可还是心凉了大半。在许多地方受挫后，她及时调整了自己的求职方向，把眼光放到更大的范围内考虑。

结果，东边不亮西边亮，她从众多的资料中发现在很多地方仍然有许多适合自己的机会。经过努力，小魏终于在一座小城市的一家非常不错的企业找到了比较理想的就业岗位。

小魏回到学校后，在班会上谈体会，她说了一段令同学们印象很深的话，她说，政策就是信息，政策就是机会，对于就业政策以及其他一些知识，我们一定要尽可能多的掌握。

小魏求职的成功经历也充分证明在就业问题上也需要积累，需要信息上和政策上的积累。小魏从“大二”就开始收集就业方面的有关资料，对政策方面资料的掌握采取“韩信点兵，多多益善”的策略。这是非常有远见的做法。所以她能够在求职过程中对各地区的就业和人事政策了如指掌，顺利地实现了自己的职业理想。因此，在求职择业的关键时刻，一定要注意政策方面的信息，尤其是各地接收毕业生的基本条件，包括生源、层次、专业等方面的要求都要做一定分析、对比，从中寻找符合自身条件的政策信息，有的放矢地进行求职活动。这对毕业生在求职过程中，如何把握政策所带来的机遇，从而取得求职成功大有裨益。正如小魏自己说的，政策就是信息，政策就是机会。

【评析与思考】掌握相关的就业政策对于求职者来说是非常重要的。就业政策和法规不仅能够对毕业生的就业行为进行规范，而且在“双向选择、自主择业”的条件下，也能够使大学生和用人单位的合法权益得到保护。掌握相关的就业政策、及早做准备是大学毕业生顺利就业的重要条件。

你个人的情况与上述案例有哪些不同？关于就业政策和相关信息你知道哪些？

思考与练习

1. 根据本章的介绍，简要叙述高等学校毕业生就业的一般程序。
2. 结合自己的实际，谈谈如何树立正确的择业观。

第四章　加强职业道德修养　做现代化建设的栋梁

概要及学习要点

高职院校的学生经过三年的学习，最终要通过毕业就业获得一定的社会角色，为社会提供劳动，为社会做出贡献。为使大学生毕业后顺利就业，并尽快进入职业角色，本章主要就我国的就业准入政策和职业资格制度、从业者必备的职业素质、职业道德及相应规范进行阐述，旨在使高职毕业生在学校期间即能按照社会的需要制订个人成长计划，从而使高职院校的毕业生顺利走上事业成功之路。

第一节　职业与职业道德概述

一、职业和职业模式的新变化

（一）职业的含义

1）从个人角度看，职业是人们在社会中所从事的作为谋生手段的工作。

2）从社会角度看，职业是劳动者获得的社会角色，劳动者为社会承担一定的义务和责任，并获得相应的报酬。

3）从国民经济活动所需要的人力资源角度来看，职业是指不同性质、不同内容、不同形式、不同操作的专门劳动岗位。

（二）职业的重要作用

1．职业是劳动者的谋生手段

社会生产是人类社会存在和发展的基础，人类在社会生产中产生了社会分工，在此基础上逐渐形成了职业。通过职业，人们为社会提供产品和服务，社会付给劳动报酬。不同的职业，不同的岗位，由于劳动的质和量的差别，所获得的报酬是不同的，这种报酬成为劳动者本人及家庭生活的主要经济来源。如果劳动者失去职业，不能为社会奉献劳动，那么就得不到报酬，自身及家庭的生活就会失去经济来源，生存就会发生困难，所以对劳动者个人而言，职业首先是其谋生的手段。

2．职业是劳动者谋求发展、实现和创造自身价值的途径

通过职业，人们获得一定的社会角色，为社会提供劳动，做出贡献，得到社会的承认。劳动者为了实现更高的自身价值（社会承认），就会努力学习，勤奋工作，不断提高

自己的职业能力，劳动者自身也就能得到不断发展。劳动者在职业活动中做得越好，做出的成绩越大，为社会所做的贡献也就越大，社会给予劳动者的报酬也就越高，不仅有经济上的报酬，还有社会地位、个人价值的提高。所以，职业为劳动者搭建了一个舞台，每个劳动者都可以在这个舞台上尽情表现自己的才能，使自己得到充分发展，实现和创造自己更大的人生价值。

（三）当代职业分类及职业模式的新变化

1. 当代职业分类

1999 年，我国劳动和社会保障部组织制定了《中华人民共和国职业分类大典》，将我国的职业分为 8 大类、66 个中类、416 个小类、1838 个细类，具体包括：各类专业技术人员；国家机关、党群组织、企事业单位负责人；办事人员和有关人员；商业工作人员；服务性工作人员；农林牧渔劳动者；生产工人、运输工人和有关人员；不便分类的其他劳动者。

2. 21 世纪的热门职业

从可以预见的未来一二十年来看，21 世纪的热门职业主要有以下 10 大类：

1）信息产业类职业，主要有计算机软件编程人员、硬件工程师、通信工程师、网络系统工程师、信息管理师等。

2）金融类职业，主要有银行证券从业人员、保险推销员、投资顾问等。

3）经贸类职业，主要有企业家、经营管理人员、营销人员、公共关系人员、市场调查人员、广告设计制作人员、财会人员、外贸人员、时装设计师、工艺美术师等。

4）建设类职业，主要有建筑设计师、施工工程师、房地产经营人员、居室装饰美工等。

5）生产性职业，主要有各产业的产品开发设计人员、工业工程师、技师、农艺师等。

6）科技类职业，主要有自然科学、社会科学各学科的科学研究人员、技术研制发明人员等。

7）文化艺术教育类职业，主要有教师、培训专家、记者、自由撰稿人、歌手、影视演员等。

8）保健类职业，主要有医生、保健师，以及心理医生等。

9）服务类职业，主要有各类民事咨询服务人员、物业管理人员、高级家政人员、律师、导游等。

10）社会管理类职业，主要有公务员等。

3. 21 世纪的职业模式

21 世纪的职业模式呈现如下特点：

（1）就业自主化　在 21 世纪，随着全球经济社会的进一步发展，人的就业自由选择权越来越得到承认和落实。我国在 1998 年提出的“劳动者自主就业、市场调节就业、政府促进就业”新就业方针，将在 21 世纪全面落实。自主就业，一方面是政府通过法律、就业服务、失业救济或保险来对人们自主择业的基本权利加以保障；另一方面是劳动者依靠自己的努力提高就业能力、积极寻找职业、自行创业，塑造自己的生涯。

（2）流动加速化　在21世纪，个人寻求自身发展的动机和行为大大强化，高度竞争条件下的用人单位人力资源优化配置的动机和行为也进一步加强，这从供给和需求两个方面都使得社会职业的流动加速。

（3）工作灵活化　21世纪社会经济组织数量众多、形式多样，其劳动内容、劳动形式、劳动关系也随之多样化、灵活化：既有拥有股份的核心员工，又有流动性较强的一般员工；既有大量参加到经济组织中就业的各类员工，又有大量自己创业、自我雇佣和合作经营的劳动者；既有离开工作单位地点仍然在工作的“网络工人”，又有临时工、业务承包、工作任务契约等劳动形式。

（4）知识为本化　21世纪的经济是知识经济，21世纪的社会是人才社会，21世纪职业劳动的知识含量大大增加，这就要求人们具有相当高的知识水平。素质高并且能力得到大力发挥的人，能够成为比尔·盖茨之类的“知本家”；缺乏知识的人则只能陷于困窘，面临被社会淘汰的危险。

（5）劳动人本化　在21世纪，随着经济社会的进步，职业劳动越来越人本化。这反映在：职业劳动条件越来越优越；劳动组织越来越考虑员工的利益；劳动生产率不断提高和单位劳动投入所产出的成果越来越多；职业劳动的内容越来越丰富进而逐渐成为“人的第一需要”。

（6）国际接轨化　21世纪是全球化的时代，经济全球化是不可逆转的趋势。发达国家的职业种类、职业劳动技能、职业工具手段以至职业管理模式会大量渗透到我国、影响到我国，在我们的社会职业领域产生巨大的示范和导向作用。随着国际经济的全球化，以及跨国公司、合资企业大量存在于我国，直接为我们提供了许多符合国际规范的职业岗位。

二、我国的就业准入政策和职业资格制度

（一）我国的就业准入政策

1. 就业准入

所谓就业准入是指根据《劳动法》和《职业教育法》的有关规定，对从事技术复杂，通用性广，涉及国家财产、人民生命安全和消费者利益的职业（工种）的劳动者，必须经过培训并取得职业资格证书后，方可就业上岗。实行就业准入的职业范围由人力资源和社会保障部确定并向社会发布。

2. 我国实行就业准入的职业（工种）

2000年3月2日，劳动和社会保障部颁布了《招用技术工种从业人员规定》。它是为了提高劳动者素质，促进劳动者就业，加强就业管理和推行职业资格证书制度而制定颁布的。规定国家实行先培训后上岗制度。同时规定了从事技术复杂以及涉及国家财产、人民生命安全和消费者利益的90个职业的人员，必须取得相应的职业资格证书。2014年国务院分批取消了一些中央部门设置的职业资格许可和认定事项，目前，准入类的职业资格现在还有84项，对于其中不符合要求的将继续取消。

（二）职业资格制度

1. 职业资格

职业资格是对将要从事某职业的劳动者所必备的学识、技术和能力的基本要求。职业资

格包括从业资格和执业资格。

从业资格是指从事某一专业（工种）的学识、技术和能力的起点标准，也就是基本的标准。

执业资格是指国家对某些责任较大，社会通用性强，关系国家、社会公共利益的专业（工种）实行准入控制，是依法独立开业或者从事某一特定专业（工种）学识、技术和能力的必备标准。

2. 职业资格的认定

职业资格分别由国务院、人事行政部门及其委托的机构，通过学历认定、资格考试、专家评定、职业技能鉴定等方式评价，对合格者授予国家职业资格证书。其中资格考试，一般分为笔试和口试，同时还有多种多样的实际操作考核。职业资格证书是求职任职、独立开业和用人单位录用的主要依据。

根据《劳动法》规定："由经过政府批准的考核鉴定机构负责对劳动者实施职业技术考核鉴定。"由劳动部门分管的工人类职业资格证书的核发，已由职业技能鉴定指导中心和国家职业技能鉴定所在全国各地推行。

3. 学历证书与职业资格证书的关系

学历并不等于职业能力，有些人学历不高但能力却很强，最典型的要数微软公司创始人比尔·盖茨。有些人虽然学历不高，但靠自学达到某一层次的同等学力，一样可能成才。但学历也是一个人文化程度、学习能力、知识水平的证明，较高的学历更有利于其综合能力的培养、提高，有利于职业能力的培养和提高。

所以学历证书和职业资格证书是相互包含的。我国改革开放以来，坚持全面提高劳动者素质，正在逐步推广和实行学历证书和职业资格证书"双证"制度，这就要求大学生在校学习期间既要努力学习科学文化知识，取得学历证书，又要刻苦钻研专业技能和相关职业能力，取得相关职业资格证书，这样有利于适应多种专业岗位的需求，为就业广开门路。

三、从业者应具备的职业素质

为了顺利地完成职业活动，从业者除了要考取相应的职业资格证书外，还必须具备一些基本的品质，即职业素质，良好的职业素质对从业者和社会具有十分重要的意义，是从业者事业成功的前提条件。

（一）职业素质的含义、构成

1. 职业素质的含义

职业素质是指从业者在一定的生理和心理条件基础上，通过教育、社会劳动实践和自我修养等途径，形成并发展起来的在职业活动中发挥重要作用的内在基本品质。

2. 职业素质的构成

（1）思想道德素质　良好的政治思想素质和高尚的品德是人才的基础。从多年来大学生就业情况看，用人单位普通喜欢政治思想素质高、品德高尚的毕业生。优秀毕业生、优秀学生干部、学生党员备受用人单位的青睐便是最好的证明。因此，大学毕业生必须具有良好的政治思想素质即具有坚定正确的政治方向，对社会、对祖国、对人民的高度责任感，具有高尚的思想道德素质和精神境界，正确的世界观、人生观和价值观等。

（2）知识素质　包括以下三方面：

1）一般知识素质，即扎实的基础知识。基础知识是知识结构的根基，大学毕业生无论选择何种职业，也不管要向哪个专业方向发展，都需要具备扎实的基础知识。近年来，尽管科技发展迅猛，知识更新加快，但更新的绝不是基础知识。基础知识是知识更新的原动力，随着市场经济的不断完善，大学毕业生就业已不可能再像以往那样“从一而终”，职业岗位随时变动的状况不可避免。要适应这些变化，大学生就必须拥有扎实宽厚的基础知识。

2）专业知识素质。高职毕业生毕竟是高校培养出来的从事专业性较强工作的高级技能型专门人才。因此专业知识应是其知识结构的核心部分，也是技能型人才知识结构的特色之所在。随着社会的发展，市场要求这类人才掌握精深的专业知识。所谓精深，就是大学生对自己所学专业的知识学习要有一定的深度，不仅要有量的要求，更要有质的要求，对概念体系、理论体系、研究动态等都要有深入的了解，同时要兼顾其他相关知识领域。专博相济、以博促精已逐渐成为当前对高级技能型人才的重要要求。

3）其他知识技能。现代各类职业都要求从业者的知识“程度高、内容新、实用性强”。“程度高”是指知识量大、面宽；“内容新”是指从业者的知识结构中应以反映当今科学技术发展状况的新知识、新信息为主；“实用性强”是指从业者的知识在生产、工作中有很强的实用价值。市场经济的发展进一步强化了企业及其员工的社会化功能，任何一个企业或其员工都不可能再像以前那样只单一地面对少数几个部门和经常打交道的几个人，他们必须面对整个社会，不断与“市场”打交道，并根据“市场”这个晴雨表来不断调整自己的行为。正因如此，尽可能多地掌握一些知识的员工就更为用人单位所看重，这也就是除专业知识之外掌握一技之长，诸如书法、绘画、驾驶、公关能力的大学毕业生求职更易成功的原因所在。

（3）能力素质　能力素质主要包括：

1）一般能力。主要集中表现在人认识事物并且反映的正确性、机敏性、深刻性、广阔性上。智力作为人的基本能力，也被看作一般能力。智力的内容一般包括感知力（特别是其中的观察力）、记忆力、思维力、想象力这四个方面。有的学者还在这四种“力”之外再加上实践能力等。这几个方面的能力越强，智商也就越高。

2）特殊能力。人们从事的各种活动是千差万别的，人的能力，除了作为“一般能力”的智力以外，还有下述的特殊能力即语言能力、数学计算能力、空间判断能力、形态知觉能力、文书事务办公能力、动作协调能力（眼、手动作协调）、手指灵活性、手的灵巧性、眼－手－足的配合能力、辨色能力等。不同的人可能拥有不同的特殊能力，不同的职业要求的特殊能力也不尽相同。人们在选择职业的时候，应该选择那些更容易发挥自己优势的职业。

3）社会活动能力。人们所从事的活动大多是社会活动，也就是直接、间接地和人打交道的活动。要从事这些活动，就要具备一定的社会活动能力。在特定的组织中，一个从业者的周围有同事，有上下级，有工作对象（如顾客、客户），要通过自身社会能力的运用使各项活动按照预定的方案进行，从而达到预期的目标。这是人的又一能力的表现，有的学者将这一能力称为社会智力。

社会智力一般包括以下内容：计划能力或规划能力、决策能力、组织能力或协调能力、人际关系能力或沟通能力、说服能力、领导能力等。

对于职业劳动者来说，一定的社会智力不仅能够使人顺利完成本职活动、在组织中容身与发展，而且能够促使其主动地分析职业前景、合理地塑造职业自我、协调地处理人际关系、明智地开拓发展的必要条件。可以说，较高的社会智力是职业生涯成功不可缺少的条件。

（二）从业者提高职业素质的意义

（1）有利于提高劳动生产率，推动社会发展　从业者的职业素质越高，就越能在职业活动中发挥主观能动性、积极性和创造性，这必然会导致劳动生产率的提高，而劳动生产率的提高，会使经济发展速度加快，社会产品总量增加，人民生活更加丰富多样，从而推动社会的全面发展。

（2）有利于从业者迎接市场经济和知识经济的挑战　市场经济给人们带来了激烈竞争的压力，优胜劣汰是市场的法则，在劳动力市场也一样。同时知识经济的到来，意味着劳动力结构的调整，一方面新技术领域的产业会增加就业机会，另一方面传统产品面临更大挑战，使企业对从业人员的职业素质要求不断提高。高学历、有（专业技术）职称、双师型、一专多能型的从业者受到欢迎，而职业素质不高、职业综合能力不强的劳动者可能会面临淘汰出局的结果。所以，提高职业素质是迎接新经济形式下挑战的需要。

（3）有利于促进人的全面发展　人生中最年富力强的时间是在职业活动中度过的，职业素质的形成和提高过程也就是人在思想政治、文化知识、专业技能、身心健康等各方面学习、锻炼、进步和成长的过程。职业素质提高后，从业者在职业活动中便能够更好地发挥能力，展示才华，获得物质利益（报酬），享受美好生活，实现人生价值和全面发展。

四、职业道德及其作用

具备良好的职业素质，对于从业者来说只是具备了从事职业活动的最基本条件，不同的职业对从业者有不同的职业道德要求。掌握职业道德的内涵、特征，明确职业道德对企业发展、对个人事业成功的作用，能帮助大学生在未来的职业生活中顺利地实现自我发展和促进人类社会发展。

（一）职业道德的内涵和特征

1. 职业道德的内涵

职业道德是社会分工发展到一定阶段的产物。职业道德是指从事一定职业劳动的人们，在特定的工作和劳动中以其内心信念和特殊社会手段来维系的，以善恶进行评价的心理意识、行为原则和行为规范的总和，它是人们在从事职业的过程中形成的一种内在的非强制性的约束机制。

2. 职业道德的特征

职业道德有三方面的特征：

(1) 范围上的有限性　任何职业道德的适用范围都不是普遍的，而是特定的、有限的。一方面，它主要适用于走上社会的成年人；另一方面，尽管职业道德也有一些共同性的要求，但某一特定行业的职业道德也只适用于专门从事本职业的人。

(2) 内容上的稳定性和连续性　由于职业分工有其相对的稳定性，与其相适应的职业道德也就有较强的稳定性和连续性。

(3) 形式上的多样性　职业道德的形式，因行为而异。一般来说，有多少种不同的职业，就有多少种不同的职业道德。

(二) 职业道德对企业发展的作用

1. 职业道德是企业文化的重要组成部分

(1) 企业文化的含义　美国著名的企业家约翰·科特说："只要是成功的企业，就会有自己的企业文化，不管它是否想要；而没有企业文化的是那些长期以来不断失败的企业。"可见，企业文化对企业的成功有着何等重要的作用。

企业文化就是企业精神、企业灵魂，而这个灵魂如果永不衰竭，永葆青春，企业就永远存在。企业文化起源于日本，形成于美国，是20世纪80年代美国根据本国企业管理的经验和需要，吸收了日本企业管理经验首先提出的，它是一个企业的企业精神、企业价值观、经营之道、企业目标、企业作风和礼仪、企业环境、企业的规章制度、企业品牌和企业形象、员工的职业道德、文化素质、科学素质的总和，是在一定环境中由企业领导层倡导的、企业全体员工在长期的劳动和生活中创造和形成的物质成果和精神成果。

(2) 企业文化的功能和价值　企业文化贯穿于企业生产经营的始终，对社会的进步、企业的发展和对员工积极主动性、创新性的激发都具有重要的功能和价值。它主要包括以下功能：

1) 导向功能。企业是社会的组成部分，与社会有着广泛、密切的联系。企业文化价值观能通过企业的经营行为、广告宣传行为、员工的社会行为及产品而传播、辐射到社会的各个层面，对社会的价值观起着导向作用。高层次的企业文化能对社会价值观起到整体推进作用，促进文化价值观的良性循环，促进整个社会价值观特别是社会公德水平的提高，反之则导致社会公德水平的下降。实践证明，合乎伦理的生产经营与社会文明进步互为促进，共同反映和推动着社会文明的进步。

2) 整合功能。现代企业往往规模较大，部门及人员众多，每个部门、每个员工都有各自的利益，而且不同员工其价值观、思维方式和行为习惯也不同，因此企业内部若没有一种强大的力量整合凝聚人心，就不断会有矛盾冲突。企业文化就具有这种凝聚整合功能，一方面，企业文化有利于抑制个人对企业的离心倾向，增强人们的整体意识和集体责任感；另一方面，企业文化还有利于协调企业内部的各种人际关系，及时化解矛盾，增强企业内部同心同德的合力。

3) 激励功能。实践证明，金钱并非人们生活和工作的唯一动力，远大的理想、实现人生价值、渴望受到尊重也是激励人们努力工作和奋斗的重要动力。企业崇高的价值理念本身就要求尊重、关爱员工，也有利于员工树立远大的理想和正确的人生观、价值观，因而能最大限度地激发员工的积极主动性和创新性。

4) 自律功能。企业具有经济性和社会性组织的双重身份，它在追求效益最大化的经营中，既会给社会带来一定利益，也可能给社会带来一定危害，如企业生产破坏生态环境，给社会提供假冒伪劣产品等。企业若有高层次的企业文化，就有自律意识，就不会偏离服务社会的方向，就会自觉克制和避免可能给社会带来的危害行为。

(3) 职业道德在企业文化中的重要地位　企业文化无论对企业还是对社会的发展，都具有重要功能，但其不具有直接功利性和立竿见影的效果，而是在潜移默化中通过员工的各种生产经营和服务行为来实现的。若员工缺乏职业道德，利字当头，与企业离心离德，企业就不可能有良好的企业文化，更谈不上发挥应有的功能了。

职业道德在企业文化中的重要地位，表现在以下几方面：

1) 职业道德是形成企业文化的前提和基础。从某种意义上说，离开职业道德谈企业文化，企业文化就是空中楼阁，就是没有任何内涵的漂亮的外衣，仅此而已。如海尔的企业文化：敬业报国，追求卓越；日事日毕，日清日高；创造世界名牌。其中职业道德起着基础性作用，是其文化形成的先决条件。

2) 职业道德是支撑企业文化发展的精神支柱。实现企业价值观、经营之道和企业发展战略目标的主体是员工，若员工没有较高的职业道德修养，不能接受企业的价值观和经营之道，就很难将这些价值观和经营之道落实到生产经营行为中去，企业文化就无从发展，企业发展目标也不可能实现。

3) 职业道德是实现企业文化发展目标的决定力量。现代企业发展要求员工不断提高科学文化素质和职业技能，只有这样，企业才能在激烈的市场竞争中立于不败之地，才能实现企业文化追求的战略发展目标。从硬件上说，企业环境需要员工维护和爱护，若员工没有爱厂如家的职业道德，不爱惜企业的设备、财产，就不可能降低产品的成本；不讲卫生，企业环境就很难保持整洁、宽敞、明亮；不刻苦钻研业务，熟练掌握职业技能，就不可能生产出卓越的产品。从软件来说，企业形象是企业文化的综合表现，员工若没有较高的职业道德水准，就不会有良好的作风和遵纪守法的觉悟，相应地也就不能保证产品和服务的质量，就会直接破坏企业的整体形象，从而影响企业发展的战略目标。

职业道德在整个企业文化中占有重要地位，因此要有效发挥企业文化的功能和作用，就要求企业必须注重员工职业道德的培养和熏陶，使员工具有较高的职业道德水平，这是现代企业发展的需要，更是企业文化发展的需要。

2. 职业道德能增强企业的凝聚力

企业是一个社会组织，在企业内部存在着各种各样错综复杂的关系，既有纵向的管理关系，又有横向的协作关系，这种种关系既有相互协调的一面，也有矛盾冲突的一面。这种矛盾和冲突有的是利益分配不公引起的，有的是沟通不够引起的，也有的是员工缺乏文明行为引起的。不管是什么原因引起的，若不能及时解决好，都将削弱企业的凝聚力，都会对实现企业的各种目标产生消极影响，严重时还将导致企业破产倒闭。这就要求企业所有员工，包括管理者从大局出发，互谅互让，共同协作，同心同德，而非意气用事，互相拆台，离心离德。这就要求员工必须要有较高的职业道德觉悟。

(1) 职业道德有利于协调员工同事之间的关系　在企业内部，接触最多的无非是同事，这种交往构成了企业内部人际关系的主体。概括起来有四种：一是因正常的工作而形成的关系，如师徒间“传、帮、带、学”的关系，因工作而互相帮助的关系等；二是工作闲暇时的非正式关系，如在企业组织的运动会、联欢会等中形成的娱乐关系；三是因共同的爱好兴趣而形成的关系，如因爱好旅游、集邮或体育运动等而形成的关系；四是在工作中发展出的知心朋友关系。这四种关系虽交往的形式不同，但都是建立在同在一个企业工作的基础之上的，这四种关系若和谐、默契，员工便能在工作中感到心情舒畅，从而发挥其最大的主观能动性，继而提高工作效率，同时还能使员工感受到大家庭的温暖，从而增强企业的内聚力，这既有利于个人的发展，又有利于企业的发展，是双赢的结局。

员工同事之间要保持和谐、默契的愉悦关系，尽管领导起着决定性的作用，但每个员工也应有较高的职业道德，凡事要从大局着想，认真履行自己的工作职责，严于律己，宽以待人。具体来说，员工在工作中应遵守“认真负责，尊重同事，宽容合作，诚心待人，用心处事”20 字准则。

《史记》中“将相和”就揭示了此道理。为了和廉颇共同完成保卫赵国的大业，蔺相如以大局为重，将个人荣辱置之度外，想尽办法宽容忍让廉颇，避免和他发生冲突，表现出了“宰相肚里能撑船，将军额上可跑马”的气度。值得欣慰的是，廉颇最后也能知错，负荆请罪，这种精神同样难能可贵。在现代社会，作为企业的员工，应该学习蔺相如宽厚仁爱，以大局为重，不计或少计个人得失，以及廉颇知错就改的品格。

（2）职业道德有利于协调员工与领导间的关系　企业为实施有效的管理，在内部设置级别等级，这样就形成了领导与员工之间的上下级关系。一般来说，员工对领导的工作要支持，主要表现在认真履行自己的职责，保质保量地完成工作任务，在力所能及的情况下给领导出谋划策，帮助领导排忧解难等方面。领导对员工的工作和生活要关心，主要表现在关爱员工，尽其所能改善和提高员工的工作和生活条件，为员工营造一个和谐、宽松、公平的工作环境，给员工提供和创造培训及晋升的机会等方面。员工与领导相处得和谐、融洽、默契，双方都会感到心情愉悦，能提高各自对工作的满意度。领导信任、尊重员工，处事公正无私，就会得到员工的爱戴，就可能充分调动员工的主人翁责任感，激发员工的积极主动性和创造性，促使员工提高工作效率，为企业贡献得更多，从而得到更多的发展和提升机会。

领导与员工表面上是一种不平等的关系，因而很易发生矛盾和冲突。在这种关系中，由于领导占据主导地位，应负主要责任，但这绝不是说，员工没有责任或仅负次要责任。到底谁负主要责任，关键要看发生冲突的原因。从员工角度讲，避免发生冲突就是有职业道德，就是尊重领导。具体来说，员工应做到：尊重领导、维护领导。领导应做到：关心员工，公平公正。

（3）职业道德有利于协调员工与企业之间的关系　员工与企业之间的关系是企业各种关系中最重要的关系，是其他各种关系的基础，不仅影响和制约着其他关系，而且决定着企业的生存和发展，关系着员工的前途和命运。由于企业是法人组织，其各种规章制度、经营理念、价值观等企业文化，主要是所有者和管理者的意志的体现，对普通员工而言具有较高的权威性，因而在员工与企业的关系中，企业居于主导支配的优势地位，员工处于被支配的服从地位，所以两者关系协调与否，主要看企业管理如何。企业若注意营造企业文化，管理以人为本，注重改善和提高员工的工作生活水平，尊重员工，公平公正地对待每个员工，就能较好地协调员工与企业的关系。但仅有企业一方的努力还不够，还要求员工具有较高的职业道德水平，即要有高度的主人翁责任感，以企业的大局为重，维护企业的形象，关心企业的前途和命运。

具体而言，要协调好员工与企业的关系，从员工的角度出发，就是要做到：以大局为重、认真履行职责、刻苦钻研业务、关心企业前途。员工具备了这些职业道德，就会受到企业的欢迎和重视，自己也会得到更多的发展机会，因而也就有利于协调好与企业的关系。

3. 职业道德有助于提高企业的核心竞争力

竞争，是指市场经济条件下，各经济主体为了获得生存和发展的经济利益需要而进行的互相追赶、争夺有利条件的优胜劣汰的过程。市场经济离不开市场，有市场必有竞争。竞争是市场经济下生产和流通正常进行的条件，是资源有效配置的前提，是市场调节经济主体活动的基础。随着知识经济的到来、经济全球化趋势的增强，竞争越来越激烈，竞争的内容也由产品成本的竞争转向成本、质量、价格、服务、品牌和企业形象的综合竞争，范围也由国内竞争转向国外竞争。企业要想在激烈的竞争中获得生存和发展，就须千方百计提高自身的核心竞争力，即别人在短时间内无法学到、模仿到的只属于自己的东西，如前面说的诸如服务质量、品牌、企业形象等无形的东西。而要提高核心竞争力，就必须提高产品和服务的质量，不断革新工艺，降低成本，开发新产品，不断完善企业形象，创造企业品牌。这些目标的实现，有赖于企业的每一位员工，有赖于他们职业道德觉悟的提高。

（1）职业道德有利于企业提高产品和服务质量　产品和服务的质量是企业的生命，任何企业若不能保证其产品和服务的质量，即使它能暂时获得暴利，最终也摆脱不了倒闭的命运。世界许多著名大企业，都把保证产品质量和为顾客提供最优质服务作为企业生存发展的根本。美国IBM公司公开宣布“IBM就是服务”，它“充分考虑每个雇员的个性，花大力令顾客满意”。美国运通公司信守“不惜一切为顾客服务”的诺言。海尔也总结出“敬业报国，追求卓越”“要么不干，要干就干第一”“优秀的产品是优秀的人干出来的”准则。

一个企业要生存和发展，必须以产品和服务的质量取胜，那些蜚声国内外，产品畅销不衰的企业，靠的正是经营者和员工强烈的质量意识、较高的职业道德觉悟。市场竞争的焦点从表面上看是产品和服务质量的较量，实质上还是人的较量，是员工职业道德水平的较量，正如海尔“优秀的产品，是优秀的人干出来的”，人的质量决定产品的质量。可见，企业要提高产品和服务的质量，必须重视员工职业道德的教育。员工过硬的职业技能和相关专业知识，是提高产品和服务质量的前提；在生产过程中，一丝不苟、精益求精是提高产品和服务质量的关键；忠于企业，时时处处维护企业形象，是提高产品和服务质量的内在精神动力；严格遵守企业规章制度，是提高产品和服务质量的保证；奉献社会，服务于顾客，是提高产品和服务质量的外在精神动力。这五方面无一不与职业道德紧密相关，尤其是服务性行业，员工如何为顾客提供服务、怎样服务，更是员工职业道德水准的直接表现。

质量不仅关系到企业的生存和发展、国家经济的发展，还体现了一个民族的素质高低，关乎对整个民族的道德评价，优秀的职业道德必然要求我们将国家、人民的利益放在首位，将民族的荣誉放在首位，为社会和广大消费者提供信得过的产品。“提高产品质量，注重信誉”，这是中华民族每一个从业者义不容辞的职责和义务。只有不断提高技术水平、提高职业技能和职业道德水平，才能保证产品和服务的质量，从而提高整个中华民族的素质，提高中华民族在世界的地位。

（2）职业道德能降低产品成本，提高生产效率和经济效益　企业在生产经营中，从设备购置、原材料购入、产品生产，直到销售，需要很大成本，设备的损耗，原料的耗费，残次品的出现，企业管理费用等都包括在其中。如能有效降低成本，就能降低产品的价格，提高产品在市场上的竞争力，从而增强企业的竞争力，保证企业的发展和繁荣。要降低产品的成本，要求员工必须具有爱厂如家的主人翁责任感，爱惜设备，节约原料，尽量做到“少花钱、多办事”，拥有勤俭持厂的职业道德。日本企业成功的秘诀之一就是尽其所能降低成本。

丰田汽车公司是世界著名的大公司，但对人、财、物、时间的“小气”也闻名于世，并以“小气”获得成功：①马桶里放三块砖，以节省冲水量；②用纸必须两面用；③一只手套破了，只换一只；④会议贴有告示，一秒钟值多少钱，以节约开会成本等。这似乎有点不可思议，然而，丰田就是以时时处处、点点滴滴的节约，才降低了产品成本，赢得了市场，企业因而才兴旺发达。

（3）职业道德有利于企业树立良好形象、创造企业著名品牌　随着经济的发展，物质和文化生活的提高，人们的消费更加关注品牌，关注具有良好信誉的商品，这已成为人们消费的首选。商品的品牌，不仅标志着商品的质量、标志着人们对商品的信任度，而且蕴含着一种文化品位，代表着一种消费层次。一些著名品牌不仅对消费者具有巨大的吸引力，而且其本身就具有极高的价值。如美国可口可乐公司的无形资产就达500亿美元，即使一夜之间其全部有形资产化为乌有，它仍可凭借其品牌再次崛起。因此任何一个有长远发展战略眼光的企业，没有不竭尽全力以期创造其著名品牌的。

产品在创造著名品牌的同时，树立了企业形象。树立了企业形象，会进一步提高了品牌的知名度，两者是相辅相成的。对于服务性行业来说，就是要提高服务质量来树立企业形象，从而提高企业知名度。但无论是塑造企业良好形象还是创造企业著名品牌，都离不开员工的职业道德，都需要员工良好的职业道德做支撑。如同仁堂是我国中医药行业的老字号，其“金字招牌”之所以长盛不衰，精品名药蜚声海内外，是与它养生济世、精益求精、一视同仁的职业道德分不开的。它以“济世、养生”为己任，把治病救人作为天职，不仅对求医买药的八方来客以诚相待，对症下药，而且对贫病者还宽厚相济，施医舍药。它想病家患者之所想，做病家患者之所需，始终保持着十多项深受人民欢迎的便民活动，如坐堂问诊、代客加工饮片、代客寄药、煎药、送药等。而且它视质量为生命，严把用料关、加工关和抓药关。抓药时，严守“一抓一查”，确保无误后，方签字盖章，交给病人。这种“患者第一”，想患者之所想、做患者之所做的职业道德，必将给企业带来美誉，其产品也必将成为“金字招牌”。

（三）职业道德对于个人事业成功的作用

在现代社会中，职业道德在人们事业中所起的作用表现得越来越突出。因为随着社会的进步，人们生活水平的提高往往是从人们享受的产品和服务的质量中得到具体体现的，而产品和服务质量取决于生产质量和服务水平，生产质量和服务水平的高低则又取决于人的职业技能和职业道德素质。每个人的工作都与他人的生活和整个社会的发展息息相关，如果每个人都有对他人的责任感和对社会的使命感，市场上就不会有假冒伪劣产品，就不会有损人利己和危害他人的事件发生。在日益激烈的市场竞争中，产品的质量和服务的水平是企业得以生存的重要因素，因此，越来越多的企业开始注重自身的企业形象，开始注重提高单位职工的道德品质。

1. 人的职业道德品质反映着人的整体道德素质

人的道德素质是人的综合素质的一个方面，它自身包含着丰富的内容。从道德的结构来看，人的道德素质包括道德认识、道德情感、道德意志、道德行为等内容；从道德可能涉及的领域来看，则包含恋爱、婚姻、家庭道德，职业道德和社会公德等。尽管采用不同的标准，人们的道德素质可以划分为相互区别的不同内容，但这些不同的方面绝不是各自孤立、互不相关的。相反，任何人的道德素质的各个方面都来自内在的一致性，它们相互依存、相互影响、相互作用、相互制约，统一于人根本的道德价值观念。人内在的、根本的道德价值观念，在人的整个道德素质中，居于核心和主导的地位，它控制、导向、左右和调节着人在家庭、单位和公共场合的各种道德行为表现。因此，人在任何一个场合的惯常的道德行为表现都反映着这个人根本的道德价值观念。人在家庭、单位和公共场合等不同领域的道德表现，从根本上说不是对立的、矛盾的，而是相互补充、相互说明的。一个人在家里具有尊老爱幼、勤俭持家、邻里团结的家庭美德，那么在社会上也会自觉遵守文明礼貌、助人为乐、爱护公物、保护环境、遵纪守法的社会公德，在单位里也会与同事保持较和谐的关系，爱岗敬业、诚实守信、办事公道、服务群众、奉献社会。事实上，我国古代儒家之所以提出“以孝治天下”“修身、齐家、治国、平天下”的思想，就是因为他们看到了一个人的道德行为在各个场合的统一性。因此，我们可以由一个人在单位里道德行为的表现，即职业道德品质，推定这个人的整体道德素质。

2. 职业道德是个人事业成功的保证

职业道德反映一定的经济要求。当职业道德具体体现在一个人的职业生活中的时候，它就具体内化并表现为职业品格。职业品格包括职业理想、进取心、责任感、意志力、创新精神等。在每一个成功的人身上，这些品质往往都得到了充分的体现。这些品质的发挥程度与精神生活的充实程度和事业的成功程度是紧密相连的。很难想象一个既没有职业理想，也没有进取心、责任感、意志力等品质的人能够在事业上有所成就。这些品质不仅对一个人的职业有重要作用，而且对他的生活、学习、家庭同样具有重要作用。

3. 提高职业道德水平是人格升华最重要的途径

道德人格的高低，是衡量一个人人性的标准。道德人格的提高，最终归结为道德习惯的形成，其中包括职业道德习惯的形成。这种品格的提高有利于抵御企业经济行为对社会生活和其他领域的过分渗透。当前，我国实行的是社会主义市场经济，不必讳言，市场经济利益的诱导可能使人们产生利己主义、拜金主义、享乐主义，使一些人进行权钱交易，为金钱出卖灵魂，为了眼前利益牺牲其他人的利益和社会整体的利益。这对社会而言，是与人类全面而自由发展的愿望相违背的；对个人而言，是与个人的健康成长和全面发展相违背的。

一个人高尚的职业道德的养成是不可能在学校学习的过程中完全实现的。在学校里的学习，更多的是从外部获得了一种道德上的认识，具备一定的是非判断标准，对人之为人所应该具备的品德素质有一定的了解，对一个从业人员所应该具备的职业道德素质也有一定的理性认识。但是，这些认识要最终内化为一种道德品质，外化为一种道德实践活动，必须是在进入社会以后，即只有当社会为每一个人提供一个实践的舞台时才可能实现。

首先，唯有经过严格的职业训练和生活磨炼的人，才能获得实际有用的知识和人生智慧。名言和教导对我们每个人的成长是极其有益的，但是如果离开了实际生活的磨炼、职业的培训，这些箴言和教导就只能停留在书本的层面上。而在生活中，我们却往往会遇到较为严峻的挑战和考验，从而能使我们获得比书本知识更多的真知灼见。

其次，一个想成就事业的人，必须经受得住形形色色的诱惑以及各种各样艰难困苦的考验。在这些考验中，每个人都应该勇敢地分担其责任和义务，都应该劳动和奉献，为自己所从事的工作付出辛苦、汗水和热血。对个人自身以及个人所属的群体而言，人们容易忽视自己的义务。唯有融入日常生活中，唯有积极参与日常事务和工作，我们才了解了自己的职责范围，才懂得了遵守工作纪律，才明白了要容忍、勤勉；正是在日常的事务和工作中，我们才会遭遇各种各样的诱惑，并在抵御这些诱惑的过程中，不断克服诱惑，不断地与人交流、接触和联系，并在这个过程中对自己有更多的了解，才把自己融入到了社会生活之中，从而形成对自我的正确评价能力和对事物的正确判断能力。自知之明对一个想有所成就或想干出一番事业的人来说是必不可少的，对形成个人的正确信念来说也是不可或缺的。

最后，那些最伟大的人物无一不是经过严格职业训练，无一不是历尽千辛万苦才取得辉煌成就的。严格的训练和挑战往往能够锤炼和磨砺一个人的性格，也往往能够激起一个人行动的勇气。没有训练、没有挑战，人们就疏于行动，性格和意志就容易萎缩。高尚的品德是通过磨炼而变得完美的。那些为了自己的事业和对真理的追求而经受磨炼的人，会受到人们高度的尊敬和崇拜。

在现实生活中，每个人都必须在自己的生活范围内完成自己的职责。无论是什么样的职责，要做好，做得尽善尽美都是不容易的，都需要付出艰苦的努力。然而，只有职责才是真实的行动，离开职责，生活就缺乏目的和目标，没有目的和目标的生活不会激起人们对生活的热情和渴望。在我们完成社会所赋予我们的工作和职责之后，我们所享受到的那种心灵的巅峰体验将会带我们走向精神的不朽。

第二节 职业道德规范

职业道德规范对于一个人在职业生涯中的表现起着非常重要的作用，关系到从业人员自身的长远发展，也是企业生死存亡的关键。一个企业如果没有一个良好的道德规范，企业将是一盘散沙，相反，企业就会有一种凝聚力、向心力，充满着生机和活力。作为从业人员要提高自身素质，加强职业道德修养和提高自身技能，须从明确基本的职业道德规范和从业态度及基本要求做起。

一、爱岗敬业

（一）爱岗敬业的含义及重要性

爱岗敬业是为人民服务和集体主义精神的具体体现，是社会主义职业道德一切基本规范的基础。

1. 爱岗敬业的含义

爱岗就是热爱自己的工作岗位，热爱本职工作，亦称热爱本职。爱岗是对人们工作态度的一种普遍要求。热爱本职，就是职业工作者以正确的态度对待各种职业劳动，努力培养热爱自己所从事的工作的幸福感、荣誉感。一个人，一旦爱上了自己的职业，他的身心就会融合到职业工作中，就能在平凡的岗位上做出不平凡的事业。

对一种职业是否热爱，有一个个人对职业的兴趣问题。有兴趣就容易产生爱的感情，没有兴趣就谈不上爱，但每一个岗位都要有人去干，缺一不可。因此，国家要通过一定的方式，把人安排到各个工作岗位上去。不论对所从事的工作是否感兴趣，都要从整个社会需要的角度出发，培养兴趣，热爱工作，这是基本觉悟的一种表现。需要指出的是，对于那些人们比较喜欢的、条件好、待遇高、专业性强、工作又轻松的工作，做到爱岗相对比较容易；对于那些工作环境艰苦、繁重劳累或是工作地点偏僻、工作单调、技术性低、重复性大，甚至还有危险性的工作要做到爱岗就不容易了。在这种情况下，热爱这些岗位并认真工作劳动的人就是具有高尚品德的人。

所谓敬业，就是用一种严肃的态度对待自己的工作，勤勤恳恳，兢兢业业，忠于职守，尽职尽责。中国古代思想家就提倡敬业精神，孔子称之为“执事敬”，朱熹解释敬业为“专心致志，以事其业”。

目前，敬业包含两层含义：一为谋生敬业。许多人是抱着强烈的挣钱养家、发财致富的目的对待职业的。这种敬业道德因素较少，个人利益色彩较重。二为真正认识到自己工作的意义敬业，这是高一层次的敬业，这种内在的精神，才是鼓舞人们勤勤恳恳、认真负责工作的强大动力。

爱岗与敬业总的精神是相通的，是相互联系在一起的。爱岗是敬业的基础，敬业是爱岗的具体表现，不爱岗就很难做到敬业，不敬业也很难说是真正的爱岗。

2. *爱岗敬业的重要性*

1）爱岗敬业是发挥从业人员潜在能力，提高从业技能的重要保证。热爱是最好的老师。一个人的能力能否发挥，在很大程度上取决于他对这个职业是否热爱。社会是由千万个行业组成的有机整体，每一个行业的存在，都是这个整体必不可少的一部分，缺少任何一个行业社会都很难正常运转。行业本身并无贵贱之分，只要真心热爱它，就一定能发挥最大的潜能，从业技能在职业实践中也会慢慢得到提高。在现实社会中，有些人盲目攀比，一味地追求到大企业或政府机关等地方工作，结果真的实现自己最初愿望时，却发现自己并不喜欢它。所以，不论干什么，都应热爱它，用严肃的态度来对待它。

2）当前严峻的就业现实要求人们爱岗敬业。目前，在我国市场经济条件下，实行的是求职者与用人单位双向选择的就业方式。这种就业方式的好处，就是能使更多的人从事自己所感兴趣的工作，用人单位也能挑选自己所需要的合适人选。在社会主义市场经济条件下，双向选择的就业方式为更好地发挥人的积极性创造了条件。这一改革与社会主义职业道德基本规范要求的爱岗敬业并不矛盾。但是，目前我国的就业情况并不乐观。一些企业出于降低成本、提高效率的考虑，在机构、人员调整过程中解聘了一部分职工，特别是国有大中型企业由于产品结构调整和经济转型过程中效益一时难以提高，导致部分职工被迫下岗。耕地的减少和农业科技水平的提高，又使农村劳动力大量富余。加之人口年龄构成因素等方面的影响，目前我国失业人口增加、就业不足的问题非常严重。

在这种条件下，更要提倡“干一行，爱一行，专一行”。求职者是否具有爱岗敬业精神，是用人单位挑选人才的一项非常重要的标准。近年来，许多下岗工人虽然年龄偏大，专业技术水平不是很高，但因为有多年养成的爱岗敬业精神，还是实现了二次就业。另外，爱岗敬业是企业对从业人员的职业要求。目前许多企业都很注重员工的培训，它们投入很多精力对员工进行业务培训和职业道德的培训。有哪家企业愿意本企业职工总是处于不稳定的状态呢？因此，对于不爱岗敬业的职工，企业必定会对他下“逐客令”。

提倡爱岗敬业，热爱本职，并不是要求人们终身只能干“一”行，爱“一”行，也不排斥人的全面发展。它要求工作者通过本职活动，在一定程度上和范围内做到全面发展，不断增长知识，增长才干，努力成为全面发展的人。不能把忠于职守、爱岗敬业片面地理解为绝对地、终身地只能从事某个职业，而是选定一行就应爱一行。合理的人才流动，双向选择可以增强人们优胜劣汰的人才竞争意识，促使大多数人更加自觉地忠于职守，爱岗敬业。实行双向选择，开展人才的合理流动，使用人单位有用人的自主权，可以择优录用，实现劳动力、生产资源的最佳配置，劳动者又可以根据社会的需要和个人的专业、特长、兴趣和爱好选择职业，真正做到人尽其才，充分发挥积极性和创造性。这与我们所强调的爱岗敬业的根本目的是一致的。

（二）爱岗敬业的具体要求

爱岗敬业作为一种职业道德规范，是一个社会历史范畴，随着社会的不断进步，它的内涵逐渐丰富，它调节的范围不断扩展，它的具体要求也在不断充实。在社会主义市场经济条件下，爱岗敬业的具体要求主要是：树立职业理想、强化职业责任、提高职业技能。

1. 树立职业理想

所谓职业理想，是指人们对未来工作部门和工作种类的向往和对现行职业发展将达到什么水平、程度的憧憬。

职业理想是人的社会化过程的反映，也是人的身心发展的必然结果。人类个体在环境和教育的影响下，随着知识水平和爱好兴趣的发展，会逐步培养起对某种职业的兴趣，并在此基础上形成了一定的职业理想。职业理想具有初级、中级和高级三个层次。

（1）初级层次职业理想　马克思主义经典作家认为，在现阶段，人们的劳动还只是谋生的手段，远没有达到共产主义社会那种“劳动是人的第一需要”的程度，因此，大部分人的工作目的首先是为了维持自己和家庭的生存，过安定的生活，这是人对职业的最初动机、最低要求，是职业理想的基本层次。每一个健康的人，随着年龄的增长，知识的增多，都会有这样的职业理想，这表明初级层次职业理想具有普遍性。

（2）中级层次职业理想　待业或从业人员希望从事适合个人能力和爱好的工作，以充分发挥并提高自己的各种素质，即寻求和从事能够发挥专长的职业。其主要目的是通过特定的职业，施展个人的才智，这是职业理想的中级层次。由于人们的兴趣和爱好各异，中级层次职业理想表现出因人而异的多样性。

（3）高级层次职业理想　人们工作的目的是承担社会义务，通过社会分工把自己的职业同为社会、为他人服务联系起来，同人类的前途和命运联系起来，这就是高级层次职业理想。

职业理想的三个层次的内容和要求虽然有明显的区分，但是在一个人身上，它们却是可以同时存在并行不悖的。对于同一个人，其工作目的完全可以是谋求生存、发展个性和承担社会义务三者共存。当然，在我国现阶段，有初级层次职业理想和中级层次职业理想的人比较普遍，而具有高级层次职业理想的人还只是少数。在社会主义职业道德建设中，应该根据职业理想的实际情况，肯定前两个层次的职业理想，鼓励和倡导人们树立高级层次的职业理想。

2．强化职业责任

职业责任是企业和从业人员安身立命的根本，因此，无论是企业集团还是从业者本人都应该强化职工的职业责任。对于企业集团来说，应该加强员工的职业责任教育与培训；对于企业员工来说，则应该自觉地明确和认定自己的职业责任，树立职业责任意识，提高职业责任修养。

一般来说，从业人员的职业责任修养活动包括以下两个方面的内容：一是学习与自己工作有关的各项岗位责任规章制度，理解它们存在的合理性和正确性，并领会它们的精神实质，在内心形成一定的责任目标；二是在职业实践中不断比照特定的责任规定，对自己的思想和行为进行反省和检查，进行自我剖析和自我批评，不断矫正自己的职业行为偏差，排除一切干扰，将正确的尽职尽责的行为不懈地坚持下去，使之变成一种职业道德行为习惯，最终转化为内在的、稳定的、长期起作用的职业道德品质。

3．提高职业技能

职业技能也称职业能力，是人们进行职业活动、履行职业责任的能力和手段。它包括从业人员的实际操作能力、业务处理能力、技术技能以及与职业有关的理论知识等。

职业技能通常要经过相当长时间的学习以及一定的实践活动才能完成。努力提高自己的职业技能是爱岗敬业的首要条件。这是因为，没有相应的职业技能，就不可能履行自己的职业责任，实现自己的职业理想，“爱岗敬业”也就成了一句空话。

二、诚实守信

（一）诚实守信的含义及意义

1．诚实守信的含义

所谓诚实，就是忠诚老实，不讲假话。诚实的人能忠实于事物的本来面目，不歪曲、不篡改事实，同时也不隐瞒自己的真实思想，光明磊落，言语真切，处事实在。诚实的人反对投机取巧，趋炎附势，吹拍奉迎，见风使舵，争功诿过，弄虚作假，口是心非。所谓守信，就是信守诺言，说话算数，讲信誉，重信用，履行自己应承担的义务。诚实和守信两者意思是相通的，是互相联系在一起的。诚实是守信的基础，守信是诚实的具体表现。诚实侧重于对客观事实的反映是真实的，对自己内心的思想、情感的表达是真实的。守信侧重于对自己应承担、履行的责任和义务的忠实，毫无保留地去兑现自己的诺言。

“诚”和“信”是不自欺，是内心和外部行为合一的道德修养境界。一般人是很难做到的。原因是内心总会有冲突，人们一方面知道要为善去恶，而另一方面还会为情欲所蔽。“欲动情胜”，所以其内心总会有不自愿遵行道德的想法，因此，要经常进行诚实守信的道德教育。诚实守信，是真、善、美的统一，只有不断地进行自我修养，才能达到这一美好境界。

2. 诚实守信的意义

（1）诚实守信是企业的无形资本　诚实守信是市场经济的一个本质规定，是作为市场经济主体所必须遵循的规则，它可为企业带来经济利益，成为企业的无形资本。在市场经济实践中，许多有战略眼光和战略头脑的企业家，非常重视诚实原则，并将其贯彻到企业文化和企业理念中，借以树立企业形象，建构企业经营管理模式，扩大企业影响，增强企业的吸引力和凝聚力，最终获得企业经济效益快速增长。

（2）诚实守信是推动社会经济发展的需要　随着世界大工业的发展、市场的扩大、竞争的加剧，商业道德越来越受到重视，并逐步发展到一定的水平。因此，诚实守信是大工业和市场发展到一定程度的必然产物。它必将对社会的经济发展起到一定的促进作用。职业信誉是在多次商品交换中所形成的消费者对商品生产者和销售者的一种依赖关系，只有尊重诚实守信，社会商品交换才能进行，社会经济才会进一步得到快速发展。

（3）诚实守信不仅是做人的准则，也是做事的原则　一个人要想在社会上立足，干出一番事业，就必须具有诚实守信的品德，诚实守信首先是一种社会公德，是社会对做人的起码要求。

（二）诚实守信的具体要求

1. 忠诚于所属企业

诚实守信首先表现在从业人员忠诚于他们的企业。所谓忠诚于所属企业，就是心中始终装着企业，总是把企业的兴衰成败与自己的发展联系在一起，愿意为企业的兴旺发达贡献自己的一分力量。

2. 维护企业信誉

诚实守信原则还要求每个从业人员都要做自觉维护企业信誉的模范。信誉是企业形象的重要方面。一个企业一旦在消费者或客户中确立了良好的信誉，也就在一定程度上树立了该企业的社会形象，这会给企业带来巨大的效益。世界上许多知名企业的成功都得益于此。从业人员要成为自觉维护企业信誉的楷模，一要树立产品质量意识，二要重视服务质量，树立服务意识。

3. 保守企业秘密

在现代市场经济中，企业间的竞争异常激烈，人们常称：商场如战场。这种说法一点也不为过。历经千百年实践的总结升华，现代商战形成了众多“战略战术”，信息战就是其中的重要战术之一。随着信息时代的到来，信息逐渐成为经济发展的一个内在变量，人们对信息战的重视更是达到了空前的程度，甚至有人认为：现代商战就是信息大战。许多商家和企业十分重视收集、把握有关市场行情的各种商业信息，以抓住商机，获取成功。这就使企业的商业信息变得至关重要。许多不法商家和企业为了在竞争中取胜，总是想尽办法刺探竞争对手的商业信息，有时不惜出巨资收买商业信息。因此，企业的每一个员工都有义务和责任保守企业秘密。

三、勤劳节俭

（一）勤劳节俭的含义及重要性

1. 勤劳节俭的含义

勤劳节俭是中华民族的优良传统。所谓勤劳，就是辛勤劳动，努力生产物质财富和精神财富。我国最早经典中的“勤”字，都是指的勤劳与劳苦。所谓节俭，就是节制、节省、爱惜公共财物和社会财富以及个人的生活用品。提倡勤劳节俭对正确维护人们之间、个人与集体、国家之间的利益关系具有深刻的道德意义。中华儿女用勤劳的双手创造了灿烂辉煌的华夏文明，更用节俭的品德将它世代传扬。这种优良的传统美德至今仍值得大力提倡。

2. 勤劳节俭的重要性

（1）勤劳节俭是人生存的必要条件　古人说：“一生之计在于勤。”勤劳节俭是中华民族自古以来就十分重视的一种美德。《左传》这样评论：“民生在勤，勤则不匮，是勤可以免饥寒也。”也就是说，只有勤劳才能使人免受饥寒。勤劳节俭是中华民族的传统美德，中华民族远古神话中的神或英雄，几乎无一不与勤劳有关。如开天辟地的盘古，治理洪水的鲧、禹等，他们都是用自己伟大而艰辛的劳动为人类造福，体现了中华民族热爱劳动的美德和用勤劳的双手征服自然的理想。同时，我们也应清楚地看到，资源的有限性和不可再生性也要求我们必须勤劳节俭。

（2）勤劳节俭是可持续发展的重要保证　可持续发展就是走一条经济、社会、人口、环境和资源相互协调，既能满足当代人的需要，又不对后代人的生存发展构成危害的发展道路。一个社会的发展，首先应重视人才的可持续发展，而人只有通过勤奋，才能增长智慧。与勤劳相对的是懒惰，它是剥削阶级的人生观和道德观的反映，其表现就是缺乏劳动自觉性，游手好闲，好吃懒做，贪图安逸。同时还应认识到，懒惰是使事业无所成就的原因。唐代文学家韩愈所说的“业精于勤，荒于嬉；行成于思，毁于随”讲的就是这个道理。现代文学家茅盾也指出：天分高的人如果懒惰成性，反而不如天分比他低的人。同时，也应看到一个社会的可持续发展还必须重视生产资源的节约，必须千方百计地减少资源的占用和消耗，以实现经济的可持续发展。

（3）勤劳节俭是创业家的成功修养　人类历史上曾涌现一大批创业人物，他们在人格素质方面都突出地表现了勤劳节俭的个人修养。勤于实践、勤于动手，使创造性劳动充实自己有限的生命时间，这是成才的一个重要规律。人的生命有限，要想在有限的生命时间内多做出一些令自己满意的业绩，必须勤奋。疏懒是一种不可饶恕的罪行，因为那是在浪费宝贵的生命。

孔子说过一句格言：“生无所息！”不同的人对这句话有不同的理解，在一般人看来，人活着就得不停地辛苦奔波，这是一个充满劳累和痛苦的过程；而在杰出人物看来，人生在世，利用有效的生命时间，进行不断的创造性劳动，充实自己的生命，创造生命价值，是一种莫大的幸福。可见，积极地把握生命时间，主动积极地创业，乃是成才的一大规律。和勤劳结伴的是节俭，几乎每一个创业者，都自觉或不自觉地把节俭作为自己的追求。事实上，当一个人从事一种创造性的活动时，他的所有活力、兴趣都会融会于这种创造活动之中，他又怎么会有精力、兴趣追求浅层次的奢华生活呢？

（二）勤劳节俭的具体要求

1. 无私奉献、艰苦奋斗

艰苦奋斗是以勤劳勇敢、不怕困难、努力奋斗为基本原则的。它作为一种传统和精神，是正确人生观、价值观和道德观的具体体现。作为人生观，它反映了积极的人生态度，如热爱人生、奋发图强；作为价值观，它反映了以国家、集体为标准的正确价值取向，如无私奉献、不怕牺牲等；作为道德观，它反映了人们改造自然和社会，推动历史进步中必须具备的一些行为品质，如勤劳勇敢、厉行节约等。

2. 自觉抵制腐朽生活方式的影响

勤劳节俭是我国劳动人民历来具有的作风。它是指从业人员在职业活动中，要努力工作，爱惜设备，节约原材料，尽量做到“少花钱，多办事”。现实中有一部分人，为了盲目地追求业绩，而不顾资源的浪费，在最后向上级汇报时，也只是以最后的成绩而论，而忽视了成本消耗，结果给国家、企业造成了巨大损失。勤俭节约要从一点一滴的小事做起，即使在一些日常事务中，也应注意勤俭节约。例如：在接待外宾时，必须充分考虑本单位、本部门的经费状况，决不可铺张浪费，要节约一分一厘，坚决压缩一切不必要的接待活动，大力反对不正之风。

要做到勤俭节约，就要树立主人翁的劳动态度和责任感，把劳动看成光荣的事业；要坚持勤俭办事业，反对对国家、集体财产不关心、不爱护，随便浪费的现象，反对讲排场、摆阔气的旧习俗；讲究效益，减少损耗，降低成本。养成勤劳节俭的好习惯，必须从自身做起，从现在做起，从一点一滴做起，持之以恒；同时还要敢于同各种铺张浪费行为做斗争。随着生活水平的提高，人们的消费观发生了很大变化。青少年盲目追求高消费的现象十分严重。这不仅会消耗精力，导致学习成绩下降，而且还会使其养成奢侈浪费、好逸恶劳的坏习惯，他们一旦失去经济后盾，容易走向犯罪的道路。因此，应当树立合理的消费观念，培养消费中的自我控制能力，从日常生活中做起，注意节约，培养吃苦耐劳的品质，让勤劳节俭的光荣传统发扬光大。

四、开拓创新

（一）开拓创新的含义及重要意义

1. 开拓创新的含义

开拓创新是指从业人员在职业活动中要有创新的精神，勇于冲破各种束缚，敢于走前人未曾走过的路，勇于创造前人未曾创造的奇迹，不断开创工作的新局面。开拓创新就是要突破原有观念，不满于现状，在各行各业中创造出更好的成绩。

2. 开拓创新的重要意义

（1）开拓创新是加快社会主义现代化建设进程的需要　加快现代化建设步伐，是全国职业劳动者共同的任务，也是一项宏伟而又极其艰巨的任务。因为我国生产力水平还比较低，科技水平较为落后，要建成有中国特色的社会主义并非易事，必须经过全国人民的艰苦奋斗才能实现。而且社会主义现代化建设在世界上尚无成功的先例，也无现成的答案和固有的模式，需靠几代人去探索去开拓。改革开放的实践告诉我们：要把我国建设成为富强、民主、文明的社会主义现代化强国，要使我国的综合国力迈上新台阶，全体从业人员必须发扬勇于开拓、大胆创新的精神。

（2）开拓创新是社会主义市场经济的内在需求　在社会主义市场经济条件下，竞争日益激烈，其结果必然是优胜劣汰。要想在竞争中取胜，企业要靠产品和服务质量，而高质量的产品和服务离不开先进的科技和创新。企业要想增强竞争优势，必须采用先进的科学技术和设备，并节约原材料，降低成本，从而以价格优势取胜，这些更离不开改革创新。因此，从业人员是否具有创新精神关系到企业的兴衰。

（3）开拓创新是做好本职工作，把自己培养成为开拓型职业劳动者的需要　社会主义现代化建设的顺利进行，要靠各行各业的共同努力，社会主义现代化强国的建成，离不开每一个职业工作者的出色工作。要出色做好本职工作，就必须具有创新精神，就必须不断改革，更新生产管理方法和工艺流程，开创工作新局面，进行创造性的劳动。社会主义建设需要开拓型的人才，衡量是不是开拓型的人才，关键看是否具有创新的精神。因此，要成为开拓型的人才，必须培养自己的开拓创新精神。

（二）开拓创新的具体要求

1. 解放思想，实事求是，与时俱进

解放思想，实事求是，与时俱进，是开拓创新的前提和基础。解放思想是指在马克思主义的指导下，敢于冲破一切过时的思想观念和主观偏见的束缚，敢于追随历史前进的步伐，确定符合实际的新思想、新观念，并把它们付诸实践。只有解放思想，才能更新观念，冲破各种束缚和“禁区”，才敢于冒风险大胆试验，走前人没走过的路。解放思想不是脱离实际的主观臆想、胡思乱想，而是正确反映客观世界的科学思维。思想的解放离不开实事求是，只有把马克思主义的基本原理和党的方针、政策同我国的国情以及本部门、本单位的实际结合起来，才能使主观符合客观，思想符合实际，决策符合科学。解放思想、实事求是还要同时代结合起来，做到与时俱进。

2. 勤于探索，注重实干

开拓创新需要从业人员有创新意识和热情，更需要其具有顽强的实干精神，并进行不懈的探索。只有掌握大量的知识和技术，才能在此基础上创新，要实事求是，按规律办事，首先要发现和掌握客观规律。要掌握知识技术，要发现规律，都不是轻而易举的，需要辛勤地探索和苦干。

3. 不畏艰险，百折不挠

开拓创新要走前人未曾走过的路，这是一条荆棘丛生的充满艰难险阻的路，需要克服无数困难和障碍，因此，要不畏艰险、百折不挠，才能走向成功。因为在开拓创新的过程中会面临许多困难，如工作条件不具备，缺乏人力和物力；新方案一时不能被人们所理解，有时甚至还得不到领导的支持；当触犯了某些人的利益时，还可能遭到打击，甚至受迫害；新方

案还不太完善，需要在实践中逐渐补充和完善等。同时开拓创新要依靠科学技术，然而，在科学的道路上，没有平坦的大道，需要在崎岖的小路上前进。这一切都要求我们要正视困难与风险，不畏艰险、百折不挠，义无反顾地去追求并努力达到既定的目标。

第三节　职业道德修养

一个人要立足社会并成就一番事业，除了必须刻苦学习，努力掌握现代科学文化知识和专业知识、技能技巧外，更为关键的是应注重加强道德修养，形成良好的道德品质，这是一个人的立身之本。中华民族历来注重个人道德品质的自我修炼，并把“修身”作为“齐家、治国、平天下”的先决条件。因此，将要从事某种职业或正在从事某种职业的青年，都必须加强职业道德修养，使自己成为适应现代社会需要的有理想、有道德、有文化、有纪律的合格人才，为把祖国建设成为富强、民主、文明的现代化强国做出自己的贡献。

一、加强职业道德修养

（一）职业道德修养的含义

要弄清职业道德修养的含义，首先必须弄清“修养”的含义。“修”有“切磋琢磨”的意思，《诗经》有“有匪君子，如切如磋，如琢如磨”。这句话的意思是说“君子”的人品如同经过雕琢的金石美玉。用现代语言解释，“修”是学习、钻研、整治、锻炼、提高的意思；“养”是涵养性情或陶冶情操，即教育、培养、熏陶、涵养的意思。“修养”一词的含义深而广，可以在多种意义上使用，主要是指人们在政治、理论、道德、艺术、学识等方面，自觉学习、磨炼、涵养和陶冶的功夫，以及经过长期努力所形成的某种素养和能力。

中国以“礼仪之邦”闻名于世。在中国传统文化，尤其是儒家文化中，非常强调和注重人的自我修养，主张修身才能正己，正己才能正人，才能以德齐家，才能治国平天下。道德修养是中国传统文化的魂，其含义是指人们为实现一定的道德理想而按照一定道德原则和规范的要求对自己的品行进行锤炼和陶冶的功夫，也是指经过长期努力所形成的道德情操和所要达到的道德境界。

职业道德修养是道德修养的一个重要组成部分。所谓职业道德修养，就是从事各种职业活动的人员，按照职业道德基本原则和规范，在职业活动中进行的自我教育、自我锻炼、自我改造和自我完善，使自己形成良好的职业道德品质和达到一定的职业道德境界。职业道德修养过程是从业人员在职业活动中的自律过程，一个从业人员要形成良好的道德品质和达到一定的职业道德境界，首先要对职业道德有正确的认识，其次要根据职业道德规范进行自我教育、自我改造、自我锻炼和自我完善。职业道德修养是一个从业人员形成良好的职业道德品质的基础和内在因素。一个从业人员如果仅仅知道什么是职业道德规范而不进行职业道德修养，是不可能形成良好职业道德品质的。在现实社会中一个没有良好职业道德品质的人在职业活动中往往是以个人利益为中心，为谋取私利而不择手段，这样的人可能会一时得利、一时得势，但从长远看，是难以立足社会的，更谈不上有什么发展了。

（二）加强职业道德修养的必要性

一个人的品质决定一个人如何立身处世，决定一个人的前途和发展，甚至决定一个人的命运。职业道德修养对于从业人员形成良好的道德品质具有决定性的作用，是从业人员形成良好职业道德品质的内在关键性因素。在职业活动中，每个从业人员都应当自觉地用职业道德规范调整自己的行为，通过职业实践，逐步形成良好的道德品质。一个人良好的道德品质的形成主要取决于社会活动中的“自我教育”和“自我改造”，因此，职业道德修养对于一个从业人员来说具有十分重要的意义。

加强职业道德修养的必要性表现在以下几个方面：

1. 职业道德修养有利于人们职业观念、职业行为的转变和更新

人们在社会上无论从事何种职业，都要建立一定的社会关系和人际关系。社会是不断发展变化的，特别是在社会大变革时期，社会关系出现重大的变化和调整，人际关系和职业与职业之间的关系也出现了新的不平衡。在这种社会巨变面前，人们为适应社会发展就需要一方面更新原有的职业观念、职业意识、职业行为；另一方面又要在新的社会实践中确立新职业观念、新职业行为。现在，我国正值改革开放和市场经济的深刻变革，它不仅从根本上要求改革一切不适应生产力发展要求的生产关系和上层建筑，建立适应市场经济发展的新体制，而且要求人们的道德观念也进行彻底的变革，即破除一切阻碍社会主义市场经济发展的旧的职业观念，重新规范适应市场经济发展的新的职业道德观念。我们需破除小农经济的封闭观念、因循守旧的传统观念、重义轻利观念、绝对平均主义观念，树立参与国际竞争的职业道德价值观，树立求实、创新、开拓、进取，讲求经济效益和公平竞争、按劳取酬的新观念。在新旧体制转换，新旧观念转换的过程中，人们的利益关系在重新调整，人们在精神上要承受市场激烈竞争的压力，人们心理会出现各种各样的不平衡。这些问题如果得不到很好的解决，就会严重影响人们的积极性，影响生产效率，从而影响整个社会生产发展速度，影响社会进步的进度。强调职业道德修养，倡导从业人员从自我角度积极主动地学习、修养，进行职业观念、态度、行为的调整，有利于人们顺利度过这一社会转型时期。而且，新的适应社会发展的职业观念、职业行为最终也要通过人的内心信念、自觉行为体现出来，这同样需要依靠职业道德修养。

2. 职业道德修养有利于社会主义道德建设

社会主义道德体系包括社会公德、家庭美德、职业道德三部分。在面对改革过程中出现的各种利益矛盾时，若从业人员不懂得职业规范，或虽懂得职业规范，但不能通过职业道德修养将这些规范内化为自己的职业情感、职业态度、职业生活方式，不能把大局利益放在首位，甚至不能在职业活动中尽自己的本分，那在个人利益与集体利益发生冲突时，眼前利益和长远利益发生冲突时，就不会采取正确的态度和方法。社会上出现的以权谋私、贪污腐败、损公肥私、生产出售假冒伪劣商品等违背职业道德的行为，一方面有法治建设和道德建设的问题，另一方面也和人们在相当长的时间内不注重职业道德修养有关。因生产活动是人类最基本的实践活动，社会生产活动中出现的问题必然会影响到社会其他方面。人们在职业道德方面的问题最终也会影响到社会公德和影响社会的整个道德风尚，从而直接影响改革开放和现代化建设的进程，影响我国社会的全面进步和健康发展。因此，从职业道德在整个社

会道德中所处的重要地位看，必须充分重视职业道德修养，极大地提高职业道德水平，促进社会主义道德建设。

3. 从业人员职业道德现状要求加强职业道德修养

我国现在进行的市场经济，是一项前无古人的伟大事业。社会的各个领域都发生着剧烈的变化，人们的思想观念、道德观念也在发生剧烈的变化。在这样的剧变中，人们的道德修养水平、道德建设，包括职业道德建设、职业道德修养状况不能完全适应社会经济的发展和社会进步的速度。具体到职业生活中，许多从业人员的职业道德修养不能适应市场经济的需要。有的人缺乏远大的职业理想，看不到职业素质的提高与经济效益的关系，他们目光短浅，急功近利，甚至损人利己，自私，冷酷。这些都说明加强职业道德修养的重要性和紧迫性。

一个从业人员良好的职业道德品质，不是先天就有的，而是在长期的职业活动中逐步形成的。要使自己成为一个具有良好职业道德品质的人，关键在于自己在职业活动中能够按照职业道德规范的基本要求自觉进行职业道德修养。在正常的职业生活中，教师应该为人师表，钻研业务，不断提高业务水平，加强自身道德修养，言传身教，以爱护学生为天职；医生应把救死扶伤、对医术精益求精当作神圣职责；商人应将顾客至上、公平交易作为品质，如此等等。要经常检查自己的职业行为中哪些符合职业道德规范的要求，哪些不符合职业道德规范的要求，自觉纠正不符合职业道德规范要求的行为，发扬光大符合职业道德规范的行为，使自己逐渐养成良好的职业行为习惯。

二、职业道德修养的途径与方法

职业道德修养是一个人在日常学习、工作和生活中按照职业道德规范的要求进行自我教育、自我改造、自我磨炼和自我完善的过程。人为什么活着？人的一生应当怎样度过？人怎样生活才有价值、才有意义？人们对这些问题的不同回答和认识就形成不同的人生观。所谓人生观，就是人们对人生目的、人生价值和意义的根本看法和态度。在现实生活中，每一个理智健全的人都有对人生问题的根本看法和态度。例如，有的人认为，人生的目的就在于满足人的生理本能的需要，如吃喝玩乐，追求物质、金钱，以满足享乐的需要，这就是享乐主义人生观；有的人认为，人生在世就要对社会和他人承担责任，要有对社会强烈的使命感和责任感，为社会的进步做出贡献，这是科学的、进步的人生观。人生观有正确的和进步的，也有错误的和落后的。享乐主义人生观就是一种落后的、错误的人生观，它注重的是占有物质与金钱以满足享乐的需要，以是否能满足自己享乐需要作为价值评判标准。在社会实践活动中，具有享乐主义人生观的人，其一切行为都是为满足自己享乐的欲求，因而这种人是不会关心社会进步和他人利益的，在职业活动中是不会用职业道德规范的要求进行职业道德修养的。由此可见，一个人只有确立正确的、进步的人生观，才会有强烈的社会责任感，才会在职业活动中进行自觉的职业道德修养，形成良好的职业道德品质。

（一）职业道德修养的途径

1. 从培养自己良好的行为习惯着手

职业道德修养是一个长期的改造自己、完善自己的过程，而这个过程可以从养成良好的行为习惯做起。良好行为习惯的养成需要从我做起，从现在做起，从小事做起。

古人说："合抱之木，生于毫末。九层之台，起于垒土。千里之行，始于足下。""勿以恶小而为之，勿以善小而不为。"这都是说一个人良好行为习惯的养成是从一件一件小事做起的。如果一个人连一件有利于社会和他人的小事都做不到，那么就不会有强烈的社会责任感和无私的奉献精神，良好的职业道德品质和崇高的精神境界更无从谈起。

总之，养成良好的行为习惯，是职业道德修养的基础，是一个人在社会中的立身之本。一个人也只有养成良好的行为习惯，才能确立正确的人生观，才能自觉进行道德修养，形成良好的道德品质。平时生活中不注重"小节"的人最终往往会失去"大节"。

2. 学习先进人物的优秀品质，不断激励自己

在现实生活中，各行各业都涌现无数的先进人物。例如，科学家钱学森、钱伟长、李四光、袁隆平等，县委书记的好榜样焦裕禄，石油工人王进喜，清洁工人时传祥等。他们在各条战线上为了祖国的繁荣富强，为了人民的幸福无私地奉献自己的才华和心血，做出了卓越的贡献。他们在各自的职业活动中表现出高度的职业责任和崇高的思想境界。他们不仅为社会创造了丰富的物质财富，而且为社会创造了难以估量的精神财富。他们的优秀品质激励着无数个有志青年奋发向上，为祖国为人民在不同的岗位上做出自己的贡献。

学习先进人物的优质品质，就应像先进人物那样具有强烈的社会责任感。责任感是一个人成功的基础，缺乏责任感的人终将一事无成。在现实生活中，一个人的责任感表现在他的一切行为之中。例如，在职业活动中，表现为强烈的职业责任；在与他人交往中，表现为对他人的利益负责，对他人的幸福负责；在日常生活中，表现为对自己的行为后果负责。具有责任感，是一个人做好本职工作，自觉进行道德修养，形成良好职业道德品质的基础。

学习先进人物的优秀品质，就要经常用先进人物的好思想、好作风对照检查自己，敢于和善于发现自己的不足和缺点，并及时纠正。人的一生不会没有缺点，但只要经常不断地发现自己的缺点，改正缺点，就会不断取得进步。青年朋友进行职业道德修养的过程，也是一个不断发现改正自己的缺点，逐步走向自我完善的过程。

学习先进人物的优秀品质，就要像先进人物那样严于律己，宽以待人，以集体、国家利益为重，为了集体、国家利益可以牺牲个人利益。青年朋友进行职业道德修养，必须以先进人物的崇高思想境界为榜样，经得起长期的、各种各样的考验，在日常的学习、工作和生活中不断进行自我教育，自我改造，不断提高自己的职业道德水平，逐渐达到较高的思想境界。

3. 不断地同旧思想、旧意识以及社会上的不良现象做斗争

在学习、工作和生活中，经常受到落后的观念和意识以及社会上不良现象的影响，如果经不起落后观念和意识以及社会上不良现象的侵蚀，那就不可能进行自觉的职业道德修养，形成良好的职业道德品质也就会成为一句空话。

目前，贪图享乐，一切向"钱"看，以权谋私，有钱就有一切，有权就有一切等错误的观念、意识和不良现象还在社会上蔓延，腐蚀着人们的心灵。作为一个现代青年，既要认识到这种错误观念、意识和不良现象对社会造成的危害，又要积极地同它们做斗争。首先，要同旧的观念和意识决裂。树立现代正确的观念和意识，如责任意识，奋发向上、积极进取的意识，文明经营的观念，诚实守信的观念，遵纪守法的观念，公平竞争的观念等。其次，要敢于除恶扬善，不仅自己不做有损于集体、国家和他人利益的事情，而且还要通过自己的

言行影响和教育他人不做损人利己的事情。要以身作则，一身正气，勇于同社会上不良现象做斗争。

（二）职业道德修养的方法

职业道德修养的方法是多种多样的，概括起来，有以下几种：

1. 学习职业道德规范、掌握职业道德知识

在社会主义市场经济条件下，不讲道德、损人利己的人终将会被淘汰。因此，每一个从业人员必须认真学习职业道德原则和规范，掌握职业道德基本知识，从理论上明确职业道德规范的基本要求和应该怎样做、不应该怎样做的道理，明确职业道德修养所要达到的目标，把握职业道德修养的标准，以此来提高职业道德修养的自觉性，增强职业道德修养的针对性。

2. 努力学习现代科学文化知识和专业技能，提高文化素养

努力学习现代科学文化知识和专业技能，是做好本职工作的基本条件，只有勤奋努力，才能学到知识和技能。掌握科学文化知识和专业技能，有助于进行职业道德修养，或者可以说，学习科学文化知识和专业技能是进行职业道德修养的一个重要方面，它能帮助我们准确理解职业道德修养在一个人成长过程中的重要作用，准确理解职业道德建设在社会主义市场经济中的重大意义。一个人也只有准确理解了职业道德在现实社会中的重要作用，才能更好地去学习职业道德规范，才能更自觉地进行职业道德修养，努力提高自己的道德水平和思想境界。

3. 经常进行自我反思，增强自律性

自我反思，就是依据一定的职业道德标准经常检查自己，同不符合职业道德规范要求的行为做斗争，并自觉地使自己的言行符合职业道德标准的要求。古人有“吾日三省吾身”的修养方法，我们应借鉴古人的修养方法，经常对照职业道德标准检查自己的言行，要敢于正视自身存在的缺点。只有能正确客观地认识自我，发现自身的缺点，才能改正缺点，不断进步。

4. 提高精神境界，努力做到慎独

所谓慎独，就是指在无人监督的情况下，仍能坚持道德信念，自觉地按照道德规范的要求去做事的一种道德品格和道德境界。

古人在道德修养过程中十分注重“细”“微”“隐”之处，认为最隐蔽的东西最能看出人的品质，最微小的事情最能显示人的灵魂。所以说，一个人若能在无人监督的情况下，不做任何不道德的事，那么，这就达到了一种崇高的精神境界，即慎独。由此可见，慎独既是道德修养的一种方法，又是一种崇高的精神境界。

作为一种道德修养的方法，慎独强调在道德修养中，确立坚定的道德信念。人们只有在一定的道德信念支配下，才能在即使别人看不见、听不到的情况下，也能自觉地按照道德原则进行修养。在道德修养过程中，慎独强调道德修养必须在“隐”和“微”的地方下功夫，注重修养过程中“量”的积累，因为人的良好道德品质是由一件一件符合道德原则要求的

小事逐渐积累而成的。

作为一种道德修养的境界，慎独强调道德修养必须达到在无人监督时，能严格按照道德规范的要求做事。这样做不是出于勉强，也不是为了博得众人的好感或拥护，而是发自内心的要求，是自己坚定的道德信念在行动上的具体表现。

从慎独所达到的境界来看，职业道德修养是一个长期的、艰巨的自我教育、自我磨炼、自我改造和自我完善的过程。只有经常按照职业道德的标准严格要求自己，不断发现和纠正自身存在的缺点与不足，才能不断提高职业道德水平，达到一种较高的精神境界。

关键术语

职业资格制度　　职业素质　　企业文化　　职业道德　　职业道德修养

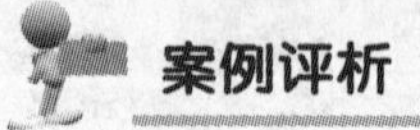

案例评析

案例（一）：艾梅莉是美国经济学家葛布尔莱的女管家。一次，葛布尔莱感到特别劳累，吩咐艾梅莉在自己午睡时任何电话都不要让他接。一会儿，白宫打来了电话。“请找葛布尔莱，我是约翰逊。”原来是总统的电话。“他在午睡，嘱咐过不要叫他，总统先生。”“把他叫醒，我有要紧事。”“不，总统先生，我是替他工作，不是替您工作。”事后，葛布尔莱向总统表示歉意，总统显得喜不自禁：“告诉您的管家，我要请她到白宫来工作。”

【评析与思考】从业者是否具有爱岗敬业精神和高度的责任感，是用人单位挑选人才的一项非常重要的标准。一个热爱自己工作、认真履行自身责任的人会得到任何人、任何单位的赏识。这一案例给你以何启示？

案例（二）：在北京大学攻读博士学位的时候，我有幸认识了来自美国的帕垂特教授。他给我们上英语课。每次进教室，他都笑嘻嘻地拖着个带轱辘的旅行箱，那里面装着上课所需的教材和我们交上的作业。在帕垂特教授带给我们的教材中，有一本他和他的美国同事一起专门为我们编写的教材，我们称它为“黄皮书”。

作为博士生，学校规定：如果公共英语考试不及格，就将失去获得博士学位的资格。所以在这门课的最后一次课前，大家心里暗暗祈祷：尊敬的帕垂特教授，我们这些人都不易呀，您可别太较真！

那天，帕垂特教授仍然像往常一样，笑嘻嘻地跨进教室，从信封里掏出了一打照片。那是“五一”节时我们班和美国老师郊游时的合影，他给我们每个人发了一张。发完照片，教授竟然问我们：“这是什么？”我们实在搞不清他葫芦里卖的是什么药。大家一边回答说是照片，一边盼着他快来点“实惠的”。可是，他却眨着绿眼睛说：“这是‘爱’！”帕垂特教授接着说：“我们很快就要分手了，也许再没有机会见面了。但是，请记住我是爱你们的！”被他这么一说，我们这些自以为“身经百战”的人不禁感觉有点鼻子发酸。

最后还是皮特打破了寂静：“帕垂特先生，我们也爱您。但还是请快给我们讲讲有关考试的事吧！”大家不禁激动起来。帕垂特却意味深长地说：“你们现在要做的就是，相信自己并且认真学习我们编写的教材的最后一课。”不会吧！这么小的考试范围？我们迫不及待地翻开了“黄皮书”。在课文的后面，有一篇名为“关于诚实”的真正的最后一课。内容翻译出来竟然是这样的——

为什么要考试？

1．测试你对某门课的掌握程度。

2．测试你的学习技巧和记忆力。

3．评估教师的教学质量，了解哪些教得不错，哪些需要加强。

4．最重要的是，测试你是否诚实。

什么是“诚实”？

人类社会正常的和必要的道德原则是正直、诚信、实在。

与诚实有关的故事和谚语：

1．“狼来了”。

2．人无诚信，好景不长。

3．来路不明的财宝一文不值。

4．诚实最明智，老实人不吃亏。

5．如果我要花招，人们便不再信任我，我再也享受不到诚实的快乐。

在这次考试中，你可以用以下方式表现你的正直，证明你的诚实：

1．即使没有老师监考，你也知道怎么做才合适。

2．会多少答多少。

3．不要作弊。

听说作弊在中国是一种普遍现象，每个学生都作弊。我不信！因为，一个作弊的民族怎么可能进步和强大呢！

考试作弊的行为包括：

1．偷看别人的试卷。

2．问别人怎么答题。

3．看事先写好的小纸条。

你作弊的时候，你就失去了老师对你的信任——本来我们这些外国人都是信任你、爱你的呀！

假如你作弊了：

1．你伤害了老师，给师生关系蒙上了阴影。

2．你的良心就有罪了。

3．你改变了你在人们心目中的形象。

作弊的后果：

1．没收并撕毁试卷，打零分。

2．你丢脸，我们丢脸，大家都无地自容。

即使你真的作弊了，我们也不会那么做，我们会装作没看见，眼睛故意向别处看。因为，生活本身的惩罚要严厉得多。

孩子，你的信誉价值连城，你怎么舍得用一点点考分就把它出卖了？作弊的代价太高了，实在划不来！

【评析与思考】诚实守信不仅是做人的准则，也是做事的基本准则。一个从业人员做事，他既代表个人，又代表一个单位、企业或政府，如果一个从业人员不能诚实守信，说话

不算数，那么他所代表的社会团体或是经济实体就得不到人们的信任，无法与社会进行经济交往，或是对社会再没有号召力。因此，诚实守信不仅是一般的社会公德，而且也是任何一个从业人员应遵守的职业道德。作为大学生对诚实守信这一做人做事的准则又应该如何去践行呢？

案例（三）：有两个追求幸福的穷苦青年，经过艰难的跋涉，终于在一个很远的地方，找到了幸福的使者。使者见他们都有一颗善良的心，便给了他们每人一颗幸福的种子。一青年回去后，将种子撒在自己的土地里，不久他的土地里就长出了一棵树苗，他每天辛勤地浇灌，第二年枝繁叶茂，果实挂满枝头。他继续努力，渐渐拥有了大片的果园，成了远近闻名的富足之人，他娶了妻子，有了儿子，过上了幸福生活。

另一青年回去后设了一个神坛，将幸福的种子供奉在上面，每天虔诚地祈祷。青年把头发都熬白了，却仍然一贫如洗。他十分生气不解，又跋山涉水来到幸福使者面前，抱怨使者骗他，幸福使者笑而不答，只让他到另一青年那里看看。当他看到大片的果园时，顿时醒悟，急忙回去将那颗种子埋到土里，但幸福的种子已被虫蚀空，失去了生命力。

【评析与思考】人生要靠不断的努力、勤奋的耕耘才能生存、发展，才能过上幸福的生活。幸福不能靠等待，更不能靠神灵的保佑，而是要踏踏实实地去做，去争取每一个可能成功的机会。这也许就是人们所说的“幸福靠劳动来创造”吧？

案例（四）：许振超，青岛港桥吊队队长。1974年，24岁的他走进青岛港，从一名普通工人成为技术工人，从技术能手到桥吊专家，他成长的历史记录了他自己奋斗的历史。

许振超勤奋好学，入职半年后，就由一名电工调去当门机司机。那看似简单的起起落落，一抓一放，里面却有不少技巧和学问。一开始，他因起吊不稳，钢丝绳乱晃，装卸矿石时，一钩落下，有时会将大半撒在车厢外边，地面上的工友，对他伸小拇指，他既内疚又不服气，每天作业完毕，大家都去休息，他却留在吊车上继续练习，不到半年，他操纵的门机、钢丝绳便能走出一条笔直的线来，一钩矿石“走”来，可以稳稳当当地放进火车车厢内。这就是许振超练就的第一个“绝活”——“一钩准”。

“一钩准”练成后，他趁热打铁，与工友们开展劳动比赛，把门机转一圈的时间，由一分多钟降到56秒以下。在操作中，许振超不断琢磨，几经试验，发明了一种脚踏开关。这种开关加在自己的门机上，工作效率一下子提高了一倍多。

港口经常装卸散粮，其技术操作与装卸矿石大不相同，如操作不当，会造成撒漏，有时甚至掉进海里，让许振超直心疼。工作之余，他吊起水桶反复练习，并最终达到行进过程中颗粒不撒，这就是许振超练就的第二个绝活——“一钩净”。

随着港口的发展，青岛港买进了一批现代化桥吊。桥吊有个高低速减速区，减速区部位定高了，影响作业速度；定低了，难以操作，安全也没保障。为了确定减速区的最佳位置，许振超反复琢磨，量了又量，试了又试，终于实现了“调眼位”，使作业效率提高了25%以上，“调眼位”是许振超练就的第三个绝活。

在进行桥吊时，小磕小碰是常有的事，操作现场叮当直响，以至于有人戏称他们是“打铁的”。许振超从微雕艺术受到启发，开始琢磨如何实现“无声响作业”。许振超通过控制小车水平运行速度和吊具垂直升降之间的角度，加以反复苦练，终于达到了桥吊操作的最高境界——“人机合一”。在操作中，他用眼睛上扫集装箱边角，下瞄船上装箱位置，手握操纵杆变速跟进找垂线。他打眼一瞄，就能准确定位，又轻又稳，又准又快。不仅消除了刺耳的噪声，而且保护了吊具和集装箱内的物品。这就是许振超练就的第四个绝活——“无声响作业”。

正因许振超练就了过硬的技术和本领，他带领工友们创下了一个又一个纪录。在2002年4月12日他创造了在港区内能见度不足10米的大雾天气，装卸集装箱的罕见纪录；在2003年4月27日晚，他同工友用了6个小时零27分钟，完成了“地中海法米娅”船上3020个集装箱装卸任务，船时效率为每小时339自然箱，单机最高效率为每小时70.3自然箱，双双刷新了世界纪录。5个月后，他和工友们再一次刷新了世界纪录。2003年9月30日，他们用了7小时零10分钟，在“地中海阿拉西亚号”轮作业2733自然箱，虽然重箱比重高达85%，船时效率却达到每小时381箱，在世界航运界遥遥领先。

【评析与思考】许振超是一个“老三届”出身的普通工人。有着崇高的职业道德觉悟，并以主人翁的精神关心企业的发展，维护企业的形象，在我国改革开放和社会主义现代化建设的伟大进程中，他始终站在时代前列，顺应社会前进的潮流不断发展自身，不仅没有被时代淘汰，成为下岗职工，而且屡屡勇挑大梁，引领先进生产力的发展，成为全国人民学习的楷模。这又说明了什么？

思考与练习

1. 高职院校的学生应如何认识我国的职业资格制度？
2. 结合自身实际谈谈如何提高自身的职业素质？
3. 从业者为什么要了解和学习企业文化？
4. 员工的职业道德在企业文化中占据着什么样的地位？
5. 如何理解诚实守信和企业形象的关系？
6. 你对开拓创新如何理解，它对企业和个人发展有何重要意义？
7. 结合实例说明职业道德修养是个人成才的重要条件。

第五章　尽快融入社会　在实践中锻炼成长

概要及学习要点

大学生经过几年的学习，首先面临的即是就业。初次实现就业，是人生的一个转折，一个人走上工作岗位后，要经过一定的适应期，才能对自己的岗位环境熟悉起来，适应期的长短也因人而异。同时，任何事情都不会是一帆风顺的，职业生活也是如此，一个人在事业发展中遇到挫折是不可避免的，如何尽快地适应新的生活，了解社会，认识自己，成为社会的有用之才，是每个职业人都必须面对的现实课题。本章围绕这一课题，主要阐述了职业适应期的特点、规律及如何顺利度过职业适应期；面对职业挫折，如何以正确的态度对待它，如何尽快融入社会。这些内容的学习对于初次就业的青年学生来说是非常必要的。

第一节　尽快融入社会，顺利度过职业适应期

一个人走上工作岗位，实现了就业，这是生活中的一个重要转变。以后的职业生活究竟选择一条什么样的道路、选择何种目标，这是青年人在初次就业后需要认真考虑、正确解决的问题。在对待这个问题上，不同的人会有不同的认识和态度；有的人把“挣钱谋生”当作就业的唯一目的，没有长期目标，工作马虎，追求吃喝玩乐；有的人认为自己的文化水平和能力素质较差，能够就业并有一定的工资收入就足够了，没有更高的追求和更远的目标；有的人职业期望的理想化成分较大，觉得现实的工作与自己的兴趣爱好不相符，觉得自己的才能不能发挥，因而情绪消沉，只想调换岗位、一走了之。应当说，上述思想和态度都有一定问题。在初次就业后，人应当立足本职、面对现实，努力做好工作，尽快顺利地完成职业适应，积累人生的经验和技能资本，积极创造条件，求得进一步的发展。具体说应当做到以下几个方面。

一、立足本职、立志成才

（一）何为人才，如何正确看待人才

一般来说，人们都希望在自己的职业活动中能够有所作为，得到社会承认，成为社会的有用之才，从而获得职业生涯的成功。但是，谈到“成才”问题，不少人却望而生畏，似乎“人才”对于自己是可望而不可即的，只有那些对于科学研究做出杰出贡献、社会知名度极高的专家、学者、艺术家才是人才，这种认识实际上把人才的概念限制得过于狭小了。还有一种看法，认为接受过本科、硕、博教育的人才是人才。这是把现实社会生活中的“人才”概念与作为统计概念的“专业人才”相混淆了。这些解释，使得社会上绝大多数人

对“成才”望而却步，自认为不可能跨入人才大军的行列。

中国有句古话，叫作“三百六十行，行行出状元”。所谓状元，即某一行业中的佼佼者。这就告诉人们一个道理：人才是个很宽泛的概念，不只是学士、硕士、博士才能成为人才，工人、农民、服务员等各行各业的劳动者，都可能成为人才。齐白石早年是木匠，华罗庚少年在店铺学徒，但他们通过刻苦钻研，都成了非常出色的人才。安德鲁·卡内基、松下幸之助等许许多多的著名企业家，没有上过大学却成为杰出的企业家。比尔·盖茨正是凭自己的“才”与努力，而不是学历，成为极其出色的人才。相反，许多具有大学文凭的人囿于环境和自身的素质，尤其是目标、毅力、信心、胆识这些因素方面存在问题，却无所作为，默默无闻。因此，不论对于何种人来说，都要立志成才。

实际上，人才是一个具有高低不同层次的庞大的群体，而不仅仅是寥若晨星的科技精英、政治领袖、学者名流、影视明星、运动健将。人才的范围，是一个有着最低限和最高限的极其广阔的区间。人才的最低限并不是绝对的，在普通劳动者与人才之间没有不可逾越的鸿沟。只要具备了一定的水平标准，都应归诸人才之列。任何人经过一定努力并具备一定条件时，都可以成为人才。因此，人才应当是指那些具有开拓创新精神，在人类社会活动的某一领域内勤奋工作、做出较大成绩并经常保持该领域中高水平的人。人才是一个广泛的概念，我们不应把人才的范围缩小，以至于搞得神秘化。任何一个人，只要勤奋努力，都有可能成为人才。成为人才，可以说就是职业生涯的成功。

在人才认识问题上，还要避免两种偏向。

第一种偏向，认为只有获得丰富的书本知识的人才能成为人才，似乎那些学富五车的文学才子、科学巨匠才是人才。固然，书本知识是成才的基础条件，但如果不把这些书本知识和实际工作结合起来，不在实际工作中加以运用和发挥，那么，这种书本知识就是一种僵死的知识，对社会毫无用处，“纸上谈兵”往往是要被打败的。可见，实际能力也是成为人才的一个标志。这也从另一个角度说明，即使一个人的书本知识不如别人，但只要在实际工作中努力学习、刻苦钻研、掌握了真才实学并做出显著成绩，也能够成为人才。正如有的人所说，“能够取得效益就是人才。”

第二种偏向，认为“我有水平，我有一定的成果，我就是人才”。应当指出，一个人是否是人才，不是自封的，要为社会所承认。如果一个人的成才目标与社会需要相脱节，闭门造车，或有了成果后不接受实践检验，束之高阁，也是不可取的，是不能称为人才的。因此，要成为人才，不仅要靠主观努力，还要对社会有所贡献，要能够为社会所承认。

（二）如何立志成才

1. 立足本职，努力学习

人在职业成长的初期，应当把本职发展道路作为主要道路和首选道路。立足本职的道路之所以成为青年成长最常见的道路，其原因是职业可以为成才和成功提供一定的客观条件。通过职业实践，个人积累了知识，提高了技艺，增长了才干，这正是成才的必经之路；本职工作，可以为人的职业活动提供经常性、专门化、固定化的场所，这更有利于成才；一个人以本职岗位作为成才途径，比采取与本职岗位无关的成才途径，拥有更大的时间优势；在职业岗位上做出一定成绩后，也更容易得到工作单位以至社会的承认，一个人要在平凡的工作岗位上做出不平凡的业绩，就要做“有心”人。这包括：制定恰当的目标；勤于观察，善于钻研，把业余学习和本职工作联系起来；多请教，多积累，使知识不断增长，技能不断提高；进行创造性的劳动，努力做出较大的贡献。

2. 发挥自身优势，确定学习目标

当今的时代是知识经济的时代，是知识爆炸的时代，是竞争高度激烈的时代，越来越多的职业提高了“门槛”。从社会的角度看，继续教育、回归教育、知识结构终身教育是一种趋势；从个人的角度看，学习正在成为人们的终身大事。一个人树立了雄心壮志，为了能够成才，为了获得职业生涯的顺利发展，为了人生的成功，必须努力学习。须知，学习是人的职业适应、成长和事业成功的重要条件。

为了卓有成效地学习，要先制订一个与职业发展目标相适应的学习规划，并根据现实的变化进行及时的调整。学习目标的确立，除了要立足于社会需要外，还一定要从自身的条件出发，与兴趣爱好结合，与能力优势和现实条件结合，即学习目标与个人条件和社会环境结合起来。充分利用自己的长处和条件，辅之以坚韧不拔的精神，就有可能比较顺利地走上成才、成功之路。

如果所在的单位能够提供学习机会，不论这种学习的内容与自己的职业发展目标、学习规划是否相符，一般情况下都应当接受，可以利用此机会增加自己的知识、拓宽自己的视野、完善自己的知识结构。有时这种学习、训练还可能给人带来一个新的世界、帮人塑造出一个成功的职业生涯。

如果所在的单位不能够提供任何的学习机会，就应积极选择自学之路，选择了自学道路，就应当下定决心、百折不挠，有再大的困难也要坚持下去。同时，还要想办法拜师学艺，向诸多有造诣的专业人士请教，并勤于实践。这样，有了正确的目标选择，再加上刻苦努力和正确的方法，才有可能取得成功。

3. 克服困难，百折不挠

自学对于大多数职业者来说，是比较困难的。其原因是：第一，时间少。从事学习和钻研，只能在每天八小时工作时间以外的有限时间进行。第二，自学的内容和工作内容难于结合，较之本职岗位成才需要付出更多的精力。第三，难于找到既有专业水平和指导能力，又有充裕时间的老师。这给业余自学者带来诸多不便。因此，选择自学道路时应该考虑周全。一个人经过认真的考虑分析，选择了自学道路，就应当下定决心、百折不挠，遇到再大的困难都要坚持下去。同时，还要想办法拜师学艺，向诸多有造诣的专业人士请教，学习那些书本上学不到的“高招”和“绝活”，并勤于实践。这样，有了正确的目标选择，再加上刻苦努力和正确的方法，才可能克服困难，迅速成长。

二、完成职业适应，顺利进入职业角色

高职毕业生走向社会要持积极的心态面对新的生活，主动迎接新的生活和工作的挑战。要顺利进入职业角色，需要做出以下几方面的努力。

（一）把握高职毕业生走向社会之后的特殊的社会化过程

1. 这个特殊社会化过程的特点和规律

高职生从学校毕业走向社会，从心理上、技能上到举止习惯上都不能一下符合现职现岗

的要求，需要一个适应的过程，这就是一个社会化过程。这个过程的长短因人而异。每个高职毕业生都应掌握这个过程的特点和规律，采取措施，力争缩短这个过程，尽快适应工作需要。这个过程有三个方面的内容：

1）熟悉工作环境，建立新的人际关系。深入了解自己具体岗位的工作内容和要求，自己的上、下归属关系，同事之间的协作配合和本系统的联系等。

2）把自己掌握的理论知识转化为实际的操作技能。学校里的知识是前人实践经验的总结，现在回到实践中怎样具体地去运用，还有一个转化过程。这需要高职毕业生自己在具体操作中去体验和琢磨。

3）进一步学习和提高过程。学校学的知识并不一定完全能照应到自己的具体工作，即使专业对口也仅是方向一致。工作中还会有许多具体生动的没有学过的东西需要重新去学习和掌握。

2．这个特殊社会化过程经历的四个阶段

（1）兴奋期　刚走上岗位，对工作充满好奇、希望和憧憬。好幻想、好问、好动，积极热情。但工作盲目性大，思想上还游离于工作和单位之外。

（2）思考期　即已经进入工作状态，对工作和人事关系已基本把握，已经能把自己摆放进工作和单位中去反思。但工作尚不熟练，工作目标仅停留在应付日常任务完成的层面上。

（3）协调期　即基本熟悉了工作的内容和范围，适应了工作的节奏和要求，开始产生了创造性工作、施展才能的思想意向。积极主动地收集信息，丰富自我。

（4）稳定期　即熟悉了工作，对职业和岗位有了稳定的兴趣和情感，注意建立良好的人际关系。开始着手在工作中积累素材，钻研探索，进行创造性的工作。

这四个阶段在有些人身上表现得明显，在有些人身上表现得并不明显，这个过程应尽量地压缩才好。一般来说，一个综合素质较高的人，对这个过程的实现也会有较高的理性认识，会自觉地缩短这个进程，尽快进入自己的职业角色。

（二）职业适应的主要内容

一个人走上工作岗位，从事某一项职业劳动后，要经过一段时间，对自己任职的岗位才能逐步熟悉起来，最后达到适应和胜任的状态。这期间要经过多方面的适应与磨合，主要包括以下几方面。

1．组织文化的适应

组织文化是当代管理学高度重视的问题。一个人走上职业岗位，就加入了一个组织，要受到组织的约束和指挥，得到组织的引导和塑造。每一个组织都有自己的文化，这种文化的核心是组织的价值观，其表现是组织做事的风格、模式，这大量表现在组织中的人际关系中。人在一个组织中从业，就要被组织“社会化”，即被组织认同、被组织中的成员认同。要想做到个人的行为、需求、个性心理特征与组织文化相适应，就要对自己的行为和思想进行一定的改变，以达到组织的要求和期望、达到组织成员对他（她）的接纳。具体来说，个人要在社会化过程中，学会与人相处，学会如何工作，学会如何进步，这包括一系列的内容。这些内容企业都会适时对初次就业的人进行培训，从业者本人也应该注重这方面内容的学习。

2. 本岗位工作内容与要求的适应

本岗位工作内容与要求的适应，要求从业者以所在工作岗位的职务说明书或岗位职责书为依据，尽快了解和熟悉本岗位的职责、操作规程、工艺流程等要求，了解组织的各项管理制度。掌握本工作岗位的工作技能、本职业所需的业务知识、一定的专业背景知识，使原已掌握的理论知识实践化。对于缺乏的知识应及时地给予针对性的补充。岗位适应最突出的体现，是工作技能的熟练，工作技能因工作岗位的不同有着很大的差异。上述职业适应的要求，可通过自身的学习、模仿和工作单位对于自己的岗前培训、实习安排、工作实践、“师傅”指导、岗位培训、技能训练等途径来达到。

3. 心理的转换与适应

对于青年人来说，第一次进入工作岗位，挣得工资，自食其力，还意味着他（她）真正成为在社会中生存的独立的人。这是人生阶段中彻底完成“心理断乳”的过程。这标志着人的社会角色和心理的巨大转变。人就要从这个职业岗位起步，将之作为职业生涯发展的一个起点。即使是有了一定的职业生涯履历的青年人和成年人，在转换工作、走上另外的工作岗位时，不论是转换职业种类，还是转换职业等级，还是仅仅改变工作单位或是地区的迁移，都有面对新环境、进行心理转换和适应的问题。在这一过程中能否以积极、健康的心态随时调整自己的心理不适应感，尽快融入新的环境，是一个人是否真正成熟的重要标志。

4. 人际关系的适应

在社会生活中，一个人不可能脱离他人而独立存在，总是要与他人建立一定的人际关系。特别是在现代社会中，人际关系已经成为影响人们事业成功的重要因素。良好的人际关系有利于人们建立良好的人际环境。和谐、团结、融洽、友爱的人际关系，能够使人们在工作中互相尊重、互相关心、互相帮助、充满友情和温暖。在这种人际关系环境中工作，人们会感到心情舒畅愉快，促进身心健康。反之，在互相矛盾、猜忌、摩擦、冲突的人际关系中，人们之间疏远和敌对，会感到心理不安、情绪紧张，不但影响工作还影响身心健康。

人际关系是在人际沟通的过程中形成和发展起来的。离开了人与人之间的沟通行为，人际关系就不能建立和发展。一般来说，情商高的人都深谙人际关系的艺术，容易认识人、理解人，适于团队合作，更是良好的事业伙伴，和任何人都能相处愉快，也最容易受到别人的欢迎。

在人们适应了新的职业岗位、组织文化和人际环境，完成了心理转换后，就逐渐成为组织中被同化、被接纳，并与组织建立了心理契约的一个正式成员。一个人在成为正式成员后，在组织中经过一定时间的工作积累，逐步成为组织的资深人物和所从事职业的行家里手。在这样的情况下，就要进一步地求得自身的发展。对于每一个人来说，其发展道路一般都有着纵和横两个方向。随着时间的推进，人在职业工作高度和职业水平高度两个方面都可能有所变化。

（三）如何顺利度过职业适应期

1. 迎接新的磨炼，开始新的生活

1）要持积极的心态面对新的生活。高职生离开学校，进入新的生活，要对适应新的环

境有积极的心理准备，充分认识这个跨越的必要性和重要性，这是成才立业的开端和前提。绝不能自视清高、脱离实际，用挑剔的眼光看待社会和工作单位，而应该以乐观主动的心态投向自己的工作环境和工作岗位。

2）要培养“归属意识”，把自己置于集体之中。这是开展工作以致做出成绩的基础。这就要从主观上努力，把单位作为自己的“家”，热爱它、忠于它，效力于它。要和同事们打成一片，多参加集体活动，多进行思想交流。从思想到行动力争和大家同步。与同事们甘苦与共，风雨同舟，以主人翁的姿态，想集体之所想，急集体之所急。防止出现离群索居、脱离集体的现象。

3）要适时展示自己的才干。这是事业上有所作为的关键。要展现自己的敬业精神和才干，对于自己负责的每一件小事，都应该认真努力完成，走好第一步。同时，对任何工作都不能敷衍应付，要诚实守信、表里如一，“言必信，行必果”，做一个信得过靠得住的人。

4）还要经得起挫折的打击。这是必要的思想准备。高职毕业生走向社会不会是一帆风顺的。对意外的挫折和失败，要有一定的精神准备。不论遇到什么问题，都要首先从自身找原因，不要怨天尤人，诅咒命运；更不要悲观失望，自暴自弃。只要找出原因并采取积极的态度和稳妥的办法加以改进，完全可以摆脱困境。要加强性格锻炼，学会主动与人交往，谦和热情，认真诚恳，让人了解自己，也去洞察别人，以心交换心，以爱换取爱。要积极地从失败中解脱出来。有的人遭受挫折后，会过分自责，从此尽失上进精神。有的人不找主观原因，文过饰非，千方百计推卸责任，为自己开脱，不总结吸取教训，结果会重犯错误。这两种情况都是片面错误的。正确的态度是：受挫后，维持积极的心理状态，实事求是地分析主客观原因，自求心理平衡，吸取教训，丢掉思想包袱，化懊悔悲观为奋发图强，加倍努力地工作，努力再创佳绩，用成功补偿损失。

2. 求真务实，在实践中锻炼成才

高职毕业生步入社会就会发现自己在学校学习的知识与实际工作有相当大的差距，必须持续地在实践中学习、锻炼。高职毕业生仅靠在学校的专业化学习，由于知识结构的不完整性难以在科研、工作上有所突破和建树。知识不等于能力。能力是运用知识从事实际操作和创造的实际本领，并且生产实践中对能力的需要往往比对知识的需要更直接、更迫切。只有把在学校学习的知识转化成工作能力，才能发挥其应有的作用。能力的培育，只有通过勤奋实践，在操作过程中去锻炼和提高。要善于向有经验的老同志学习。高职生只有务实求真，切实从事最直接最基本的实践操作，才能有效地提高实际工作能力。

3. 从基础做起，在平凡的岗位上建功立业

伟大出于平凡，平凡孕育伟大。高大雄伟的丰碑是由一块块普通平凡的砖石垒成的，任何伟大业绩都是从平凡具体的工作做起的。大部分高职毕业生要走到基层去，通过具体平凡的工作，培养能力，磨炼意志，开拓生活，辉煌人生。身在平凡的工作岗位，绝不意味着必然碌碌无为，绝不能不思进取，无所事事，要向往辉煌的事业，要有远大的理想和抱负。千里之行，始于足下。只要不懈地努力，实至而名归，必然会走出一条辉煌的人生之路。

第二节　克服职业挫折，在实践中锻炼成长

一、职业挫折的含义及产生的原因

（一）职业挫折的含义

挫折问题，是心理学研究的重要课题。所谓挫折，是指人们在从事活动方面，由于遇到了障碍而导致需求不能满足、行动不能开展、目标不能实现的失落性情绪状态。

职业挫折，则是人们从事职业活动和个人职业生涯发展方面的需求不能满足、行动受到阻碍、目标未能达到所产生的失落性情绪状态。例如，一个人要谋求某个职位却屡屡不能得到；要想晋升部门经理却一直不能如愿；要想发挥自己的才能却没有条件、无人识才；经过大量努力、做了大量工作，却由于主、客观原因不能达到目标而陷于失败等。

职业挫折对职业生涯有重要影响。近年来，随着心理学和管理学的发展，挫折问题受到人们的重视。

（二）职业挫折产生的原因

职业挫折是人生生涯中相当常见的一种社会现象。我们分析职业挫折，是要使人们理性地认识挫折、正确地应对挫折、降低挫折发生的频率、降低挫折对人的伤害程度。实际上，挫折也会磨炼人、造就人、缔造职业生涯的辉煌。须知，“文王拘而演《周易》；仲尼厄而作《春秋》；屈原放逐，乃赋《离骚》；左丘失明，厥有《国语》；孙子膑脚，《兵法》修列；不韦迁蜀，世传《吕览》……大抵是圣贤发愤之所为作也。”

职业挫折产生的原因主要包括以下几种：

1. 因人职不匹配导致的职业挫折

如果职业岗位对人的素质要求与从业者个人能力和人格不相匹配，工作不能干好，自然会使人产生挫折感。一个人处在工作难度很大，自己无法完成任务，与别人相比相形见绌的情况下，当然更会产生“自己无能”的挫折感。

2. 因才能不能发挥导致的职业挫折

当一个组织在对人的工作安排上大材小用，浪费了人才，个人觉得不能发挥专长时，会产生“被埋没”的挫折感。特别是领导者用人不公正，个人能力不能够得到发挥时，这种基于价值判断的挫折感不仅会大大加强，而且会进一步造成受挫者和组织离心离德。

3. 因组织本身的问题导致的职业挫折

在组织机构的设置及其运行中，不可避免地会存在一定的问题。其中，有的问题会影响人的工作，如：上级领导不民主，监督和控制过分严厉以致对员工进行惩罚；在组织中个人没有发表意见的机会，使员工失去主人翁的感觉；组织运行机制不健全和领导者不公正，导致劳动报酬不合理，提薪、晋级、升职不公平，员工的辛劳和贡献得不到承认；员工被当作“劳动力”，在工作中无法获得信任和尊重，发挥自身的才能与潜能方面的需要不能得到满

足。这些组织方面的问题，都会使成员产生挫折感。

4．因人际关系不佳导致的职业挫折

组织是由人构成的，在组织之中会存在一定的人际关系问题。诸如，上下级之间缺乏有效沟通；上级对下级不信任、不尊重；组织成员间关系紧张，互相猜疑、嫉妒，人与人之间不能做到心理相容等。这会使组织成员的友爱、互助、合作需要得不到满足，从而使人产生职业生活的挫折感。

5．因其他因素导致的职业挫折

工作的非人性化（如工作过于单调）、单位的工作时间安排不当、工作量过大等非正常压力，以及职业的社会评价不佳等，都可能造成人的工作不顺利和工作成果得不到承认，进而导致职业挫折感。

二、职业挫折的反应与影响

人遇到挫折以后，会有一定的反应，并会对自己以至他人造成一定的影响。具体来说，职业挫折的反应与影响有以下几个方面：

1．攻击行为

人遇到挫折的时候，自然会产生不满的情绪。当这种情绪发展到“愤怒”和难以控制的地步，就可能对阻碍满足自己需要的障碍做出反抗，形成攻击行为。

人的攻击行为可以分为直接攻击与转向攻击两种。直接攻击是把攻击矛头指向造成其挫折的人或物；转向攻击是遇到挫折的个人把攻击的矛头发生转移，指向与挫折原因无关的目标，如夫妻吵架后第二天上班却向同事发火。造成个人转向攻击的情境有三种：

1）由于造成自己挫折的对象所处地位、角色等因素的影响，或者受挫者出于利益和道德等方面的考虑，不能直接攻击、不能把愤怒的情绪直接发泄到对象身上，于是“迁怒于他人”。

2）造成自己挫折的原因不清，对象不明。例如，有流言蜚语损害了个人声誉，但自己又不知道流言蜚语的制造者是谁，这时就可能“乱发邪火”。

3）当受到挫折的人感到无能为力，不敢面对现实时，也可能把攻击的矛头指向自己。例如，一些人在遭受挫折后进行严厉地自责、自虐甚至自杀。

人在职业活动以至职业生涯方面受到挫折时，会有着不同的攻击行为。“迁怒于人”和“自我攻击”显然不是好的对策；对于工作、事业和职业生涯本身的目标和手段进行攻击（包括直接攻击和间接攻击），才是人们应当采取的正确态度。有的人从事某项工作失败了，虽失败但不泄气，转而采取别的措施和方法，对完成这项工作目标做进一步努力。

2．目标转换

有的人在一项事业上遇到障碍时，会转而攻击其他的目标。在这种情况下，比较好的选择是，具体目标虽然变化，但不离开大目标、另起炉灶，所选择的攻击目标与原攻击目标有一定的联系。例如，一个人做服装生意亏损了，转而搞食品批发，或饭店经营，而不是去开矿。这可以把以前商业经营的渠道、方法、技能等迁移过来，以减少职业生涯发展过程中不必要的时间耗费。

3. 冷漠态度

冷漠是指个人受到挫折后不以愤怒和攻击的形式表现，而是采取一种无动于衷的冷淡态度。实际上，挫折者绝不是没有心理上的不满和愤怒情绪，而只是将这种情绪反应暂时压抑，在外部行为上表现出对造成自己的挫折沉默冷淡的样子。当一个人在职业中受到挫折又无法脱离这种工作时，往往会产生冷漠的反应，其结果是对工作丧失热情，以至于消极怠工。

4. 行为退化

行为退化是指人在遭受挫折后，做出与其年龄不相称的幼稚行为。其行为表现似乎又回复到儿童时期的习惯与行为方式。例如，有的人在遭受挫折后大哭大闹、撒泼打滚；有的人在遭受挫折后盲目地追随和相信别人。从职业生涯的角度看，一个人受到挫折，也可能会出现行为退化，从一定层次的职业阶梯位置下行，去从事那些相对简单、低级的工作，而不能使职业维持和前进。

5. 固执反应

固执反应是指人受到挫折以后，执意地重复某些已经失败了的行动。在大多数情况下，这些挫折、失败后的重复性活动是没有效果的，是在做无用功。一般来说，人遭受职业挫折以后，应当进行反思，要对自己所从事活动的目标、方法进行必要的调整，而不能完全沿袭过去的行为，以致遭受重复性的失败。但有时执着也能够带来新的生路，这往往是在工作和生涯的大目标并没有发生错误的情况下，执着给人带来（实际上是等来了）了外界或组织内部的机遇。

人在受到挫折时，也可能会主动或被动地进行抵抗，进而生成对挫折的承受能力。正如一个人感冒发烧后，会形成对某种病菌的抵抗力。这种对挫折的抵抗力，被人们称为“挫折商”。所谓挫折商，就是个人在遭受挫折的时候能否经得起打击、失败的心理品质。一个人在职业生活中，在事业发展中遇到挫折，是不可避免的。有的人历尽艰险，屡遭挫折，仍然坚韧不拔、百折不挠，这意味着他们的挫折商很高；有的人稍遇坎坷就一蹶不振、消极颓废，这反映了他们的挫折商很低。由于挫折商的水平不同，人们对于同样的挫折，会有不同的心理和行为反应。例如，同为高考失利，有的人痛苦万分，感到前途无望、无地自容，甚至轻生；有的人则心怀坦荡，不太在乎，一笑了之，所想的是“这一年如何创造条件，大幅度提高学习水平，下一次如何取得好成绩”。应该指出，如果遇挫折就悲观失望，长时间陷入痛苦，不但对工作不利、对事业不利，对自己今后生涯的合理设计、正确选择不利，而且对自己的身心健康也不利。因此，达到比较高的抗挫折水平，对于个人有效地适应职业环境、维持正常的心理和行为是非常重要的，也是抵抗生涯道路上遭遇困难所不可缺少的。

三、消除与克服职业挫折的方法

（一）提高对挫折的认识，增强自信心

人们从事工作、学习、研究、创造活动，都是在一定的自然环境、社会环境、人文环境

和组织环境中进行的。保持这些活动的顺利，当然是人们的共同愿望，但维持职业生涯永远一帆风顺而不出现挫折，只是脱离实际的幻想。要知道，人们所设定生涯目标的实现过程，会受到种种条件的限制，不可能毫无阻碍地完全实现。因此，应当对挫折有充分的心理准备，以达观、坦然的态度对待挫折，这样，在遇到挫折时就不至于过分激动和苦恼，而是保持冷静的态度，比较理智地分析造成挫折的原因，根据自身职业发展的各种条件，采取相应的对策。

爱迪生发明电灯就是经历无数次失败才告成功的。在 1878 年，爱迪生对外宣布，他将在数周内发明一种切实可行的小电灯。消息一经传出，汽油价格普遍暴跌，爱迪生很快就筹集了资金组建了“爱迪生电灯公司”。电灯能否持续发光的关键在于灯丝的材料是否经得起燃烧。他实验了无数种材料均告失败，曾用白金作为材料，制作的灯丝只烧了几秒钟就烧坏了。最后在 1879 年 10 月，爱迪生与其助手制作了炭化灯丝真空灯泡，连续点燃了 40 多个小时，总算获得成功。

人的一生挫折是不可避免的，但是面对挫折，应该采取什么样的行为是很重要的。如果认识到挫折与失败是人生发展的必然，坚定信念，树立较高的自信心，就能迎着挫折上，通过做出成绩来平衡自己的心态。美国的海伦·凯勒，在年幼时的一场大病中双目失明，两耳失聪，她用动物生存的本能逐渐适应生活来延续生命。作为海伦的老师安妮下决心要改变这一切，在随后的日子里，安妮通过海伦唯一的能够辨认真实感觉的触觉来开启她的大脑。连续好几个星期安妮压住海伦的手画着各种符号，想通过这种方式来教海伦拼写单词。但这对她没有任何意义，安妮甚至绝望了，但她更加严格地要求她的这位特殊学生。海伦回忆说：“当我犯错误的时候，她都要把我放到床上以示惩罚。”在安妮一遍一遍地教导和训练下，终于有一次，海伦知觉出水与安妮在自己手中所画的符号有关。海伦回忆道：“我简直入迷了，那是我患病以来的第一次欣喜。”

对于一个身心健康的人来说，克服、超越人生实践中必然遇到的各种艰难险阻，已非易事，还需毕其一生心血方可成功。那么对于一个又聋又盲的孩子来说，为了生存而付出的酸甜苦辣，是一个正常人难以想象的。后来海伦成功了，考上了美国著名的哈佛大学。海伦成为她那个时代的英雄，安妮和海伦的经历创造了一个美国奇迹，成为战胜困难处境的力量的象征。中国的张海迪下身瘫痪，靠坚定的信念和自信心，不但读完了大学，还获得了硕士学位，并成为一名作家。这些都充分说明挫折、苦难确实是人生最好的大学。

（二）查找造成挫折的原因

造成挫折的原因多种多样，因此，对具体问题一定要做具体分析，寻找原因，找到适合自己的解决办法。在此，列举一些主要原因和对策。

1. 个人的水平问题

如果一个人感觉到从事某项工作力不从心甚至有很大困难，而同事遇到相同的情境却能轻松应对，这就说明自己存在着专业水平、技能水平低于职业岗位要求的能力素质问题。有这种问题的人为数不少，甚至有些高学历者也存在这个问题。这时，就不得不重新“充电”，接受培训，以使自己扭转颓势。在学习内容的选择方面，可根据实际需要和客观条件，参加一些培训班。如果这样做困难较大、难以兼顾，也可以考虑放弃现在的岗位，脱产学习，集中精力完成学业，再图发展。显然，后者所付出的时间成本会很大。

2. 不熟悉工作的问题

与上述情况有所区别的是，一个人的基本素质较好，能够胜任职业岗位，只是在实际工作中不能很好地应用理论知识，尚需一个“磨合期”。这种挫折显然是比较小的挫折，是职业生涯很正常的挫折。这里把它作为挫折加以分析，有益于人们重视这一问题，恰当地解决这一问题。当一个人处在“不熟悉工作”的情况时，需要在职业岗位上多加锻炼，从实践中学习，要多听、多看、多问其他人是怎么做的，从中吸取宝贵的职业技能经验以及职业生涯发展的经验。

3. 组织环境不好的问题

如果一个人不适应组织的文化，与同事不能和谐相处甚至难以相容时，或者有能力而在单位中被压制，特别是一个单位存在着严重的不公平、领导对自己有成见从而对自己的发展产生影响时，就需要考虑“树挪死、人挪活”的办法，在适当的时候考虑去一个更能发挥自己特长或者自己更加喜欢的工作环境。

4. 职业选择失误的问题

如果一个人在职业生涯一开始时就选择失误，在工作实践中已经发现这个职业根本不可能做好，就应该马上了断，重新选择职业，以尽快找到适合自己的岗位，让自己轻松、愉快地工作。如果一个人的职业生涯道路已经走了比较长时，事情就不那么容易了。这时是在从事着一种“非零决策”，即已有一定基础和负担，而不是完全自由的决策。

再次选择职业生涯的时候，应当根据个人的条件、组织与自己的相容性和社会能够给予自己的机会，进行“维持”和“离开”两种方向的成本、收益分析比较，再做出决策。如果选择“离开”的道路，则要进行慎重和严密的考虑，应当在进行类似“可行性研究”的分析以后再做出决策。

除了以上几种原因，还有一些其他原因。在分析职业挫折原因问题时，要对主观、客观的各方面情况进行认真考虑，以找到最有效的解决办法。

（三）提高挫折商，充分认识到挫折对人生发展的积极意义

提高挫折商是应付挫折的根本措施，是职业生涯成功的重要条件。思想成熟、有修养的人往往具有很高的挫折商，他们无论在遇到什么样的挫折时，都能保持乐观向上的情绪。通过陶冶情操、宽阔胸怀、加强修养、培养意志等方式，提高挫折商水平。据有关专家研究，挫折商的水平主要是在人的早年活动受挫时受到权威人物（父母、老师等）反复评价的作用下形成的，如果权威人物以体谅或鼓励为主，挫折商就高；如果权威人物一再斥责或打击，挫折商就低。当然，在人们成年以后，挫折商仍然可能通过教育、训练等途径加以改善。人的职业生涯际遇和挫折商水平之间，也有着一定的互动关系。要努力通过各种办法提高挫折商，这样在生涯遭遇挫折时就比较坚强，这又进一步强化了人的高挫折商，从而改善自己的职业生涯。

“失败是成功之母”，但是在经历失败的时候，许许多多的人并没有很好地正视它。世界上凡是成功者都对失败和挫折有着非常深刻的体会。以制造摩托车而闻名于世的本田宗一

郎对于他的成功做了以下说明："我的一生99%都是失败。"他把99%的失败当作养分，来换取1%的成功。这就更进一步说明，只有能够利用失败的人，才能获得成功。

一个人如果在生活、工作过程中出现了失败和挫折，说明偏离了生活方向，需要重新回到正确的轨道上来。如果想干一件新的工作，就必须做好失败的准备，如果害怕失败，就不可能获得成功。我们要把失败看成自己成功的一个重要的组成部分。乔叟说："失败不是害怕的理由，而是新鲜的刺激。"本田宗一郎说："我现在的成功完全是从过去失败中获得的，我的工作就是全部失败的连续。"重要的工作就是回忆、品味过去的失败和挫折曾经带来的美味佳肴，如果一生只是平平淡淡，一路总是悠悠荡荡，在生命的尽头，则只会哀叹简单和寡味。有生之年要多去做事，因为经历是用金钱买不到的。没有经历就没有失败与挫折的记忆，到了暮年，恐怕连可回忆的往事都没有。失败与挫折的经历是人一生中最宝贵的财富，它装点着多彩的人生之路。有人说："没有经历过失败和挫折的洗礼，就不是真正完整的人生。"日本的"经营之神"松下幸之助将创建世界大型企业成功的秘诀归纳为三点："一是出身贫寒，二是学历低下，三是体弱多病。"无论是谁都会认为这是三个极为不利的条件，把它们当作成功的秘诀，当然出乎人们的意料。松下幸之助只读到四年级就辍学了，比起同时代的人，他的学历是最低的，但是他拼命地学习。他体弱多病，经常卧床不起，但他担心自己一事无成，为人所鄙夷，便经常抱病参加工作，并下决心实行了企业部制（经营方法：按产品不同、地区不同，给予下属从生产到销售的全权）。这正是松下公司能够大幅度飞跃的基石。

在人的一生中，谁都难免遭受失败和挫折。关键在于是否能够不畏失败和挫折并能克服困难，这样的人才是真正的伟人。只有这样的人才能把不利因素变为有利因素，渡过难关获得盼望已久的成功。

（四）在实践中不断增强对挫折的免疫能力

实践证明，一个人的成功并不取决于他的天赋及已有的地位、财富，最关键的还是取决于他是否能不断地战胜自我。只有战胜自我的自卑情绪，战胜自我的自私心理，战胜自我冲动和动物性的本能，战胜自我认识上的狭隘性和片面性，战胜自我思维上的混乱性，战胜自我惰性和守旧性，战胜自我实践上的盲目性和随意性等才能成为强者。

要增强对挫折的免疫力，必须做到：

1. 加强学习，注重知识积累与能力的培养

多读一些关于成功者的经验及教训的书籍和文章，分析一些自卑者如何发奋图强的实例。对一些自己需要掌握而没有掌握的知识，要踏踏实实地去学习和训练，锤炼素质与能力。要多去寻找一些难办的事情去做，出现困难的时候，锻炼自己克服困难的勇气，寻找克服困难的技巧和方法。一个人事业的目标不同，所积累的知识和能力也会有所不同。社会是复杂的，职业门类也是千差万别的，各行各业都有自己所必需的知识与能力要求，而且在同一行业，其发展水平也有高、中、低之分。追求哪个层次，就必须有与之相应的知识结构为基础，这样才能达到预期的目标。在人们生存和发展过程中，能够产生力量的不是知识也不是智力，而是由它们转化而来的能力，只有能力才能使人们在社会上和事业上应付自如。一个人应具备的能力很多，如语言表达能力、当众说话能力、数理逻辑能力、社会交际能力、

分析问题和解决问题的能力、观察分析能力等，还应包括情商方面的知识和能力，所以要提高情绪控制的能力、认知自己的能力、感知他人的能力、理解他人和与他人合作共事的能力、良好的人际沟通能力等。综合素质的提高，会为我们抵抗挫折奠定坚实的基础。

2. 打造精神和毅力

世界著名的发明家爱迪生说过，一个信念产生的力量，可能超过一个世纪以来的所有人、动物和机械动力所产生的力量之和。欲拒挫折和失败于千里之外，就应该培养精神和信念，并以此来打造坚不可摧的毅力。人的潜力有巨大的发挥空间，只要用坚韧的毅力去发掘。有这样一个故事：在一次车祸中，丈夫被压在车轮下，娇小的妻子在千钧一发之际，居然抬高了车轮，把丈夫救了出来！人在困难的时候应该把自己推向耐力极限和延伸极限。很多人的实践证明，毅力不但维持着人的精神，而且会成就人的事业，甚至铸造生命。

3. 做自己力所能及的事情

有些人往往不能正确地评价自己，或对自己评价过高，或过于自卑，没有自信。前者表现为过分夸大自己的优点、成绩和长处，过高地评价自己在社会上的地位和作用，换句话说，就是狂妄自大。这实际上是没有正确认识个人与社会之间的关系。现代社会，个人是不能脱离社会而存在和发展的，离开了社会这个根本的依托，个人的发展就失去了基本的存在条件，个人的价值就无从体现。况且很多事情不是靠一个人就能做好的，而是需要很多人合作共事才能成功。所以，狂妄自大的人很难取得事业的成功。而过于自卑的人则过分地“看重”自己的缺点、问题和短处，过分“留恋”于往日失败带给自己的痛楚，此时会自觉或不自觉地对自己进行错误的保护，设低标准、增加目标的可行性，这看起来好像是在避免挫折的发生，但是实际上是在增加另一种挫折的发生率。

人贵有自知之明，每个人都要努力做到正确地认识自己，把握自己，实实在在地评估自己，选择一份自己力所能及的工作。在工作中不断地磨炼自己，使自己在素质和能力不断进步的情况下，从事更高一层的工作，最终工作会得心应手，取得好成绩。

总之，在人的生存和发展的过程中挫折是不可避免的，关键在于如何去正确地对待它。聪明的人会在挫折中获得经验，不断总结自己，为以后的发展寻找新的亮点，激励自己增加动力把事情做得更好；糊涂的人不是把挫折视为过去，振奋自己，而是怨天怨地怨命运，就是不内省自己，这样只会让挫败感越来越强烈。只有很好地认识挫折，提高对挫折的承受力，并找出克服挫折的具体办法，才能一步一个脚印地走向成功。

（五）消除与克服心理挫折的几种方法

一个人，不管跌倒多少次，若选择的是爬起来，就不会被击垮。遇到失败或挫折，身处逆境，总会产生不愉快的情绪体验。过重的精神压力、长期的情绪困扰，则会损坏身心健康。因而，必须提高对失败的心理承受能力和摆脱能力，学会如何应对失败和挫折。以下介绍几种消除挫折给人们带来痛苦的方法。

1. 自我安慰法

当自己的要求得不到满足时，不再说自己求而不得的是什么东西，不再强调它有什么好处，需强调自己已经得到的东西的好处，借此来减轻和消除内心的失望和痛苦。就像《伊索寓言》中所讲的故事一样："有只狐狸原来想找一些可口的食物，但无奈的是总是找不着，最后只找到一个酸柠檬。这实在是一件不得已的事情，但狐狸却喃喃自语：'这种柠檬是甜的，正是我想吃的。'"这种方法的特点在于淡化原先设定的目标与结果，夸大既得利益的好处，缩小与否定它的不足之处，以减轻达不到既定目标的失望情绪。当出现挫折后，心情非常紧张的时候，首先要放松自己的心情，自己安慰自己。

正视失败与挫折，是非常重要的，也是克服失败和挫折的第一步。心理本身就有一种补偿功能，当面对失败和挫折时，心理会出现暂时的不平衡，如果正视它们，就会很快使心理趋向平衡。面对失败和挫折要积极向上，在心理和行为上都表现出强的姿态，什么困难都不在话下。

为什么一些身体有缺陷的人却能够获得巨大的成功呢？像亚历山大、拿破仑，因为生来矮小，而立志在军事上获得辉煌成就；像苏格拉底、伏尔泰因为自惭形秽，而在思想上狠下功夫，结果成为世界著名的哲学家。他们成功的共同点就是不为眼前的挫折所羁绊，通过补偿机制，最后发展成为社会活动能力卓越、性格十分坚强有力的人物。

2. 自我宣泄法

所谓自我宣泄是指将挫折所产生的能量通过自身的一些活动及时地发泄出来，促使心理得到平衡，情绪得到稳定的方法。

当人们遭受挫折时，会承受很大的精神压力，产生一定的情绪反应，呈现紧张状态，激发身体内部神经系统和生理器官的活动，引起一系列的生理变化，产生能量。如果体内激增的能量得不到及时的发泄，便会危害身体，消磨意志。例如，遇到生气的事暴跳如雷、大吵大闹；遇到伤心的事泪如雨下，大伤大悲，这些都是为了使激发出来的能量得到释放。

自我宣泄的方式主要有：

（1）倾诉　倾诉是用语言向他人表述宣泄的方法，即在遇到失败和挫折的打击后，找自己的好朋友尽情诉说出来以调整自己的心理状态。值得注意的是，倾诉完后，就要逐渐把挫折从记忆中抹去，否则就会像鲁迅笔下的祥林嫂一样：儿子被狼刁了去后，她逢人就说，开始别人还有些同情，说得多了人们就烦了。对朋友倾诉是常用的宣泄方法，对于促使心理平衡有较好的作用。

（2）情绪转移　通过娱乐和一些比较激烈的运动进行宣泄。例如，看电影、唱歌、看戏、看小说、听音乐、看画展、打球、跑步等，人的激情会被台词、主人翁的喜怒哀乐所感染，或把体内激发出来的能量转移到运动中去，使得紧张的情绪得以减缓。

（3）写信　把受挫折的情感通过写信的方式加以宣泄。林肯往往是这样做的，当他对他的部下不满时，就写信来发泄自己的不满，但是从来不把信寄出去以免伤害别人。一般来讲，当愤怒时，把一切都写在信里，第二天就没有那么愤怒了。

（4）痛哭　如果一些情绪聚集久了大哭一场，不但可以减轻情绪上的压力，还能够减轻身体上的压力。

3. 灵活权变法

在完成目标的过程中，可能由于各个方面的原因，原来的目标逐渐地不再适合于自己的兴趣和理想。当社会大环境或生活的小环境发生改变以后，若仍按原计划施行，势必要受到环境的限制和阻碍。

历史上有这样一个小故事应该引起人们的思考：

鲁国姓施的一家有两个儿子，一个爱好学问，一个爱好兵法。爱好学问的那个儿子用仁义的道理去游说齐国国王，结果齐王接纳了他并让他担任众公子的老师。爱好兵法的那个儿子用兵法去游说楚王，楚王很高兴，遂任命他为军师。这两个儿子的俸禄使他们一贫如洗的家变得富有，这两个儿子的官位让他们的亲戚感到荣耀。

施家的邻居姓孟，也有两个儿子，他们的专长也跟施家的两个儿子一样，一个爱好文学，一个爱好兵法。孟家苦于贫穷，非常羡慕施家的富有，于是前来施家请教致富之道。施家的儿子据实告诉了他们。几年后，孟家的这个儿子到了秦国，以仁义的道理游说秦王。秦王说："当前诸侯征战激烈，迫切需要的不外是练兵与筹饷。若以仁义来治理我国，则是自取灭亡。"于是，秦王对他施以宫刑，然后才释放了他。孟家的另一个儿子，前往卫国，以兵法游说卫国的国君。卫王说："我们是个很脆弱的国家，而且目前正夹在大国之间，对于大国，我们要服从它们；对于小国，我们要安抚它们；这是我们求得平安的方法。倘若依靠兵力，那么我们很快会亡国。如果让你全身而退，再到别国去游说，那对我国可能造成的祸害不轻啊！"于是卫王命人砍掉了他的双脚，才把他放回鲁国。

孟家的两个儿子回到鲁国后，他们父子向施家抱怨。施氏说：识时务者为俊杰。时务就是现实形势，做事情顺应形势，则容易成功；不顺应形势，或违背现实，必然要遭受损失。你的儿子跟我的儿子学问一样，但建功立业却不同，原因是现在的形势变了，而你的儿子还"东施效颦"，按照原来的老目标发展，不懂得见机行事，不懂得权变，当然要碰壁失败了。

4. 心理丰富法

在人们生存和发展的过程中，存在大量的心理贫困现象。例如，一些人不知道自己要做什么；一些人想做点什么又不知道从哪里下手；一些人不知道自己想要什么，或是满足现状，苟且偷生，缺乏美好梦想和期望；一些人不懂得方法，没有信心，不能够把梦想、期望化为强烈的欲望动力。我们把这一类型的人称为心理贫困的人。

另一类型的人是心理苍白的人，即好像什么都无所谓，没有什么欲望和追求，但却感到挫折，这种人是最令人棘手的。什么都无所谓，其实就是什么都有所谓。正是有了太多的有所谓，而自己没有能力去正确地做出取舍，所以，麻木之中对什么就都无所谓了。

心理贫困和心理苍白的主要原因在于人的积极性没有得到充分的发挥。人的积极性没有发挥的原因也很多，政府的某些错误政策，如平均主义、高压政策等剥夺和扼杀了人的致富欲望。领导者的不称职，以及错误的领导方法，阻碍了人的潜力的发挥。长期受到压制所产生的压抑感等，都可能造成心理贫困和心理苍白。

心理的丰富来自于对自卑的超越。自卑作为一种心理状态，人人或多或少都有一些。轻微的自卑心理容易超越，它能够很容易地升华为人的一种良好的品格：谦虚谨慎，不骄不躁，从而转化成为一种进取的动力。自卑心理比较重的人，一是消极认命，让自卑的感觉化为现实，承认自己不如别人，相信自己没有能力，因而放弃个人的努力和奋斗，听任命运安排。二是自暴自弃，转而走向侵犯别人、危害社会的犯罪道路。这种与他人为敌的反社会行为，必将带来更大的失败。三是奋发图强，超越自卑。承认自卑的感觉，但绝不让自卑这种感觉变成控制自己的事实。把自卑的弱点转化为奋斗的力量，去拼搏，一旦有几个成功的记录，则自卑会很快被超越，这样自信就会建立起来。持这种态度的人，不管原来多么自卑，必将赢得成功。从自卑中走出来的世界名人很多。例如，法国伟大的思想家卢梭，曾为自己出身孤儿，从小流落街头自卑；法国第一帝国皇帝拿破仑曾为自己的身材矮小和家庭贫困而自卑；日本著名的企业家松下幸之助，4 岁家败，9 岁辍学谋生，11 岁亡父，自卑成为他一生奋斗的动力。

最典型的是诺贝尔化学奖的获得者，法国科学家维克多·格林尼亚，他是从另一种自卑走向成功的。格林尼亚出身于富翁之家，从小过着优裕的生活，养成了游手好闲、摆阔逞能、盛气凌人、生活放荡的恶习。21 岁的时候，一直春风得意的他在一次舞会上，对一位从巴黎来的美貌女伯爵一见倾心，他像见了其他女人一样追上前去，但却得到一句冷冰冰的话："……请站远一点，我最讨厌被花花公子挡住视线。"女伯爵的冷漠讥讽，第一次使他在众人面前羞愧难当。突然间，他发现自己是那样渺小，那样被人厌弃，一种油然而生的自卑感使他感到无地自容。他忍耻离开了家，只身一人来到里昂，在那里隐姓埋名发奋求学。进入里昂大学插班就读，并断绝一切社会活动，整天泡在图书馆和实验室里。这样的钻研精神使他赢得了有机化学权威菲利浦·巴尔教授的器重。经过名师的指点和自己长期的努力，他发明了"格氏试剂"，发表了200 多篇论文，被瑞典皇家科学院授予1912 年度诺贝尔化学奖。

美国学者詹姆士研究表明："普通人只发展了他蕴藏潜力的1/10，与应当取得的成就相比，我们不过是半醒着的，我们只是利用了我们身心资源的很小一部分……"这就是说隐藏在人体的潜能很大，只要相信自己并不断努力，你的内在潜力就一定能够挖掘出来，就能丰富自己的心灵。要想成功就必须正确地评价自己，千万别认为自己无能，一定要相信自己什么事都可能做好。

关键术语

职业适应　职业挫折　挫折商

案例评析

一个名叫查尔斯·兰博的美国人在东印度从事文书工作，这是一种十分单调乏味的工作。干久了，兰博从心里对这份工作感到厌倦，因而当他终于从这种无聊的工作中解脱出来的时候，他感到无比高兴和快乐，他从心底里感到自己是天底下最幸福的人。兰博在给一位朋友的信中这样说道："十余年时间的无聊工作就赚了这万把英镑，这太不值了。"而在给他的另一位朋友的信中写道："我几乎不能静下心来给你写一封信，我自由了，我终于自由了。我将自由自在地度过剩下的五十年……可以肯定地讲，一个人最痛快、最幸福的日子就是什么也不干。其次，也许是干一些比较好的工作。"就这样，漫长的两年终于过去了，兰博确实享受到了一份清闲的福气，但是他的心情却也发生了根本性的变化。他现在才发现原来单调乏味的公务上的工作——"由别人指定的一连串的重复工作"——原来一直是最适合自己的，可是他却一直没有认识到。时光以前是他的朋友，而今却成了他的敌人。后来，他在给朋友的信中写道："我真的相信，没有工作比过度劳累更坏，一个人一旦没有工作，他的心就会折磨自己——这是一种最不利于健康的食物。我几乎对什么东西都失去了兴趣……天堂的雨水也从来不会倾泻在无所事事者的头上。我唯一能够做的，也是我做得最多的就是周而复始的散步。我真是一个时间的杀手，神的启示也与我无缘了。"

【评析与思考】从事一定的职业对人的幸福和快乐是非常必要的。人一旦离开一定的职业就会变得百无聊赖、无精打采，身体也会莫名其妙地垮下来。法国著名画家格勒兹指出："劳动——从事各种有益的职业——乃是打开幸福大门的钥匙。"无数著名人物的亲身经历都证明了这是一个真理。工作本来就是生活的重要内容，固定的工作不仅有益于身体健康，而且对修身养性也是十分有益的。一个人一旦离开了劳动、离开了职业，也就远离了幸福。

你认为职业在一个人的一生中应占有什么样的地位才能使人生更完美？

思考与练习

1. 10 天前的一件辛酸事你仍历历在目，今天想起来仍是气愤万分。你是愿意天天把它从记忆中挖出来品味一番，还是愿意刻意不去想这一切，尽力避免让它在脑海中重新出现？

2. 你感觉自己对时间的支配能力如何？在一定的时间内，你的工作效率如何？普通一天中的 24 小时，你是如何度过的？最令你难受的时刻是出现在最为繁忙的一天，还是出现在最为轻松的一天？

3. 你与身边的人的关系怎么样？在你遭遇挫折和失败时，是更愿意自己独自承受这份苦恼，还是愿意与他们"分享"？

4. 在那些许多方面都比你强的人面前，你自卑吗？你是否加以克服？是如何做的？

5. 用一年的时间吹牛和说大话夸耀自己有本事，不如用一天的时间去做件实事来证明自己的本事。为拒失败与挫折于千里之外，你该怎么去做呢？

6. 虽然有危机感，知道着急，但行动上却干什么都不能安下心，有始无终，这就叫浮躁；干什么事情不是雷厉风行，总是今天推到明天，不了了之，这就叫拖拉；明知道自己的一些坏毛病，却一犯再犯，多年依旧，这就叫作积习。你有没有这三种毛病呢？

下篇

法律基础

第六章　领会法律原理　理解法律体系

概要及学习要点

大学生既要具备良好的思想道德素质，也要具备良好的法律素质。在培养和提高法律素质的过程中，既需要从一般原理的角度，了解法律的概念、特征与历史发展等方面知识，领会社会主义法律原理，也需要从整体上把握中国特色社会主义法律体系，不断增强维护法律尊严的自觉性和责任感，为树立法治意识打下基础。

第一节　法律的概念、特征及其历史发展

一、法律的词源

据我国第一部文字工具书《说文解字》的记载，汉语中的“法”的古体是“灋”。“灋，刑也，平之如水，从水；廌，所以触不直者去之，从去。”从水，取其平，即法平如水，也就是公平的意思。在西方不少民族的语言中，“法”的词义，也都兼有“公平”“正义”的含义。《尚书》也有类似的记载。“平之如水，从水”，表明法不仅象征公平，而且含有“裁判”的功能，置罪者于水上，随流漂去，又有驱逐之意。

在古代文献中，“法”除与“刑”通用外，也往往与“律”通用。据《尔雅·释站》记载，在秦汉时期，“法”与“律”二字已同义，都有常规、均布、划一的意思。《唐律疏议》更明确指出：“法亦律也，故谓之为律。”“法律”作为独立合成词，在古代文献中偶尔出现过，主要是近现代的用法。清末以来，“法”与“律”是并用的。

在现代汉语中，“法律”一词有广义和狭义两种用法。就广义而言，是由国家按照统治阶级的利益和意志制定或认可，并由国家强制力保证其实施的行为规范的总和。它包括宪法、法律、法令、行政法规、条例、规章、习惯法等各种成文法和不成文法。狭义法律仅指全国人民代表大会及其常务委员会制定的法律。在一般情况下，仍根据约定俗成的原则，把所有的法统称为法律。

二、法律的一般含义

法律不是从来就有的，是随着私有制、阶级和国家的出现而逐步产生的。从法律发展史来看，法律是一种复杂的社会历史现象。只有透过各种法律现象，把握其本质，才能深刻揭示法律的一般含义。

法律是由国家制定或认可并保证实施的行为规范。国家制定或认可是国家创制法律的两

种形式。国家制定法律是指国家的立法机关，依照一定的立法程序直接创制法律。在我国，国家的立法机关是全国人民代表大会及其常务委员会，它们须按法定程序，依据宪法，创制国家的刑法、民法通则、教育法等法律。国家认可法律，是指国家的立法机关，依据实际需要，对社会已存在的风俗习惯、道德规则、宗教教规等加以确认。例如，新中国建国初期，婚姻法有关结婚年龄的规定，即女18周岁，男20周岁，就是依当时的实际情况和人们的习惯予以确认的。以上两种形式，一般都是以文字形式出现的，即成文法。在法制发展过程中，也有不成文法。规定权利和义务是法律行为规则的一个重要特点。

法律是靠国家强制力保证实施的行为规范。法律具有国家强制性。这种强制性，既表现为国家对违法行为的否定和制裁，也表现为国家对合法行为的肯定和保护。国家强制力主要是指军队、警察、法庭、监狱等，国家中出现的违法犯罪分子，需要国家强制力予以制裁。只有以国家强制力为后盾，才能确保人们享有法定权利，履行法定义务。国家强制力不是保证法律实施的唯一力量，法律意识、道德观念、纪律观念等也在保证法律实施的过程中发挥着重要作用。

法律是统治阶级意志的体现。在阶级社会里，法律是统治阶级意志的体现。首先，法律所体现的是统治阶级的阶级意志，即统治阶级的整体意志，而不是个别统治者的意志，也不是统治者个人意志的简单相加。其次，法律所体现的统治阶级意志，并不是统治阶级意志的全部，而仅仅是上升为国家意志的那部分意志。统治阶级意志还体现在国家政策、统治阶级的道德、最高统治者的言论等形式之中。

法律是由社会物质生活条件决定的。法律不是凭空产生的，而是产生于社会物质生活条件基础之上。社会物质生活条件是指与人类生存相关的物质资料的生产方式、地理环境和人口等。在阶级社会中，有什么样的生产关系，就有什么样性质和内容的法律。同样，生产力的发展水平也制约着法律的发展程度。

总之，法律是由国家制定或认可并依靠国家强制力保证实施的，反映由特定物质生活条件所决定的统治阶级意志，规定权利和义务，以确认、保护和发展有利于统治阶级的社会关系和社会秩序为目的的行为规范体系。

三、法律的特征

1. 法律是一种概括、普遍、严谨的行为规范

法律首先是指一种行为规范，所以规范性就是它的首要特性。规范性是指法律为人们的行为提供模式、标准、样式和方向。法律同时还具有概括性，它是人们从大量实际、具体的行为中高度抽象出来的一种行为模式，它的对象是一般的人，是反复适用多次的。法律还具有普遍性，即法律所提供的行为标准是按照法律规定所有公民一概适用的，不允许有法律规定之外的特殊，即要求“法律面前人人平等”。

法律规范不同于其他规范的另一个重要特征是它的严谨性。它有特殊的逻辑构成。构成一个法律的要素有法律原则、法律概念和法律规范。每一个法律规范由行为模式和法律后果两个部分构成。行为模式是指法律为人们的行为所提供的标准和方向。其中行为模式一般有三种情况：① 可以这样行为，称为授权性规范；② 必须这样行为，称为命令性规范；③ 不许这样行为，称为禁止性规范。其中②和③又称为义务性规范。法律后果是指行为人的具有

法律意义的行为在法律上所应承受的结果。法律后果分为两种：一个是肯定性法律后果，是指行为人按照法律规范的行为模式的要求行为，从而导致的一种积极的结果，包括国家承认行为合法、有效、应予保护甚至奖励。另一个是否定性法律后果，是指行为人违反法律规范的行为模式的规定而行为，从而导致的一种消极的结果，包括国家不承认行为合法、行为无效或者受到法律的制裁。

2．法律是国家制定和认可的行为规范

这是法律来源上的一个重要特征。所谓国家制定和认可是指法律产生的两种方式。国家制定形成的是成文法，国家认可形成的通常是习惯法。

3．法律是国家确认权利和义务的行为规范

法律所规定的权利和义务，不同于其他社会规范的权利和义务，它是由国家确认或认可和保障的一种关系，这是法律的一个重要特征。

4．法律是以国家强制为保障实施的行为规范

由于法律是一种国家意志，它的实施就由国家来保障。

四、法律的发展历史

马克思主义法学认为，法不是从来就有的，也不是永远存在的，而是一个历史的范畴，它是人类进入阶级社会时才出现的。而阶级的出现绝不是偶然的，它是社会基本矛盾——生产力和生产关系、经济基础和上层建筑运动的结果。法属于上层建筑范畴，由一定的经济基础所决定，并为一定的经济基础服务。古代原始公社制度的解体和法律的产生是同时进行的，法律是阶级矛盾不可调和的产物。然而，在阶级社会里，不同的阶级有不同的公平、正义观，法律所体现的只能是不同统治阶级的公平、正义观。因此，法律发展史上也相应地先后产生过奴隶制法律、封建制法律、资本主义法律和社会主义法律。

（1）奴隶制法律　在奴隶社会的经济结构中，奴隶主阶级占有生产资料，同时也占有作为生产劳动者的奴隶。因此，奴隶制法律是奴隶主阶级专政的国家意志的体现，是奴隶主阶级对广大奴隶实行统治的工具。

（2）封建制法律　封建社会是以农业为基础的自然经济占主导地位的社会，在封建社会的经济结构中，封建地主阶级占有生产资料，同时不完全占有作为生产劳动者的农奴或农民。封建制法律是封建地主阶级对广大农民阶级实行统治的工具，以维护封建地主阶级的共同利益为根本使命。

（3）资本主义法律　资本主义社会是以发达的社会生产力和社会化大生产为基础而建立起来的商品生产高度发展的社会，生产资料和劳动力都变成了商品。以资本主义生产关系为经济基础而建立的资本主义法律，其根本任务是维系有利于资产阶级的经济和政治秩序，仍属于剥削类型的法律。

在欧美近代史上，由于各国的历史传统、社会条件和发展道路方面的区别，在资本主义法律产生和发展的过程中形成不同的法系。资本主义国家的法律制度可以分为大陆法系和英美法系。大陆法系又称罗马法系、民法法系、法典法系等，是承袭古罗马法律的传统，依照《法国民法典》和《德国民法典》的样式而建立起来的国家法律制度的总称。欧洲的法国、

德国、意大利、荷兰、西班牙、葡萄牙等国和拉丁美洲、亚洲许多国家的法律都属于大陆法系。英美法系又称英国法系、普通法系和判例法系，是承袭英国中世纪的法律传统而发展起来的各国法律制度的总称。英国、美国、澳大利亚、新西兰等国的法律制度均属于英美法系。

（4）社会主义法律　在法律发展史上，社会主义法律是新型的法律制度，有着与以往剥削阶级类型法律制度不同的经济基础与阶级本质。社会主义法律是以社会主义生产关系为经济基础而建立起来的上层建筑，是社会主义生产关系本质要求的反映和表现。社会主义法律是人类历史上唯一以公有制为基础，以消灭剥削、消除两极分化、实现共同富裕为历史使命的法律制度。它在消除“物的依赖性”和实现“以个人全面发展为基础的自由个性”方面，虽处于历史起步阶段，但是，社会主义法律为实现普遍意义的平等、自由开辟了广阔的空间，它所承担的历史使命和所追求的历史目标是对以往各种历史类型法律制度的超越。

第二节　我国社会主义法律基本原理

一、社会主义法律的本质

我国社会主义法的本质首先在于它的阶级本质，它是工人阶级领导下的以工农联盟为基础的，全国人民共同意志的体现。我国社会主义法所体现的这一意志既体现了它的阶级性，又体现了它的人民性，是阶级性与人民性的统一。它所体现的共同意志首先是指工人阶级的意志。工人阶级是我国人民民主专政国家的领导阶级，是广大人民群众利益的忠实代表。其次是反映人民的意志和工人阶级的同盟者、爱国者的意志。人民的概念在不同国家和不同历史时期有不同的内容，当代中国人民的范围极为广泛，凡是拥护并积极参加建设中国特色社会主义事业的人，凡是热爱中华人民共和国、拥护祖国统一的人，都属于我国人民的范围。也就是说，人民不仅包括工人、农民、知识分子，还包括广大的爱国者，他们都是我国的主人。这种法所代表的共同意志，并不是这些阶级、阶层和集团的意志机械的总和，也不是自发地形成的，它是在工人阶级的先锋队——中国共产党的领导下逐步形成的。我国社会主义法所体现的阶级意志的内容是由社会经济和阶级结构决定的。但阶级意志的内容还要受经济以外的各种因素的影响。在社会主义初级阶段，多种经济成分共同存在，除国有经济、集体经济外，还有个体经济、私营经济和外商投资经济。社会主义法必须确认、保护和发展公有制经济，同时也需要保护非公有制经济的合法权益，促进社会主义不断发展。

二、社会主义法律的作用

法律的作用是指法律对人与人之间所形成的社会关系所发生的一种影响，它表明了国家权力的运行和国家意志的实现。法律的作用可以分为规范作用和社会作用。规范作用是从法律是调整人们行为的社会规范这一角度提出来的，而社会作用是从法律在社会生活中要实现一种目的的角度来认识的，两者之间的关系为：规范作用是手段，社会作用是目的。

（一）法律的规范作用

根据法律的规范作用的指向和侧重，可以将社会主义法律的规范作用分为指引作用、评价作用、预测作用、强制作用、教育作用。

（1）指引作用　法律具有能够为人们提供一种既定的行为模式，从而引导人们在法律范围内活动的作用。指引作用是法律最首要的作用。法律的首要目的并不在于制裁违法行为，而在于引导人们采取正确的行为，合法地参与社会生活。法律的指引作用有授权性指引、禁止性指引和义务性指引。授权性指引是指运用授权性法律规范，告诉人们可以做什么或者有权做什么；禁止性指引是指运用禁止性法律规范，告诉人们不得做什么；义务性指引是指运用义务性法律规范，告诉人们应当或者必须做什么。

（2）评价作用　作为一种社会规范，法律具有判断、衡量他人行为是否合法或有效的评价作用。这里讲的评价作用的对象是指他人的行为。在评价他人行为时，总要有一定的、客观的评价准则。法律是一个重要的、普遍的评价准则，即根据法律来判断某种行为是否合法。此外，作为一种评价准则，与政策、道德规范相比，法律还具有比较明确、具体的特征。

（3）预测作用　法律通过其规定，告知人们某种行为所具有的为法律所肯定或否定的性质以及它所导致的法律后果，使人们可以预先估计到自己行为的后果，以及他人行为的趋向和发展。人们可以根据法律的规定，对特定法律行为的后果进行预测，从而自觉地调整自己的行为，减少和化解一些矛盾和纠纷，减少违法犯罪的发生。

（4）强制作用　法律的强制作用是法律的其他作用的保障。法律的强制作用在于制裁、惩罚违法犯罪行为。这种规范作用的对象是违法者的行为。法的强制行为不仅在于制裁违法犯罪行为，而且还在于预防违法犯罪行为，增强社会成员的安全感。

（5）教育作用　作为一种社会规范，法律还具有某种教育作用。这种作用的对象是一般人的行为。有人因违法而受到制裁，固然对一般人以至受制裁人本人有教育作用，反过来，人们的合法行为以及其法律后果也同样对一般人的行为具有示范作用。

（二）社会主义法律的社会作用

法律的社会作用是指维护特定人群的社会关系和社会秩序。社会主义法律的社会作用是其阶段本质和经济基础的集中体现，对于确立和维护社会主义的国家制度、经济制度、社会秩序以及推动社会改革与进步都具有重要的作用。

（1）确立和维护人民民主专政的国家制度　维护统治阶级的阶级统治是法律的社会作用的核心。我国社会主义法律确立和维护人民民主专政的国家制度，确立国家的性质，确立国家政权结构形式和组织形式，为国家不同权力部门的运行提供法律根据，通过履行社会公共事务的职能，维护政治统治所需要的社会秩序。社会主义法律规定不同群体、不同阶层和不同成员的权利和义务，确定共同的行为准则，使个别利益服从整体利益，个别主张服从统一意志，以维护广大人民群众的意志和根本利益，保障人民当家做主的权利。

（2）确立和维护社会主义的经济制度　我国社会主义法律确立和维护社会主义的经济制度，确认和维护人民民主专政的国家政权赖以存在的经济基础。社会主义市场经济是我国基本经济制度的运行模式。社会主义法律保障市场主体的合法权利，能够使市场经济主体平等地参与市场竞争和其他经济活动；维护市场经济秩序，处理经济领域中的矛盾和纠纷，打击经济领域中的违法犯罪活动，能够为社会主义市场经济的发展创造良好的法律环境。

(3) 确立和维护和谐稳定的社会秩序　维护社会的和谐稳定是我国社会主义法律的重要职能。我国还将长期处于社会主义初级阶段，人民日益增长的物质文化需要同落后的社会生产之间的矛盾仍然是我国社会的主要矛盾，公共权力和公民权利、公共权力和政府责任、公民权利和义务之间仍然存在着矛盾和冲突。和谐稳定的社会构建必须借助于法律制度的推动与保障。如果法律制度完善而且合理，社会成员就可能和睦相处，社会关系就可能和谐顺畅。反之，如果法律制度欠缺失当，社会成员之间则可能冲突频发，社会关系必然扭曲动荡。因此，法律是整个社会关系调节器的中心，在确立和维护和谐稳定的社会秩序中居于支配地位，起着关键作用。

三、社会主义法律的运行

法律的运行是一个从创制、实施到实现的过程。这个过程主要包括法律制定（立法)、法律遵守（守法)、法律执行（执法)、法律适用（司法）等环节。法律制定是国家对权利和义务，即社会利益和负担进行的权威性分配；法律的遵守、执行、适用则是把法定的权利和义务转化为现实的权利和义务，把文本上的法律转化为现实中的法律。

（一）法律制定

法律制定就是有立法权的国家机关依照法定职权和程序制定规范性法律文件的活动，是法律运行的起始性和关键性环节。根据我国《宪法》《立法法》等的规定，全国人民代表大会及其常务委员会行使国家立法权。国务院有权根据宪法和法律制定行政法规。国务院各部门可以根据宪法、法律和行政法规，在本部门的权限范围内，制定部门规章。省、自治区、直辖市的人民代表大会及其常委会根据本行政区域的具体情况和实际需要，在不同宪法、法律和行政法规相抵触的前提下，可以制定地方性法规。较大的市的人民代表大会及其常委会根据本市的具体情况和实际需要，在不同宪法、法律、行政法规和本省、自治区的地方性法规相抵触的前提下，可以制定地方性法规，报省、自治区的人民代表大会常委会批准后施行。省、自治区、直辖市、较大的市的人民政府可以根据法律、行政法规和本省、自治区、直辖市的地方性法规，制定地方政府规章。自治区、自治州、自治县的人民代表大会可以根据当地民族的具体情况制定自治条例和单行条例。特别行政区立法机关有权根据特别行政区基本法自主地制定本行政区的法律。

国家机关的立法活动必须遵循法定程序。就全国人民代表大会的立法程序而言，大体包括以下四个环节：法律案的提出；法律案的审议；法律案的表决；法律的公布。

（二）法律遵守

法律遵守是指国家机关、社会组织和公民个人依照法律规定行使权力和权利以及履行职责和义务的活动。依法办事包括两层含义：一是依法享有并行使权利，二是依法承担并履行义务。在法律运行过程中，守法是法律实施和实现的基本途径。在社会主义国家，一切组织和个人都是守法的主体。

（三）法律执行

在广义上，法律执行是指国家机关及其公职人员，在国家和公共事务管理中依照法定职权和程序，贯彻和实施法律的活动。在狭义上，法律执行则是指国家行政机关执行法律的活动，也被称为行政执法。行政执法是法律实施和实现的重要环节。在我国，大部分的法律法规都是由行政机关贯彻执行的。在法律运行中，行政执法是最大量、最经常的工作，是实现国家职能和法律价值的重要环节。行政执法的主体通常是国家行政机关及其公职人员。在我国，行政执法的主体大体分为两类：一类是中央和地方各级政府，包括国务院和地方各级人民政府；另一类是各级政府中享有执法权的下属行政机构。此外，法律授权的社会组织、行政机关依法委托的社会组织可以在一定范围内执行法律。

（四）法律适用

法律适用是指国家司法机关及其公职人员依照法定职权和程序适用法律处理案件的专门活动。在我国，司法机关是指国家检察机关和审判机关。人民检察院代表国家行使法律监督权，人民法院代表国家行使审判权。其他任何国家机关、社会组织和个人，不得行使国家司法权。人民检察院和人民法院根据法律法规，公正司法，保护公民、法人和其他组织的合法权利，解决法律纠纷，惩治违法犯罪行为，从而捍卫法律权威，维护法律秩序。

第三节　中国特色社会主义法律体系

形成中国特色社会主义法律体系，保证国家政治、经济、文化、社会生活的各个方面有法可依，是全面落实依法治国基本方略的前提和基础。

一、中国特色社会主义法律体系的形成

中国特色社会主义法律体系，是指以宪法为统率，以法律为主干，由宪法相关法、民法商法、行政法、经济法、社会法、刑法、诉讼与非诉讼程序法等多个法律部门组成的有机统一整体。

（一）中国特色社会主义法律体系形成的过程

中国特色社会主义法律体系，是指自我国改革开放以来，享有立法权和司法解释权的国家机关，坚持在中国共产党的领导下，为保障人民民主专政的国家政权及国家、集体和公民个人的合法权利而制定并修正的宪法、法律、行政法规和地方性法规的法律体系的总称。新中国成立60多年来特别是改革开放30多年来，中国共产党领导中国人民制定宪法和法律，经过各方面坚持不懈的共同努力，我们的立法工作取得了举世瞩目的巨大成就。1997年9月，党的十五大明确提出，到2010年形成有中国特色社会主义法律体系的立法工作目标。2007年党的十七大提出，要完善中国特色社会主义法律体系，2010年，具有中国特色的社会主义法律体系建成。这表明法律体系的形成只是实现了立法工作的阶段性目标，并不意味着立法任务的终结。2011年3月10日，十一届全国人大四次会议第二次全体会议宣布，中国特色社会主义法律体系已经形成。发展到今天，法律已经达到239部，行政法规有690多

部，地方性法规有8600多部，国家经济建设、政治建设、文化建设、社会建设以及生态文明建设的各个方面实现有法可依。

（二）中国特色社会主义法律体系形成的重大意义

中国特色社会主义法律体系的形成，是我国社会主义民主法制建设史上的重要里程碑，具有重大的现实意义和深远的历史意义。

1. 中国特色社会主义法律体系是中国特色社会主义永葆本色的法制根基

把马克思主义基本原理同中国具体实际相结合，走自己的路，建设中国特色社会主义，是我们党总结历史经验得出的基本结论，也是我们国家发展进步的唯一正确道路。坚持中国特色社会主义道路，最重要的是坚持正确的政治方向，在涉及国家根本制度等重大原则问题上不动摇。动摇了，不仅社会主义现代化建设无从谈起，已经取得的发展成果也会失去，甚至国家可能陷入内乱的深渊。

中国特色社会主义法律体系，是以宪法和法律的形式，确立了国家的根本制度和根本任务，确立了中国共产党的领导地位，确立了马克思列宁主义、毛泽东思想、邓小平理论和“三个代表”重要思想、科学发展观的指导地位，确立了工人阶级领导的、以工农联盟为基础的人民民主专政的国体，确立了人民代表大会制度的政体，确立了国家一切权力属于人民、公民依法享有广泛的权利和自由，确立了中国共产党领导的多党合作和政治协商制度、民族区域自治制度以及基层群众自治制度，确立了公有制为主体、多种所有制经济共同发展的基本经济制度和按劳分配为主体、多种分配方式并存的分配制度。

从中国国情出发，郑重表明我们不搞多党轮流执政，不搞指导思想多元化，不搞“三权鼎立”和两院制，不搞联邦制，不搞私有化。中国特色社会主义法律体系的形成，夯实了立国兴邦、长治久安的法律根基，从制度上、法律上确保中国共产党始终成为中国特色社会主义事业的领导核心，确保国家一切权力牢牢掌握在人民手中，确保民族独立、国家主权和领土完整，确保国家统一、社会安定和各民族大团结，确保坚持独立自主的和平外交政策、走和平发展道路，确保国家永远沿着中国特色社会主义的正确方向奋勇前进。

2. 中国特色社会主义法律体系是中国特色社会主义创新实践的法制体现

改革开放是我们党带领全国各族人民做出的决定当代中国命运的关键抉择，也是坚持和发展中国特色社会主义、实现中华民族伟大复兴的必由之路，赋予社会主义新的生机活力。改革开放以来，我们始终坚持以经济建设为中心，全面推进改革开放，成功实现了从高度集中的计划经济体制到充满活力的社会主义市场经济体制、从封闭半封闭到全方位开放的伟大历史转折，极大地调动了亿万人民的积极性，极大地解放和发展了社会生产力，我国以世界上少有的速度持续快速向前发展。我们及时把改革开放和社会主义现代化建设的实践经验上升为法律，并与时俱进，根据改革开放中出现的新情况新问题，从推动经济发展方式转变，推动依法行政和公正司法，推动以保障和改善民生为重点的社会建设，推动社会主义文化大发展大繁荣，推动人与自然和谐相处等方面制定和完善相应的法律制度，充分发挥法律的规范、引导、保障和促进作用。中国特色社会主义法律体系的形成，从制度上、法律上保障国家始终坚持改革开放的正确方向，着力构建充满活力、富有效率、更加开放、有利于科学发展的体制机制，推动我国社会主义制度不断自我完善和发展。

3. 中国特色社会主义法律体系是中国特色社会主义兴旺发达的法制保障

实现现代化，是一代又一代中国人梦寐以求的美好愿景和矢志不渝的奋斗目标。改革开放30多年来，我们开辟了中国特色社会主义道路，形成了中国特色社会主义理论体系，这是我们取得一切成绩和进步的根本原因。我们将始终高举中国特色社会主义伟大旗帜，不为任何风险所惧，不被任何干扰所惑，聚精会神搞建设，一心一意谋发展，到2020年实现全面建成小康社会的奋斗目标，到21世纪中叶基本实现现代化。我们已经取得的发展成就离不开法制的保障，我们奋力开创更加美好的未来也离不开法制的保障。

中国特色社会主义法律体系的形成，把国家各项事业发展纳入法制化轨道，从制度上、法律上解决了国家发展中带有根本性、全局性、稳定性和长期性的问题，为社会主义市场经济体制的不断完善、社会主义民主政治的深入发展、社会主义先进文化的日益繁荣、社会主义和谐社会的积极构建，确定了明确的价值取向、发展方向和根本路径，为建设富强民主文明和谐的社会主义现代化国家、实现中华民族伟大复兴奠定了坚实的法制基础。

形成中国特色社会主义法律体系，是各方面长期共同努力的结果。全国人大及其常委会认真履行宪法和法律赋予的职责，不断加强和改进立法工作，着力提高立法质量，为形成中国特色社会主义法律体系做了大量卓有成效的工作。国务院适应经济社会发展和法律实施的需要，依法及时制定行政法规，地方人大及其常委会结合本地实际，依法制定大量地方性法规，为形成中国特色社会主义法律体系做出了重要贡献。地方各级人民政府，各级人民法院和人民检察院以及军队等有关方面，广大人民群众和专家学者大力支持和积极参与立法工作，为形成中国特色社会主义法律体系贡献了智慧和力量。

二、中国特色社会主义法律体系的特征

中国特色社会主义法律体系，是中国特色社会主义伟大事业的重要组成部分，是全面实施依法治国基本方略、建设社会主义法治国家的基础，是新中国成立60多年特别是改革开放30多年来经济社会发展实践经验制度化、法律化的集中体现，具有十分鲜明的特征。

（一）这个法律体系体现了中国特色社会主义的本质要求

一国法律体系的性质由一个国家社会制度的性质所决定。我国是工人阶级领导的、以工农联盟为基础的人民民主专政的社会主义国家。在社会主义初级阶段，我国实行公有制为主体、多种所有制经济共同发展的基本经济制度。这就决定了我们构建的必然是中国特色社会主义性质的法律体系，它以中国特色社会主义理论为指导，坚持党的领导、人民当家做主、依法治国有机统一。它包括的全部法律规范，它确立的各项法律制度，必须有利于巩固和发展社会主义制度，以体现人民共同意志、维护人民根本利益、保障人民当家做主为本质要求。这是以公有制为基础的中国特色社会主义法律体系与以私有制为基础的资本主义法律体系的本质区别。哪些法律需要制定，哪些法律不需要制定，具体法律制度的内容如何，都要从社会主义的本质要求出发，从中国特色社会主义制度和处于社会主义初级阶段的实际出发，从人民群众的根本意志和长远利益出发。

（二）这个法律体系体现了改革开放和社会主义现代化建设的时代要求

新时期最鲜明的特点是改革开放。改革开放作为当代中国的伟大社会实践，为法律体系

的建立和完善提供了波澜壮阔的舞台。中国特色社会主义法律体系与改革开放和现代化建设相伴而生、相互促进，具有鲜明的时代特征。一方面，改革开放和现代化建设为法律体系构建提供内在需求和动力，提供实践基础和经验。改革开放和现代化建设越向前推进，经济社会的发展变化越深刻，对健全和完善法律制度的要求就越迫切，法律体系构建所依赖的基础也就越扎实。另一方面，法律体系的构建为改革开放和现代化建设提供法制环境，积极发挥促进、规范、指引和保障作用，注意妥善处理法律稳定性和改革变动性的关系，在及时肯定已有成功做法、巩固已有改革开放成果的同时，又要为进一步改革开放留下空间。

（三）这个法律体系体现了结构内在统一而又多层次的科学要求

中华人民共和国成立后，建立了统一的、多民族的、单一制的社会主义国家。由于历史的原因，我国各地经济社会发展很不平衡。与此相适应，在最高国家权力机关集中行使立法权的前提下，为了使我们的法律既能通行全国，又能适应各地方千差万别不同情况的需要，以便在实践中能行得通，遵循在中央统一领导下充分发挥地方主动性、积极性的宪法原则，我国逐步确立了统一而又分层次的立法体制。实践证明，这一立法体制符合我国国情，是行之有效的。与这一立法体制相适应，中国特色社会主义法律体系在结构上表现为统一而又多层次的特征，既有全国人大及其常委会制定的法律，也有国务院制定的行政法规，还有地方人大及其常委会依据法定权限制定的地方性法规。这一立法体制也决定了各构成部分在法律体系中的地位和作用，概括地说，宪法是统帅，法律是主干，行政法规和地方性法规是对国家法律的细化和补充。它们由不同立法主体按照宪法和法律规定的立法权限制定，区分不同层次，具有不同效力，都是中国特色社会主义法律体系的有机组成部分，共同构成一个完整的统一体，符合统一、系统、分层的科学要求。

（四）这个法律体系体现了继承中国法制文化优秀传统和借鉴人类法制文明成果的文化要求

中国特色社会主义法律体系的构建，始终立足于我国基本国情，从实际出发，坚持将传承历史传统、借鉴文明成果和进行制度创新有机结合起来，做到古为今用、洋为中用、兼容并蓄，充分体现这个法律体系在文化上的先进性、包容性和广泛性。一方面，继承中华法制文化中的优秀成分，适应改革开放和现代化建设需要进行制度创新。另一方面，充分吸收人类法律文明的成果，借鉴国外的有益经验，但又不是简单地照搬照抄，而是根据中国国情和实际，吸收有益之处，为我所用。实践证明，只有既继承发扬我国优秀的法律文化传统，又借鉴吸收人类法律文明成果，才能走出一条符合我国国情、顺应时代潮流的中国特色社会主义法治道路。

（五）这个法律体系体现了动态、开放、与时俱进的发展要求

经过30多年的努力，目前国家经济、政治、文化、社会生活的各个方面总体上做到了有法可依。但是，必须看到，社会实践是法律的基础，法律是实践经验的总结，并随着社会实践的发展而不断发展。实践没有止境，法律体系也要与时俱进、不断创新，它必然是动态的、开放的、发展的，而不是静止的、封闭的、固定的。我国正处于并将长期处于社会主义初级阶段，整个国家还处于体制改革和社会转型时期，社会主义制度还需要不断自我完善和发展，社会主义市场经济体制也还有个完善过程，因而反映并规范这种制度和体制的中国特

色社会主义法律体系，就必然具有稳定性与变动性、阶段性与前瞻性相统一的特点，必将适应我国经济社会发展和法治建设进程的现实需要而不断发展完善。社会实际变化了，法律体系必将随之变化并与之相适应。随着经济社会的不断发展，我们需要及时制定新的法律规范，修改原有的法律规范，废止不符合社会实际、过时的法律规范。因此，不能用静止、孤立的眼光看待法律体系，而应始终保持发展的、开放的态度。

三、中国特色社会主义法律体系的构成

中国特色社会主义法律体系在结构上表现为统一而又多层次的特征，既有全国人大制定的宪法、全国人大及其常委会制定的法律，也有国务院制定的行政法规，还有地方人大及其常委会依照法定权限制定的地方性法规。这些法律法规区分不同层次，具有不同效力，共同构成一个完整的统一体。中国特色社会主义法律体系的形成为我国法律部门的划分奠定了立法的基础。我国法律体系大体划分为七个法律部门，即宪法、民法商法、行政法、经济法、社会法、刑法、诉讼与非诉讼程序法。

（一）中国特色社会主义法律体系的层次

（1）宪法是中国特色社会主义法律体系的统帅　宪法是国家的根本大法，是国家长治久安、民族团结、经济发展、社会进步的根本保障。在中国，各族人民，一切国家机关和武装力量、各政党和各社会团体、各企业事业组织，都必须以宪法为根本的活动准则，并负有维护宪法尊严、保证宪法实施的职责。我国宪法在中国特色社会主义法律体系中具有最高的法律效力，一切法律、行政法规、地方性法规的制定都必须以宪法为依据，遵循宪法的基本原则，不得与宪法相抵触。

（2）法律是中国特色社会主义法律体系的主干　法律是制度的载体，它以法的形式反映和规范国家经济、政治、文化和社会的各项制度。根据宪法的规定，立法法确立了全国人大及其常委会的专属立法权，国家主权的事项、国家机构的产生、组织和职权，民族区域自治制度、特别行政区制度、基层群众自治制度，犯罪和刑罚，对公民政治权利的剥夺、限制人身自由的强制措施和处罚，对非国有财产的征收，民事基本制度，经济基本制度以及财政、税收、海关、金融和外贸的基本制度，诉讼和仲裁制度等只能由法律规定。因此，法律是中国特色社会主义法律体系的主干，发挥着重要的制度建设作用。

（3）行政法规是中国特色社会主义法律体系的重要组成部分　制定并实施行政法规是国务院履行宪法法律规定职责的重要方式，对于形成和完善中国特色社会主义法律体系，确保宪法法律全面正确实施，规范行政权力运行，维护经济社会稳定，保障和促进改革开放与社会主义现代化建设的健康有序发展具有重要意义。

（4）地方性法规是中国特色社会主义法律体系的重要组成部分　改革开放 30 多年来，地方人大及其常委会立足地方具体情况，从本地改革开放和经济社会发展的实际需要出发，认真履行宪法和法律赋予的地方立法职权，因地制宜开展立法工作，制定了大量地方性法规，取得了巨大成就。地方人大及其常委会制定的地方性法规、经济特区法规、自治条例和单行条例，与宪法、法律、行政法规共同构成了中国特色社会主义法律体系的统一整体。

（二）中国特色社会主义法律体系的部门

（1）宪法及宪法相关法　宪法是国家的根本大法，规定国家的根本制度和根本任务、

公民的基本权利和义务等内容，具有最高的法律效力，是其他法律的立法依据。宪法相关法是与宪法相配套、直接保障宪法实施的宪法性法律规范的总和。主要包括有关国家机构的产生、组织、职权和基本工作制度的法律，有关民族区域自治制度、特别行政区制度、基层群众自治制度的法律，有关维护国家主权、领土完整和国家安全的法律，以及有关保障公民基本政治权利的法律，如《全国人民代表大会组织法》《民族区域自治法》《香港特别行政区基本法》《澳门特别行政区基本法》《国旗法》《国徽法》等。

（2）民法商法　民法商法部门包含民事活动的一般规范和市场经济的基本准则。1986年颁布的民法通则对民事商事活动的一些共同性问题做了规定，明确了民法的调整对象、基本原则、主体制度、行为制度、权利制度和责任制度，开启了中国民法商法的发展完善之路。经过多年努力，民法商法在财产权、侵权责任、婚姻家庭、知识产权、商事主体、商事行为等各个方面都建立了较为完备的法律制度，如《民法通则》《合同法》《担保法》《商标法》《专利法》《著作权法》《婚姻法》《继承法》等。

（3）行政法　行政法是关于行政权的授予、行政权的行使以及对行政权的监督的法律规范的总和，也是调整国家行政管理活动的法律规范的总和，包括有关行政管理主体、行政行为、行政程序以及行政监督等方面的法律规范，如《公务员法》《行政处罚法》《行政复议法》等。随着行政复议法、行政许可法、行政处罚法和部门行政法以及配套行政法规、地方性法规的先后出台，各级行政机关及其工作人员依法行政有了更全面、更坚实的法律基础。

（4）经济法　经济法是调整因国家从社会整体利益出发对经济活动实行干预、管理或调控所产生的社会经济关系的法律规范的总和。市场经济发展的基本规律表明，只有充分发挥市场配置资源的基础性作用，才能提高效率，充分竞争，经济才富有活力。与此同时，市场本身也存在着自发性、滞后性、盲目性，并不是万能的。改善宏观经济环境，合理利用公共资源，建立公平、公正的竞争秩序，维护有效竞争，保持合理的经济结构，促进经济协调发展，单靠市场是难以解决的，还需要国家通过必要的法律手段进行适度调节。改革开放以来，中国根据市场经济发展的需要，不断总结经验，制定和完善经济方面的法律制度。我国现已制定《反不正当竞争法》《消费者权益保护法》《产品质量法》《广告法》《会计法》《价格法》《个人所得税法》《城市房地产管理法》等。

（5）社会法　社会法是在国家干预社会生活过程中逐渐发展起来的一个法律门类，是调整劳动关系、社会保障、社会福利和特殊群体权益保障等方面关系的法律规范的总和。制定社会法的目的在于，从社会整体利益出发，对劳动者、失业者、丧失劳动能力的人和其他需要扶助的人的权益实行必需的、切实的保障。它包括劳动用工、工资福利、职业安全卫生、社会保险、社会救济、特殊保障等方面的法律，如《劳动法》《劳动合同法》《未成年人保护法》《老年人权益保障法》《妇女权益保障法》等。

（6）刑法　刑法是规定犯罪、刑事责任与刑罚的法律。我国的刑法是国家的基本法律之一，既是中国特色社会主义法律体系中重要的法律部分，也是其中具有重要作用的法律。我国目前的刑法法律部门包括1997年3月14日修订后的《刑法》和此后的刑法修正案以及全国人民代表大会常务委员会制定的有关惩治犯罪的决定等。

（7）诉讼与非诉讼程序法　诉讼与非诉讼程序法是规范解决社会纠纷的诉讼活动与非诉讼活动的法律规范的总和。我国诉讼程序法包括《刑事诉讼法》《民事诉讼法》《行政诉讼法》。非诉讼程序法包括《仲裁法》《人民调解法》等。

关键术语

法律　法律制定　法律遵守　法律执行　法律适用

案例评析

2013年10月21日，85后女生李蔷（化名）发现自己的照片在人人网上疯传，而且被丑化，被指为“小三专业户”，经查，是一个叫“王玉成”的人干的。李蔷忙与人人网客服联系，要求删除侵权照片和评论，屏蔽发帖用户。不过，人人网以“保护用户言论自由”为由拒绝了她的请求，仅删去了一些照片。

气愤不已的李蔷当即联系人人网客服中心。次日，客服中心回复：“已将此账号的照片进行处理。”李蔷表示，她准备向警方报案，望人人网提供相关信息，如登录地、身份证等。“登录地属于个人隐私，无法查询。如需要报警，可以请警方出示协查函至公司北京总部处理。”人人网客服中心回绝了李蔷的请求。此后，“王玉成”继续反复上传李蔷的照片。对此，李蔷多次通过网络和电话向人人网投诉，但人人网以保护用户言论自由为由，拒绝删除“王玉成”的相应侵权言论。

随后，李蔷将人人网的经营管理方北京千橡网景科技发展有限公司诉至法院，要求判令被告删除相关侵权照片和言论，提供“王玉成”真实信息，并让其公开道歉，以及赔偿精神损害抚慰金、公证费等。审理过程中，千橡公司提供了“王玉成”的基本信息，即ID、账号、注册IP、性别等，“王玉成”的账号也被封禁。原审法院认为，千橡公司已应李蔷的请求履行了其作为网络服务提供者的义务，遂驳回李蔷的诉请。

判决后，李蔷不服。她上诉称，在人人网上出现相关侮辱信息后，自己和朋友多次联系千橡公司的客服，要求对方删除侵权信息，屏蔽页面等，却均遭到拒绝。千橡公司的不作为，与信息发布人构成共同侵权。

“我们只有与她的三次投诉往来记录。所谓的多次电话投诉，我们查不到，也无法提供通话内容。”千橡公司提出辩解，并请求二审维持原判。

庭审中，李蔷提交了三份网页截图作为新证据，证明千橡公司不作为。虽然千橡公司否认这些新证据的真实存在，但合议庭在审查后认可了其具有证据效力。

问：人人网是否有义务及时采取措施，人人网的行为是否触犯了法律？

【评析】我国《侵权责任法》规定，网络用户利用网络服务实施侵权行为的，被侵权人有权通知网络服务提供者采取删除、屏蔽、断开链接等必要措施。网络服务提供者接到通知后未及时采取必要措施的，对损害的扩大部分与该网络用户承担连带责任。

思考与练习

1. 什么是法律，如何理解社会主义法律的本质？
2. 法律的运行过程是怎样的？
3. 如何理解法律的作用？
4. 什么是法律体系，中国特色社会主义法律体系的构成有哪些？
5. 法律体系存在的意义是什么？

第七章 坚持依法治国 树立法治理念

概要及学习要点

在当今中国，法治已成为党和政府治国理政的基本方式，十八届四中全会进一步明确了全面推进依法治国的总目标、基本要求，并提出依法治国首先是依宪治国，确立每年十二月四日为“国家宪法日”。在全面推进依法治国的背景下，大学生应首先掌握我国宪法确立的基本原则和制度，树立法治理念，培养法治思维方式，养成依法办事的习惯。

第一节 依法治国基本理论

一、法制与法治

（一）法制和法治的含义

通常理解，法制就是指国家的法律和制度，或者说就是一国或一地区法律上层建筑的整个系统。包括一个国家全部的法律、法规，以及立法、执法、司法、守法和法律监督、法制教育等内容。法制多为框架性的静态的内容。法制健全不必然等同法治社会。所谓法治，就是指与民主相联系的治国的原则和方略，一切国家机关、公职人员、公民、社会团体必须服从法律的规定，强调法律应该得到普遍的服从和遵守。通常理解，法治是理性的依法治理的动态状态。

（二）法制和法治的联系和区别

法制和法治尽管是两个概念，但是它们是密切联系的，有着共同点。无论法制还是法治，它们都要以法律为核心内容和因素；它们都属于社会上层建筑的范畴，都受一定的物质生活条件的制约；它们都体现统治阶级意志和利益，都为统治阶级服务。法制和法治尽管存在着上述联系和共同点，但是它们是两个不同的概念，含义是不同的。法制是国家的法律和制度的简称，是整个法律上层建筑系统，是就调节社会的制度而言的概念。而法治是治国的原则和方略，是普遍的守法原则，依法办事原则，是同民主政治相联系的；法制是与国家政权相伴而生，有国家政权就有法制，而法治则是与民主政治相伴而生，一个国家有健全的法制不等于实行了法治，有了民主政治才可能实行法治；法制在动态意义上一般是指“有法可依，有法必依，执法必严，违法必究”。现代“法治”不仅要求“有法”，而且要求有“良法”而非“恶法”，不仅要求法在形式上完备，还要求法在价值上正义和公平，要求在法律制定和实施的各个环节上贯彻民主原则，实行司法独立，严格做到法律面前人人平等，体现法律的正当程序原则。

总之，法制和法治既有联系又有区别，既不能割裂也不能混淆，是相辅相成的。

二、依法治国，建设社会主义法治国家

党提出并实施依法治国战略，经历了一个曲折的历史过程。1956 年，党的第八次全国代表大会提出，“国家必须根据需要，逐步系统地制定完备的法律。”但由于多种原因，八大提出的正确方针没能一贯坚持，“文化大革命”使社会主义法制遭到破坏。十一届三中全会以后，适应改革开放的新要求，十分强调和重视法制建设。十三届四中全会以后，进一步强调加强社会主义法制建设。

十五大报告提出，实行依法治国，建设社会主义法治国家，从此将“依法治国”确立为执政党领导人民治理国家的基本方略。

1999 年 3 月，九届全国人大二次会议将“依法治国”写入我国《宪法》，《宪法》第五条第一款规定：“中华人民共和国实行依法治国，建设社会主义法治国家。”从而使“依法治国”从党的意志转化为国家意志。

2002 年 11 月，十六大报告从发展社会主义政治民主的高度，指出“要把坚持党的领导、人民当家做主和依法治国有机统一起来”。2007 年 10 月，十七大报告提出，以科学发展观为统领，将深入落实依法治国基本方略列入全面建设小康社会的奋斗目标。

2012 年 11 月，十八大报告将“全面推进依法治国”确立为推进政治建设和政治体制改革的重要任务，对“加快建设社会主义法治国家”做了重要部署。

2014 年 10 月 20 日至 23 日，中国共产党第十八届中央委员会第四次全体会议（简称“十八届四中全会”）研究全面推进依法治国重大问题，并通过了《中共中央关于全面推进依法治国若干重大问题的决定》。

（一）依法治国的科学含义

中国共产党第十五次全国代表大会的报告中明确指出：“依法治国，就是广大人民群众在党的领导下，按照宪法和法律的规定，通过各种途径和形式管理国家事务，管理经济文化事业，管理社会事务，保证国家各项工作都依法进行，逐步实现社会主义民主的制度化、法律化，使这种制度和法律不因领导人的改变而改变，不因领导人看法和注意力的改变而改变。”报告使依法治国的基本内容更为完整、明晰、肯定和深刻。

深刻理解依法治国的科学内涵，应从以下几点注意把握：依法治国需要坚持中国共产党的领导，依法治国的主体是党领导下的人民群众。依法治国的内容是国家事务、经济文化和社会事务。依法治国的实质是使社会主义民主制度化、法律化。依法治国的特征是制度和法律不因领导人的改变而改变，不因领导人看法和注意力的改变而改变。

（二）全面推进依法治国的总目标

党的十八届四中全会通过的《中共中央关于全面推进依法治国若干重大问题的决定》指出，全面推进依法治国，总目标是建设中国特色社会主义法治体系，建设社会主义法治国家。这就是，在中国共产党领导下，坚持中国特色社会主义制度，贯彻中国特色社会主义法治理论，形成完备的法律规范体系、高效的法治实施体系、严密的法治监督体系、有力的法

治保障体系，形成完善的党内法规体系，坚持依法治国、依法执政、依法行政共同推进，坚持法治国家、法治政府、法治社会一体建设，实现科学立法、严格执法、公正司法、全民守法，促进国家治理体系和治理能力现代化。

实现这个总目标，必须坚持以下五项原则：坚持中国共产党的领导；坚持人民主体地位；坚持法律面前人人平等；坚持依法治国和以德治国相结合；坚持从中国实际出发。

（三）依法治国的基本要求

依法治国，就是以宪法和法律作为党领导人民治理国家的基本方式，主要包括四项基本要求，即党的十八大报告中提出的“科学立法、严格执法、公正司法、全民守法”，四者缺一不可。

1. 科学立法是建设社会主义法治国家的前提

科学立法是指首先要求继续加强重点领域立法，特别要重点加强在深化体制改革、食品安全和环境保护、实施知识产权战略以及网络监管等重点领域的立法。科学立法，还要求所立之法必须符合“科学性”，既追求“立法结果”的科学性，又追求“立法过程”的科学性。只有抓紧立法工作，建立比较完备的社会主义法律体系，才能够实现有法可依，才能够保障社会主义法治建设的顺利进行。

2. 严格执法是建设社会主义法治国家的关键

严格执法就是要坚定不移地遵守国家制定的法律法规，在法律所允许的范围内开展各项活动。要加强对执法活动的监督，坚决排除对执法活动的非法干预，坚决防止和克服地方保护主义和部门保护主义，坚决惩治腐败现象，做到有权必有责、用权受监督、违法必追究。执法不严必然导致法律形同虚设。因此，严格执法是建设社会主义法治国家的关键。

3. 公正司法是建设社会主义法治国家的防线

公正司法就是坚持和完善中国特色社会主义司法制度，确保审判机关、检察机关依法独立公正行使审判权、检察权。司法公正是司法工作的灵魂，是维护社会公平正义的最后一道防线，也是当前群众最关心、社会最关注的一个热点问题。英国思想家培根指出，“一次不公正的审判，其恶果甚至超过十次犯罪。因为犯罪虽是无视法律——好比污染了水流，而不公正的审判则毁坏法律——好比污染了水源。”这句话，充分说明了司法公正对于社会公平正义的“防线意义”。

4. 全民守法是建设社会主义法治国家的基础

全民守法是指我国的公民和组织进行一切活动，都必须符合国家法律的要求，在法律允许的范围内进行，大家都必须依照国家法律的规定行使权利、履行义务。法律的权威源自人民的内心拥护和真诚信仰。人民权益要靠法律保障，法律权威要靠人民拥护。中国的法治建设，与公民的守法意识、守法程度有关。因此，全民守法是建设社会主义法治国家的基础。

（四）加快建设社会主义法治国家的意义

1. 加快建设社会主义法治国家是发展社会主义市场经济的根本保证

市场经济是一种法治经济，它自身要求具有发育成熟的市场经济环境，要有统一、开放、竞争、有序的社会主义市场经济的法治体系，并且要有相适应的道德法律观念和经济管理制度来支撑。中国已经初步建立起社会主义市场经济体制，市场在资源配置中起决定性作用。同时，也要看到，中国的市场体制还不完善，尤其是市场经济的诚信机制和依法管理的有效机制还未完全建立起来，建立社会主义市场经济法律秩序的任务还十分艰巨。在新的形势下，只有在全面建设小康社会实践中，结合加快建设社会主义法治国家，逐步形成良好的市场经济法律秩序，才能为完善社会主义市场经济提供有力的法治保障。

2. 加快建设社会主义法治国家是人民当家做主的根本保证

党的十七大报告指出："人民当家做主是社会主义民主政治的本质和核心。"为了保障人民民主，必须加强法治，逐步实现社会主义民主的制度化、法律化。当前，中国保障人民民主权利的法律法规日趋完备，人民民主权利的法治保障水平日益提高。与此同时，民主法治建设与人民民主不断扩大的客观要求还不相适应，只有加快建设社会主义法治国家，人民当家做主的权利才能得到强有力的保障。

3. 加快建设社会主义法治国家是实现社会和谐的根本保证。

社会的稳定和安定即和谐是社会各项事业发展的前提，也是人民的最高利益。如何才能保持这种局面，历史经验告诉我们，最靠得住、最根本的是实行法治。在社会主义初级阶段，国家的各种经济关系和社会关系要进行调整，社会生活和经济运行会出现一些"失范"和"无序"。只有靠法治才能切实保障国家的团结安定和人民群众生命财产的安全，推动社会的和谐发展。

4. 加快建设社会主义法治国家是社会文明进步的重要标志

现代社会的发展和我国改革开放的实践都充分证明，一个社会的文明程度同它的法治有密切关系。社会的政治、经济、文化发展都是用法治来做保障，人们的思想道德文化素质提高一是靠教育，二是靠法治。因此，一个社会崇高的思想道德的树立，科学技术的发展，文学艺术的繁荣，全民教育的振兴，都需要法律来支持和保护。

5. 加快建设社会主义法治国家是提高党的执政能力、巩固党的执政地位的根本保证

依法执政同科学执政、民主执政，都是中国共产党治国理政的基本方式。法治建设的状况和立法、执法水平直接关系和体现党的执政能力。依法治国，就是要从法律制度上把坚持党的领导、发扬人民民主和严格依法办事统一起来，保证党的基本路线、基本纲领的贯彻落实。

三、坚持依法治国与以德治国相结合

党的十八届四中全会通过的《中共中央关于全面推进依法治国若干重大问题的决定》明确指出，建设中国特色社会主义体系，建设社会主义法治国家，必须坚持依法治国与以德治国相结合。法治与德治是治理国家的两种基本方略。

（一）法治与德治具有不同的特点和作用

一般来讲，法律是外在的强制性管束，道德是内在的自我约束；法律治"标"，道德治

"本"；法律"惩恶扬善"，道德"扬善抑恶"。法治就是靠法律的权威性和强制性，避免了随意性和任意性，保证了国家和社会生活有秩序进行和人民的合法权益正当取得；德治依靠传统习惯来维系，在社会生活中也是一种强大的约束力量。两者在调节社会人群相互关系以及行为规范方面各有其独特的地位和功能，两者既有联系，又有区别，相互结合，共同发挥作用。

（二）法治与德治的相互关系

在治理国家的过程中，法治与德治两者相互联系，相互渗透，相互结合，统一发挥作用。

1. 法律保证道德的实施，道德是立法的原则

纵观人类法制史，历来的统治者在立法时，总是努力把一个社会中最基本、最重要的道德规范挑选出来，通过立法的程序上升为法律。统治阶级的道德规范不仅是立法的基本原则，而且大多数法律规范也是由道德规范转化而来，是以道德为内在价值趋向的。道德不仅是法律存在的依据和根基，而且，先进的道德规范是法律规范的主要价值目标之一，它体现并贯彻于法律运行过程中的每一个环节，甚至能弥补法律调整的空白。不仅如此，许多道德规范通过立法程序已转变为法律规范。

2. 法律维护道德的底线，道德是执法的基础

法律的立意和归宿是为了维护社会的公平、正义，但由于社会关系是复杂多变的，人性是复杂的，只要社会中有恶人、奸人、坏人，就要建立稳定的社会秩序，法治就永远重要。法律就是将最基本的道德、人人应该做到的道德规范定为法规，法律是维护道德的底线，从这个角度出发，法律产生的基础就是追求社会的公正和道德。从另一个角度出发，社会保证法律的实施，有赖于道德素质高的立法者和执法者，保证立法者不滥用权力，保证执法者合理、合法地执法，这样才能保证把法律规范中蕴涵的道德价值转化为社会的现实状态，才能通过法律保障社会道德的存在和发展。

3. 法治需要道德来维护，道德是守法的关键

法治秩序主要不是来自它的外在强制力，而是来自它被大多数人所信仰和认同，这是法律存在的基础。另外，法治对于治理国家是十分必要的手段，但法的强制性手段只能解决"不敢"和"不准"的问题，却不能解决"不想"和"不愿"的问题，也就是法比较难触及人的思想问题，无法使人在内心深处形成一道防御犯罪的防堤。而德治的落脚点在于人心，在于人的思想觉悟。因此，如果一个社会缺少道德规范的内在引导和自律约束，就很难使社会成员真正自觉地履行法律。所以，培养公民的法律意识，使公民深刻认识到守法是维护和实现自身利益的需要，是维护人类幸福和个人幸福的保障。

4. 法治促进道德建设，道德是健全法治的补充

法治的健全和实施过程，也是一个促进道德完善的过程。首先，通过立法将社会道德中最低限度的道德义务法律化，以法律制裁为后盾予以强制执行，可以大大增强道德义务的约束力。其次，通过司法的审判活动，向社会昭示法律所保护的社会共同道德理想，有助于将

法律规范内含的道德理想转化为有关当事人内心的道德信念。再次，通过司法审判人员进行的依法司法是实现法律道德价值的最高防线。如果司法人员不能做到秉公执法，一旦实现社会公正的最后一道防线被破坏，法律失去了存在的价值，道德也就不复存在了。

5．法治与德治相结合，功能互补且相得益彰

德治是通过着力提高人的内心觉悟和建设人的动机文明，来端正人的行为文明。它的特点是强调自律，也借助舆论褒贬和种种批评教育手段，但自身没有任何强制性手段；法治则着力通过约束人的外部行为和建设人的行为文明，来开掘人的内心文明，它的特点是强调强制，不管你的动机如何，只要你的行为在客观上违反法律，一般就会受到法律的惩处。

总之，德治与法治相结合，两者在内容上相互吸收，在社会功能上相互补充，在实施过程中相互依存，是建设中国特色社会主义法治国家，推进社会主义现代化进程不可或缺的法宝。

（三）坚持法治与德治相结合的治国方略

对一个国家的统治来说，法治与德治从来都是相辅相成、互相促进的。两者缺一不可，也不可偏废。它们都是治理国家的重要手段，是国家安定和发展的根本。

1．社会主义政治建设要求法治与德治相结合

如果一个社会法律不健全，制度上有严重漏洞，坏人就会趁机兴风作浪，为非作歹，好人也无法充分做好事；而另一方面，如果有了比较健全和完善的法律制度，但人们的法律意识和法治观念淡薄，思想道德素质低下，那么，再好的法律和制度也会因得不到尊重而不起作用，甚至会形同虚设。所以，只有发挥法律的他律和道德的自律，才能进一步扩大社会主义民主，健全社会主义法治，使广大人民群众安居乐业，真正在国家政治生活中当家做主。

2．社会主义经济建设要求法治与德治相结合

一方面，市场经济是法治经济，它的主体资格要由法律来确认，市场主体的财产所有权要由法律来保护，市场的交易规则要由法律来规定，政府对市场经济的宏观调控主要依赖法律，由市场经济带来的贫富分化要靠法律确定的社会保障体系来调节等。另一方面，市场经济又是信用经济，诚实守信是市场经济活动的道德标准和基本原则，它要求市场经济主体在不损害其他竞争者，不损害社会公益和市场经济道德秩序的前提下，去追求自己的利益。

3．社会主义文化建设要求法治与德治相结合

随着改革开放工作的开展，国内各种思想文化思潮相互激荡，西方的文化利用各种渠道对我国进行渗透、侵蚀，推销其价值观念和思想意识；另一方面，随着社会主义市场经济的发展，社会的经济组成、组织形式和就业方式的多样化，人们的价值观念呈现多元化，使我国的文化发展面临前所未有的挑战。因此，只有既善于用法律的权威性和强制性手段规范社会成员的行为，把社会主义精神文明建设纳入法治轨道，又善于用道德的感召力和劝导提高社会成员的思想认识和道德觉悟，才能保证社会主义文化建设有一个良好的发展环境，促进先进文化的发展。

4. 社会主义社会建设要求法治与德治相结合

社会主义社会建设的目标是构建社会主义和谐社会。我们所要建设的社会主义和谐社会应该是民主法治、公平正义、诚信友爱、充满活力、安定有序、人与自然和谐相处的社会。显然，民主法治，是和谐社会构建中的组成部分之一，而类如公平正义、诚信友爱都是需要通过德治的努力才能够得以实现的。想要建设和谐社会，就必须同时做好法治和德治的工作，德治和法治更应当是相辅相成，并且互为辉映的关系。

5. 社会主义生态文明建设要求法治与德治相结合

生态文明建设是中国特色社会主义事业的重要内容，关系人民福祉，关乎民族未来，事关“两个一百年”奋斗目标和中华民族伟大复兴中国梦的实现。建设生态文明，首先要靠法治。人与生态环境的关系，依靠法律调整是基础，健全的生态法律制度，既是生态文明的标志，也是生态保护的屏障，其作用就在于用刚性的制度约束人的行为。从根本上克服“守法成本高、违法成本低”的社会现象。其次，建设生态文明，也要依靠德治。生态文明建设需要在全社会积极倡导生态伦理道德，树立生态文明观念。需要增强全民族的生态忧患意识和参与保护的责任意识，提倡人与自然的相互依存和协同发展。

总之，国家和社会治理需要法律和道德共同发挥作用。必须坚持一手抓法治、一手抓德治，大力弘扬社会主义核心价值观，弘扬中华传统美德，培育社会公德、职业道德、家庭美德、个人品德，既重视发挥法律的规范作用，又重视发挥道德的教化作用，以法治体现道德理念、强化法律对道德建设的促进作用，以道德滋养法治精神、强化道德对法治文化的支撑作用，实现法律和道德相辅相成、法治和德治相得益彰。

第二节 宪法确立的基本原则和制度

2014 年 10 月 23 日中国共产党第十八届中央委员会第四次全体会议通过的《中共中央关于全面推进依法治国若干重大问题的决定》明确要求健全宪法实施和监督制度。具体规定：坚持依法治国，首先要坚持依宪治国；将每年十二月四日定为“国家宪法日”；在全社会普遍开展宪法教育，弘扬宪法精神；建立宪法宣誓制度，凡经人大及其常委会选举或者决定任命的国家工作人员正式就职时公开向宪法宣誓。

我国现行宪法，于 1982 年 12 月 4 日第五届全国人民代表大会第五次会议通过，1982 年 12 月 4 日全国人民代表大会公告公布施行，根据 1988 年 4 月 12 日第七届全国人民代表大会第一次会议通过的《中华人民共和国宪法修正案》、1993 年 3 月 29 日第八届全国人民代表大会第一次会议通过的《中华人民共和国宪法修正案》、1999 年 3 月 15 日第九届全国人民代表大会第二次会议通过的《中华人民共和国宪法修正案》和 2004 年 3 月 14 日第十届全国人民代表大会第二次会议通过的《中华人民共和国宪法修正案》修正。

宪法是一个国家法律制度的基础。它是由掌握国家政权的统治阶级通过特定的国家机关和立法程序制定的，调整国家整体与公民、组织及其他社会成员之间的关系，规定国家根本制度和公民基本权利义务、集中体现统治阶级根本意志和利益的国家根本大法。它在国家的整个法律体系中居于首要和领导地位，具有最高的法律权威和最大的法律效力，既是国家治国安邦的总章程，也是公民立身行事的总依据。本质上，它是国家的根本法，是阶级力量对比关系的集中体现，是民主制度的法律化的体现，是实现阶级统治的重要工具。

一、我国宪法的特征和基本原则

（一）宪法的特征

在我国现行法律体系中，宪法作为国家的根本大法，具有自己鲜明的特征。具体表现在三个方面。

1．宪法规定的内容具有根本性

宪法规定一个国家的国家制度和社会制度的基本原则。包括国家性质、政治制度、经济制度、公民的基本权利和义务、国家机关的组织和活动的基本原则、国家结构形式、宪法与其他法律之间的关系、宪法实施的保障机制等国家生活中最根本、最重大的问题。

普通法律的主要功能是为了保障宪法所确立的根本制度得到实现，普通法律在内容上也涉及宪法所规定的各个方面的国家事务和社会事务，但普通法律在内容上与宪法不同，普通法律必须以宪法为基础，相对于宪法所确立的国家根本制度和公民的基本权利与义务而言，普通法律的基本任务是如何通过建立有效的国家权力运作制度去具体地保障宪法所规定的公民的基本权利得到实现。

2．宪法的法律效力具有最高性

由于宪法所规定的内容是国家生活和社会生活中带有根本性的问题，而且是国家立法活动的法律基础，所以，宪法在整个国家法律体系中具有最高的法律地位和效力。这种最高的法律效力表现在任何法律、法规必须基于宪法而产生；法律、法规的内容应当符合宪法的要求或者当法律、法规的内容与宪法的规定相抵触时，为了维护宪法作为根本法的权威性，应当宣布违反宪法的法律、法规无效。所以通常又称宪法为“母法”，称普通法律为“子法”。

3．宪法在制定和修改程序上具有特殊性

由于宪法规定了有关国家生活中最根本、最重要的问题，具有最高的法律效力，因而宪法的创制一般需要经过特殊的程序。一方面，制定和修改宪法的机关，往往是依法特别成立的，而并非普通的立法机关。另一方面，宪法的制定、修改程序往往更为严格和复杂。我国现行宪法规定，宪法的修改，由全国人民代表大会常委会或者 1/5 以上的全国人民代表大会代表提议，并由全国人民代表大会以全体代表的 2/3 以上的多数通过才能生效。普通法律只需要全国人民代表大会以全体代表的过半数通过。这种严格的修改程序对于保证宪法的权威性和稳定性具有重要意义。

（二）宪法的基本原则

1．党的领导原则

中国共产党是中国特色社会主义事业的领导核心，党的领导是人民当家做主的根本保证。中国共产党执政就是党领导、支持、保证人民当家做主，最广泛地动员和组织人民群众依法管理国家和社会事务，管理经济和文化事业，维护和实现最广大人民的根本利益。我国

对中国共产党领导地位和执政地位的规定，既是对党领导人民进行革命、建设和改造历史经验的总结和胜利成果的确认，也是对我国国体和社会主义制度的确认，集中体现了党的主张和人民意志的高度统一。

2. 人民主权原则

一般来说，主权是指国家的最高权力。人民主权是指国家中绝大多数人拥有国家的最高权力。人民当家做主是社会主义民主政治的本质和核心。我国《宪法》规定“中华人民共和国的一切权力属于人民”，这一规定体现了人民主权原则，强调国家的一切权力属于人民。这一原则在宪法中的表现是多方面的。宪法通过确认我国人民民主专政的国体，保障了人民群众在国家中的主人翁地位；通过确认以公有制为主体、多种所有制经济共同发展的基本经济制度，按劳分配为主体、多种分配方式并存的分配制度，为人民当家做主奠定了经济基础；通过确认人民代表大会制度的政体，为人民当家做主提供了组织保障；通过确认人民依照宪法和法律规定，通过各种途径和形式，管理国家事务，管理经济和文化事业，管理社会事务的权利，把人民当家做主贯彻于国家和社会生活各个领域。

3. 人权保障原则

我国《宪法》规定“国家尊重和保障人权”，这是我国宪政理念的进步和人权法律保障的重大发展，体现了社会主义制度的本质要求，是党和国家一贯方针在宪法上的明确化，必将对我国人权的发展和现代化建设事业产生深远的影响。人权是指人基于生存和发展所必需的自由、平等权利。这些权力集中体现在宪法规定的公民的基本权利中，包括公民的政治权利和人身自由、宗教信仰自由、公民社会经济文化方面的权利等，全面保障人权，要求对宪法规定的公民的基本权利都必须予以保护，保护这些权利实质就是保障人权。

4. 法治原则

法治是相对人治而言的，是指统治阶级按照民主原则把国家事务法律化、制度化，并严格依法管理的一种方式。我国现行宪法的内容所体现的法治原则是显而易见的。我国《宪法》规定：“任何组织或者个人不得有超越宪法和法律的特权”“中华人民共和国公民在法律面前一律平等”“中华人民共和国实行依法治国，建设社会主义法治国家”。当然，从人治到法治是一个历史发展的过程，切实贯彻宪法确认的法治原则，真正实施“依法治国”的方略，将是一项长期而艰巨的任务。这就要求我们不仅要加强立法工作，提高立法质量，尽快形成有中国特色的社会主义法律体系，更要加强执法和司法队伍建设，深入开展普法教育，增强全民的法律意识，尤其要提高党和国家机关领导人员的法治观念和依法办事的能力。

5. 民主集中制原则

我国《宪法》规定，中华人民共和国的国家机构实行民主集中制的原则。民主集中制是指在民主基础上的集中和法治规范下的民主的有机结合。民主集中制在人民代表大会制度中主要表现为：各级国家权力机关由民主选举产生，对人民负责，受人民监督；国家行政机关、国家审判机关、国家检察机关、国家军事机关等其他国家机关由人民代表大会产生，对人民代表大会负责，受人民代表大会监督；在中央与地方的关系上，遵循在中央的统一领导下，充分发挥地方的主动性和积极性的原则。民主集中制是与我国国情相适应的国家机构的基本原则。实行民主集中制，既防止了权力过分集中，又避免了不必要的牵制，保证了国家机关工作的有效进行。

二、我国的国家制度

（一）人民民主专政制度

人民民主专政是我国的国体。国体是指一个国家的国家性质，它表明社会各阶级在国家中的地位和作用。国体是国家制度的核心，它所确定的是在一个国家中，谁是统治阶级，谁是被统治阶级；谁是统治阶级的同盟者以及统治阶级和被统治阶级之间、统治阶级和其同盟者之间的政治、经济和文化等各种社会关系。

我国现行《宪法》第一条规定："中华人民共和国是工人阶级领导的、以工农联盟为基础的人民民主专政的社会主义国家。""中华人民共和国的一切权力属于人民。"这些规定说明我国的国家政权是工人阶级领导的，以工农联盟为基础的，在广大人民内部实行民主，对少数敌对分子实行专政的国家政权。国体的核心问题是一个阶级对另一个阶级的专政。我国的人民民主专政实质上是无产阶级专政，它是无产阶级专政的一种表现形式。在现阶段，我国的人民民主专政具有广泛的阶级基础。除了工人、农民、知识分子三支基本社会力量之外，还有一个范围极其广泛的爱国统一战线，包括中国人民政治协商会议和中国共产党领导下的多党合作和政治协商制度。从国家政权的职能上看，在我国剥削阶级作为阶级已经被消灭，但是阶级斗争还将在一定范围内长期存在。对敌视和破坏我国社会主义制度的国内外敌对势力和敌对分子必须进行斗争和专政。因此，人民民主专政是民主与专政的结合。

（二）人民代表大会制度

人民代表大会制度是中华人民共和国的根本政治制度，是人民民主专政的政权组织形式。政权组织形式又称政体，是指掌握政权的统治阶级用以实现其行使国家权力的特定形式，即统治者为了保护自己、反对敌人而组织起来的政权机关。国体是确立一国政权组织形式的政治基础，是组织和管理国家生活和社会生活的基本依据。政权组织形式反映国家的阶级本质，同时又服务于国家本质的要求。

依据我国宪法规定，我国的人民代表大会制度（我国的政权组织形式或政体）是指我国的一切权力属于人民；人民在普选的基础上选派代表，按照民主集中制的原则，组成全国人民代表大会和地方各级人民代表大会并集中统一行使国家权力；其他国家机关由人民代表大会产生，受人民代表大会监督，对人民代表大会负责；人大常委会向本级人民代表大会负责，并最终实现人民当家做主的一项根本政治制度。我国的人民代表大会制度的政权组织形式直接反映着我国的阶级本质，体现着我国政治生活的全貌，是国家其他制度赖以建立的基础，是人民实现管理国家的权力的政权组织形式。实践证明，人民代表大会制度是适合我国国情的基本政治制度和政权组织形式，它便于人民参加国家管理，便于集中统一行使国家权力，有利于社会主义建设，有利于充分发挥人民群众的积极性和创造性，展现出其强大的生命力。

三权分立制度，是资产阶级国家的一种政权组织形式。它们把国家权力分为立法、行政、司法三种权力，分别由议会、政府、法院独立行使，同时又互相制约、平衡。三权分立制度同封建专制制度相比较是一种进步的政治制度，但是这种制度不适合我国的国情。我国不能实行三权分立制度，这是由我国的国家性质决定的。我国是建立在社会主义公有制经济基础上的社会主义国家，在我国人民是国家和社会的主人，国家的一切权力属于人民，人民通过代表大会统一行使国家权力。我国的人民代表大会制度是按照民主集中制原则组织起来的，它既符合我国国家政权的性质，又符合实现中国共产党对国家的统一领导这一重要原则。因此，我们不能照搬西方资本主义国家的三权分立制度，不能搬用西方那一套所谓的民主，不能搬用它们的三权鼎立，不能搬用它们的资本主义制度，而要搞社会主义民主。

（三）中国共产党领导的多党合作和政治协商制度

中国共产党领导的多党合作和政治协商制度是我国的一项基本的政治制度，是中国特色社会主义政党制度。其特点是，共产党领导，多党派合作，共产党执政，各民主党派参政议政，包括参加国家政权，参与国家大政方针和国家领导人选的协商，参与国家事务的管理，参与国家方针、政策、法律、法规的制定和执行。中国共产党与各民主党派合作的基本方针是：长期共存，互相监督，肝胆相照，荣辱与共。我国《宪法》规定：“中国共产党领导的多党合作和政治协商制度将长期存在和发展。”党的十八大强调，要完善协商民主制度和工作机制，推进协商民主广泛、多层制度化发展。

中国共产党领导的多党合作和政治协商制度符合我国国情。实践证明，这一制度有利于调动各方面的积极性，汇集建设社会主义的各方面力量；它有利于社会主义民主政治建设，加强政治决策的科学化、民主化，保障人民的政治权利，防止政治腐败；有利于社会主义民主政治的积极健康发展，从而为社会主义建设创造稳定和谐的政治环境。

（四）民族区域自治制度和特别行政区制度

1. 民族区域自治制度

民族区域自治制度是为了解决我国民族问题，处理民族关系，实现民族平等、民族团结、各民族共同繁荣发展而建立的一项基本政治制度。

我国《宪法》序言中明确指出：“中华人民共和国是全国各族人民共同缔造的、统一的多民族国家。”这充分表明我国采用的是单一制的国家结构形式。因此，建立统一的多民族国家符合我国的实际情况。

我国《宪法》第四条规定：“各少数民族聚居的地方实行区域自治，设立自治机关，行使自治权。各民族自治地方都是中华人民共和国不可分离的部分。”这就是说，民族区域自治是指在统一的祖国大家庭内，在国家统一领导下，以少数民族聚居为基础，建立相应的自治地方，设立自治机关，行使自治权，使实行区域自治的民族实现人民当家做主管理本民族内部地方性事务的权利。民族区域自治作为一项完整的制度，包括以下主要内容：民族自治地方是国家统一领导下的行政区域，是中华人民共和国不可分离的组成部分，自治地方的自治机关是中央人民政府统一领导下的一级地方政府；民族区域自治必须以少数民族聚居为基础，是民族自治与区域自治的结合；在民族自治地方，设立自治机关。民族自治机关是该自治地方人民代表大会和人民政府；民族自治机关可以根据宪法和有关法律的规定，行使广泛的自治权。

依照行政地位标准，民族自治地方分为自治区、自治州、自治县三级，它们分别相当于省级、地级、县级。此外，凡是相当于乡的少数民族聚居的地方，应当建立民族乡，但它不属于民族自治地方。

民族区域自治制度，体现了国家集中统一领导与民族区域自治的正确结合，体现了国家方针政策同少数民族地区特点的正确结合。这一制度保证了祖国统一和民族团结；保证了少数民族平等权利和当家做主管理本民族内部事务的权利；巩固和发展了各民族平等、团结和互助的社会主义民族关系；促进了少数民族地区经济文化的发展。我国西部和甘肃省是多民族聚居地区，实施民族区域自治制度，对巩固各民族团结和西部开发尤其具有重要意义。

2. 特别行政区制度

特别行政区是指在中华人民共和国行政区域范围内设立的享有特殊法律地位，实行资本主义制度和生活方式的地方行政区域，是“一国两制”的具体实践。

我国《宪法》第三十一条规定：“国家在必要时设立特别行政区。在特别行政区内实行的制度按照具体情况由全国人民代表大会以法律规定。”这一规定是我国建立特别行政区制度的宪法依据。“一国两制”是“一个国家，两种制度”的简称，是指在统一的社会主义国家内，在中央政府的统一领导下，经过最高国家权力机关决定，可以允许局部地区由于历史原因而不实行社会主义的政策，依法保持不同于全国现行制度的特殊制度。特别行政区是中华人民共和国不可分割的一部分，是地方一级行政区域；特别行政区政权是中华人民共和国的一级地方政权，直辖于中央人民政府，中央人民政府与特别行政区的关系是中央与地方的关系；特别行政区享有高度自治权，包括行政管理权、立法权、独立司法权，但它不享有国家主权，没有外交权和国防方面的权力，也不是一个独立的政治实体。特别行政区依照法律规定，在相当长的期限内不实行社会主义制度，原有的社会经济制度、生活方式可以保留。中国政府先后同英国、葡萄牙政府达成协议，于1997年和1999年，我国先后在香港和澳门设立两个特别行政区。1997年7月1日，我国已顺利实现了对香港地区恢复行使主权，1999年12月20日已顺利恢复对澳门地区行使主权。特别行政区的设立，有利于结束国家分裂的局面，对于进一步解决台湾问题，完成祖国统一大业，具有极其深远的意义。

（五）基层群众自治制度

基层群众自治制度是指城乡居民群众以相关法律法规政策为依据，在城乡基层党组织领导下，在居住地范围内，依托基层群众自治组织，直接行使民主选举、民主决策、民主管理和民主监督等权利，实行自我管理、自我服务、自我教育、自我监督的一项基本政治制度。基层群众自治是基层民主的主要实现形式。其目的就是要把城乡社区建设成为管理有序、服务完善、文明祥和的社会生活共同体。

我国已经建立了农村村民委员会、城市居民委员会等基层群众自治组织。根据《宪法》第一百一十一条之规定，城市和农村按居民居住地区设立的居民委员会或者村民委员会是基层群众性自治组织。居民委员会、村民委员会的主任、副主任和委员由居民选举产生。居民委员会、村民委员会同基层政权的相互关系由法律规定。居民委员会、村民委员会设人民调解、治安保卫、公共卫生等委员会，办理本居住地区的公共事务和公益事业，调解民间纠纷，协助维护社会治安，并且向人民政府反映群众的意见、要求和提出建议。

基层群众自治制度是中国特色社会主义民主制度的重要内容，实行自我管理、自我服务、自我教育、自我监督，对干部实行民主监督，成为我国发展社会主义民主政治最直接、最广泛、最生动的民主实践，有利于人民群众依法管理自己的事务和公民意识、民主素质的提高。实行基层群众自治，是人民当家做主最有效、最广泛的途径。

（六）我国的经济制度

经济制度是指一个国家在一定的社会历史发展阶段确认生产关系和经济管理体制的规则体系。它主要包括生产资料所有制、分配制度、经济管理体制等。经济制度的特点源于其赖以建立的经济基础。

我国《宪法》第六条规定："中华人民共和国的社会主义经济制度的基础是生产资料的社会主义公有制，即全民所有制和劳动群众集体所有制。社会主义公有制消灭人剥削人的制度，实行各尽所能、按劳分配的原则。""国家在社会主义初级阶段，坚持公有制为主体、多种所有制经济共同发展的基本经济制度，坚持按劳分配为主体、多种分配方式并存的分配制度。"我国现阶段经济基础的基本特征是生产力发展水平总体上还比较低下，还存在着多种经济成分。我国宪法依据我国生产力发展水平和生产关系状况，确立了适应我国社会主义初级阶段的经济制度。其基本内容是：

1. 坚持公有制为主体、多种所有制经济共同发展的基本经济制度

宪法规定了公有制在我国所有制结构中的主体地位。同时，宪法也确认了在法律规定范围内的个体经济、私营经济等非公有制经济，是社会主义市场经济的重要组成部分。国家保护个体经济、私营经济等非公有制经济的合法的权利和利益。国家鼓励、支持和引导非公有制经济的发展，并对非公有制经济依法实行监督和管理。目前，国家坚持公有制为主体、多种所有制经济共同发展的基本经济制度，有利于调动各方面的积极性，促进生产力的发展。

2. 坚持按劳分配为主体、多种分配方式并存的分配制度

公有制经济在国家经济中的地位决定了按劳分配在我国分配制度中的主体地位。同时，由于我国现阶段还存在非公有制经济形式，因此必然存在与这些经济形式相联系的其他分配形式。目前国家实行按劳分配为主体、多种分配方式并存的制度。把按劳分配和按生产要素分配结合起来，坚持效率优先、兼顾公平，有利于优化资源配置，促进经济发展，保持社会稳定。

3. 国家实行社会主义市场经济

我国《宪法》规定："国家实行社会主义市场经济"，并强调"国家加强经济立法，完善宏观调控""国家依法禁止任何组织或者个人扰乱社会经济秩序"，这就为我国建立社会主义市场经济体制提供了宪法依据。党的十八届三中全会通过的《中共中央关于全面深化改革若干重大问题的决定》中，确定了市场在资源配置中起决定性作用。

三、我国公民的基本权利与基本义务

（一）公民权和人权

公民权和人权是相互联系而又有所区别的两个概念。人权是权利的最一般的形式，是人应当和实际享有的基本权利和自由。马克思主义不仅不否定人权，而且是人权的旗手。马克

思主义所否定的只是人权标签下的资产阶级特权。无产阶级人权观认为，人权是历史的产物，是具体的而不是抽象的。不同的国家在不同历史时期有着不同的人权内涵、人权模式，它要受一国的经济、文化条件和民族传统的制约，受一国法律的限制，受他人权利和自由的限制。人权是不断发展变化、不断完善的，而不是固定不变的。随着社会经济文化的发展，人权状况必然不断改善和提高。以无产阶级人权观为理论基础的中国人权是社会主义性质的人权，是建立在社会主义公有制经济基础上的人权，是供全体人民享有的人权。它的特点是政治性和社会性的统一，权利和义务的统一，形式和内容的统一，以及具有广泛性、公正性、平等性等。我国《宪法》规定了“国家尊重和保障人权”。我国《宪法》规定的公民权利，也属于人权的组成部分。我国公民享有充分的生存权、政治权利和经济社会文化权利，而且是有法律保障的。

（二）公民的概念及其权利和义务

公民是指具有一国国籍的人，一个人具有哪个国家的国籍，就是哪个国家的公民，依照该国宪法和法律规定享有相应权利和承担义务。可见，国籍是公民的必备条件和基本标志。我国《宪法》规定：“凡具有中华人民共和国国籍的人都是中华人民共和国公民。”公民在国家中的地位和相互关系反映在法律上，就是公民依照法律享有权利并履行义务。公民的权利，是指宪法和法律赋予公民实现某种行为的可能性；公民的义务，是指宪法和法律规定的公民实施某种行为的必要性。

（三）我国公民的基本权利

宪法赋予公民的基本权利，包括以下几个方面：

1. 平等权

平等权是指公民依法享有权利和履行义务，不受任何差别对待，要求国家同等保护的权利，是公民实现其他权利的前提与基础。我国《宪法》规定：“中华人民共和国公民在法律面前一律平等。”

2. 政治权利和自由

公民的政治权利和自由，是指宪法规定公民有权参加国家政治生活的民主权利，以及在政治上享有表达个人意见和意愿的自由。它是社会主义制度下公民享有的一项极其重要的基本权利。具体包括两个方面：① 选举权和被选举权。选举权和被选举权是公民享有法定权利和履行法定义务的前提，是人民当家做主，管理国家和社会的最重要的一项政治权利。我国《宪法》规定：“中华人民共和国年满十八周岁的公民，不分民族、种族、性别、职业、家庭出身、宗教信仰、教育程度、财产状况、居住期限，都有选举权和被选举权；但是依照法律被剥夺政治权利的人除外。”② 政治自由。我国《宪法》还规定，我国公民有言论、出版、集会、结社、游行、示威的自由。公民依法行使这些政治自由，来表达自己的意愿和要求，政治自由是国家政治生活是否民主的具体表现。

3. 宗教信仰自由

我国《宪法》规定：“中华人民共和国公民有宗教信仰自由。”宗教信仰自由是指每个公民既有信仰宗教的自由，也有不信仰宗教的自由；既有信仰这种宗教、教派的自由，也有信仰那种宗教、教派的自由；既有过去不信仰宗教而现在信仰宗教的自由，也有过去信仰宗教而现在不信仰宗教的自由。我国《宪法》还规定："任何国家机关、社会团体和个人不得强制公民信仰宗教或者不信仰宗教，不得歧视信仰宗教的公民和不信仰宗教的公民。""国家保护正常的宗教活动。任何人不得利用宗教进行破坏社会秩序、损害公民身体健康、妨碍国家教育制度的活动。""宗教团体和宗教事务不受外国势力的支配。"依照宪法精神和相关法律规定，任何人都不得打着宗教信仰的旗号组织或参加邪教组织，同时，宗教团体和宗教事务不受外国势力的支配。

4. 人身权利和自由

人身权利和自由是公民最重要的基本权利，是公民享有其他一切自由和权利的基础。人身权利和自由包括：人身自由不受侵犯，与人身相联系的人格尊严不受侵犯，住宅不受侵犯以及通信自由和通信秘密受法律保护。我国《宪法》规定，任何公民，非经人民检察院批准或者人民法院决定，并由公安机关执行，不受逮捕。禁止非法拘禁或以其他方法非法剥夺或者限制公民的人身自由，禁止非法搜查公民的身体。《宪法》还规定，公民的人格尊严不受侵犯，禁止用任何方法对公民进行侮辱、诽谤和诬告陷害。公民的住宅不受侵犯，禁止非法搜查或者非法侵入公民的住宅。《宪法》又规定，公民的通信自由和通信秘密受法律的保护，除因国家安全或者追查刑事犯罪的需要，公安机关或者检察机关依照法律规定的程序对通信进行检查外，任何组织或者个人不得以任何理由侵犯公民的通信自由和通信秘密。

5. 批评、建议权和申诉、控告、检举权以及取得赔偿权

批评、建议权是指公民对于任何国家机关和国家工作人员的工作有权进行监督，对他们的缺点错误有权提出批评和建议。申诉、控告、检举权是指公民对于任何国家机关和国家工作人员的违法失职行为，有向有关国家机关提出申诉、控告或者检举的权利，但是不得捏造或者歪曲事实进行诬告陷害。取得赔偿权是指由于国家机关和国家工作人员侵犯公民权利而受到损失的人，有依照法律规定取得赔偿的权利。现在，我国已制定了国家赔偿法，为公民取得赔偿权的实现提供了具体的法律依据。

6. 社会经济权利

社会经济权利是指宪法规定的公民享有物质经济利益方面的权利，它是公民实现其他权利的重要保证。根据《宪法》规定，我国公民的经济权利包括以下内容：① 劳动的权利和义务。劳动权，是指凡有劳动能力的公民都有获得工作和取得劳动报酬的权利。我国《宪法》把劳动既规定为公民的权利，同时又规定为公民的义务。为保障公民劳动权利与义务的实现，《宪法》规定，国家通过各种途径，创造劳动就业条件，加强劳动保护，改善劳动条件，在发展生产的基础上，提高劳动报酬和福利待遇，同时国家对就业前的公民进行必要的劳动就业训练。② 休息权。《宪法》规定，中华人民共和国劳动者有休息的权利。国家发展劳动者休息和休养的设施，规定职工的工作时间和休假制度。③ 退休人员的生活保障权。我国宪法和有关法律法规都对退休制度作了规定，使退休人员的生活受到国家和社会的保障。④ 物质帮助权。《宪法》规定，我国公民在年老、疾病或者丧失劳动能力的情况下，有从国家和社会获得物质帮助的权利。

7. 文化教育权利和自由

文化教育权利和自由是指公民在教育和文化活动方面所享有的权利和自由。它包括受教育权、科学研究权、文学创作权和其他文化活动的自由权。《宪法》规定，中华人民共和国公民有受教育的权利和义务。国家培养青年、少年、儿童在品德、智力、体质等方面全面发展。公民有进行科学研究、文学艺术创作和其他文化活动的自由。国家对于从事教育、科学、技术、文学、艺术和其他文化事业的公民的有益于人民的创造性工作，给以鼓励和帮助。这些规定对于提高全民族的科学文化水平，加速建设高度文明和高度民主的社会主义国家有着重要意义。

8. 特定主体的权利

(1) 妇女的权利和对婚姻、家庭、母亲、儿童、老人的保护　我国《宪法》规定，妇女在政治、经济、文化、社会和家庭生活等各方面享有同男子平等的权利。国家保护妇女的合法权益，实行男女同工同酬，培养和选拔妇女干部。婚姻、家庭、母亲和儿童受国家的保护。夫妻双方有实行计划生育的义务。父母有抚养教育未成年子女的义务，成年子女有赡养扶助父母的义务。禁止破坏婚姻自由，禁止虐待老人、妇女和儿童。为此，国家专门制定和实施了《妇女权益保障法》《未成年人保护法》《老年人权益保障法》，将宪法规定的这些权利进一步具体化。例如“常回家看看”就写进了《老年人权益保障法》。

(2) 国家保护华侨的正当的权利和利益，保护归侨和侨眷的合法的权利和利益　我国《宪法》规定：“中华人民共和国保护华侨的正当的权利和利益，保护归侨和侨眷的合法的权利和利益。”华侨是侨居国外的中国公民。归侨是返回祖国居住的华侨。侨眷是华侨的眷属。宪法的这项规定，对于团结广大的爱国华侨、归侨和侨眷，共建强大的社会主义祖国，共同完成祖国的统一大业，具有积极的意义。

(四) 我国公民的基本义务

宪法关于公民基本义务的规定，是国家向公民提出的基本要求，也是公民对国家和社会应尽的责任。根据宪法规定，公民的基本义务有以下几个方面。

1. 维护国家统一和全国民族团结

国家的统一和民族的团结，是我国革命和建设事业取得胜利的基本保证。认真执行宪法的这一规定，自觉地维护国家的统一和各民族的团结，是我国各民族人民的光荣职责。

2. 遵守宪法和法律，保守国家秘密，爱护公共财产，遵守劳动纪律，遵守公共秩序，尊重社会公德

宪法和法律是全国人民共同意志的体现，任何违反宪法和法律的行为都是对国家和人民利益的危害；因此，遵守宪法和法律是每个公民义不容辞的责任。国家秘密是涉及国家安全和利益，依照法定程序确定，在一定时间内只限一定范围的人员知悉的事项。保守国家秘密，关系到国家的安全和社会主义现代化建设的顺利进行，每个公民都应当提高保密意识，严守国家秘密，并同一切窃密、泄密行为做斗争。公共财产是指社会主义国家集体共有的财产。它是建设社会主义现代化和逐步提高人民群众物质和文化生活水平的物质保证。劳动纪

律是指劳动者在共同劳动或共同工作中必须遵守的秩序和规则。公共秩序是指为维护社会公共生活所必须共同遵守的秩序，包括生产秩序、工作秩序、教学秩序、营业秩序、交通秩序和公共场所秩序等。遵守公共秩序，就是要求公民依照各种有关公共秩序的规则办事，创建卫生、安全、良好、有序的公共生活环境。社会公德是公共生活中人人必须遵守的最起码、最基本的道德规范，是社会道德在社会生活中的具体体现。

3．维护祖国的安全、荣誉和利益

维护祖国安全是指保卫祖国免受外国的侵略、威胁和破坏。每个公民都要以国家利益为重，自觉维护祖国安全、荣誉和利益，同一切危害祖国安全、荣誉和利益的行为做斗争。

4．保卫祖国、依法服兵役和参加民兵组织

国家的独立和安全，关系着祖国的前途和命运，因此，保卫祖国、抵抗侵略是每个公民的神圣职责。我国《兵役法》对我国的兵役制度做了全面的规定，其中有“高等院校的学生在就学期间，必须接受基本军事训练”的规定。这是大学生在就学期间履行兵役义务的基本形式，是高等院校必须进行的一项教育内容。

5．依法纳税

税收是国家财政收入的重要组成部分，也是调节生产、流通、分配和消费的重要杠杆。我国《宪法》规定：“中华人民共和国公民有依照法律纳税的义务。”我国税收“取之于民，用之于民”。依法纳税实际上体现了公民个人利益与国家利益的一致性，因此，每个公民都应增强纳税意识，自觉履行纳税义务。

6．其他义务

除以上义务外，我国《宪法》还规定，公民有劳动和接受教育的义务；夫妻双方有实行计划生育的义务；父母有抚养教育未成年子女的义务，成年子女有赡养扶助父母的义务。

（五）公民的权利和义务的特点

我国宪法规定的公民的基本权利和基本义务，体现了我国的社会主义性质，具有以下特点。

1．公民基本权利的广泛性

公民基本权利的广泛性表现在以下两个方面：第一，享有基本权利的主体非常广泛，包括以工人、农民、知识分子为主体的全体社会主义劳动者，拥护社会主义的爱国者和拥护祖国统一的爱国者。除了依法被剥夺政治权利的人所享有的权利受到一定限制外，其他所有公民都依法享有各种权利。第二，享有基本权利的范围非常广泛，公民享有政治、经济、文化、教育以及人身等各个方面的权利和自由。

2．公民基本权利的现实性

公民基本权利的现实性表现在以下两个方面：第一，宪法对公民基本权利的规定是从实际出发和实事求是的。它充分考虑了我国的国情，是从我国现阶段经济文化发展水平的实际状况出发的，因而是切实可行的。第二，宪法规定的公民的基本权利是有法律保障和物质保

障的。例如，根据《选举法》的规定，选举经费由国库开支，破坏选举的行为要受到法律制裁等。这就为公民行使选举权提供了物质保障和法律保障。

3. 公民基本权利和基本义务的平等性

公民基本权利和基本义务的平等性集中地表现为公民在法律面前一律平等。公民既平等地享有法律赋予的权利，又平等地履行法律规定的义务。在适用法律上，对所有公民的合法权益都要平等地加以保护；对任何公民的违法犯罪行为都要平等地追究法律责任并予以相应的法律制裁。在遵守法律上，一切公民不论其地位和身份如何，都必须自觉地、严格地遵守法律。此外，公民基本权利和基本义务的平等性还表现为：公民选举权和被选举权的平等、男女平等、民族平等等。

4. 公民基本权利和基本义务的一致性

公民基本权利和基本义务的一致性表现在三个方面。首先，公民享有权利和履行义务是统一的，《宪法》第三十三条规定："任何公民享有宪法和法律规定的权利，同时必须履行宪法和法律规定的义务。"正如马克思所说的："没有无义务的权利，也没有无权利的义务。"在我国，不允许任何公民只享有权利而不履行义务，也没有只尽义务不享有权利的公民。其次，公民的权利和义务是相互促进的。公民享有的权利越广泛，就越能促进公民更加自觉地履行自己的义务。公民只有认真履行自己的义务，社会主义事业才能加速发展，才能为公民权利的实现创造有利的条件和提供可靠的保障。再次，某些权利和义务是彼此结合的，比如，劳动和受教育，就既是公民的权利，又是公民的义务。

四、我国的国家机构

（一）国家机构的概念

国家机构是统治阶级为了行使国家权力，按照一定的组织原则建立起来的具有不同职能和层次的国家机关的总称。在我国按照国家机关的不同职能，可分为权力机关、行政机关、军事机关、审判机关和检察机关；按照国家机关的不同等级，又可分为中央国家机关和地方国家机关。国家机构的性质是由国家政权的性质决定的。国家机构的性质主要体现在它的人员构成、组织与活动原则以及由它所担负的职能和任务方面。由于国家的历史情况不同，因而存在着不同类型的国家机构。

（二）我国国家机构的组织与活动原则

1. 民主集中制的原则

我国《宪法》规定："中华人民共和国的国家机构实行民主集中制的原则。"民主集中制是指导我国政治生活的主要原则，也是我国国家机构组织活动的基本原则。民主集中制原则作为国家机构的组织活动原则，主要包含两个方面的含义：一方面，国家机构建立在充分民主的基础之上，国家机关对国家重大问题的决定，对国家重大事务的管理，必须符合广大人民群众的利益和要求；另一方面，国家又在民主的基础上进行集中，形成正确的决定，集中处理国家事务。

2．社会主义法治原则

社会主义法治原则就是指国家法律制度的完备和国家机关严格依照宪法和法律的规定管理国家和社会事务，切实做到科学立法，严格执法，公正司法，全民守法。从某种意义上说，国家机构坚持和贯彻社会主义法治原则是实现我国“依法治国，建设社会主义法治国家”目标的基本要求，同时也是基本标准。

3．联系群众、为人民服务的原则

我国《宪法》规定：“一切国家机关和国家工作人员必须依靠人民的支持，经常保持同人民的密切联系，倾听人民的意见和建议，接受人民的监督，努力为人民服务。”一切国家机关和国家工作人员都应当坚持“从群众中来，到群众中去”的工作方法，同时要牢固树立为人民服务的思想，并努力使自身的各种职能活动都真正代表人民群众的根本利益。

4．精简和效率原则

我国《宪法》规定：“一切国家机关实行精简的原则，实行工作人员的培训和考核制度，不断提高工作质量和工作效率，反对官僚主义。”这一规定要求国家要进行机构改革、行政体制改革和人事制度改革，建立一个廉洁、高效的国家机构体系。

（三）我国国家机构的体系

1．中央国家机关

中央国家机关是指根据我国宪法、选举法、国家机关组织法建立的统一行使国家权力的最高国家职能机关。中央国家机关是相对地方国家机关而言的，它是国家的最高层次的政权组织体系。其职权具有全国性的效力。具体说来，我国的中央国家机关有：

（1）全国人民代表大会和全国人民代表大会常务委员会　全国人民代表大会既是最高国家权力机关又是最高国家立法机关，它由省、自治区、直辖市、特别行政区和军队选出的代表组成，各少数民族都应当有适当名额的代表。它代表全国各族人民的意志和利益，行使国家权力，向全国人民负责，受全国人民监督。它在国家机构体系中居于首要地位，其他国家机关均由它产生，对它负责，受它监督。全国人民代表大会通过的法律和决议，各国家机关都必须遵守执行。全国人民代表大会每年举行一次会议，每届任期五年。全国人民代表大会常务委员会是全国人大常设机关，是最高国家权力机关的组成部分。它由全国人大选出的委员长、副委员长、秘书长、委员组成，每届任期五年，在全国人大闭会期间，行使最高国家权力。它同全国人民代表大会共同享有国家立法权，同时还具有宪法和法律的解释权、监督法律实施权及重大事务决定权等重要权力。

（2）国家主席　现行宪法规定的国家主席是我国中央国家机构的重要组成部分。国家主席行使国家元首的职权，对外代表国家。副主席协助主席工作。中华人民共和国主席、副主席由全国人民代表大会选举产生，凡是有选举权和被选举权的年满四十五周岁的中华人民共和国公民，都可以被选为中华人民共和国主席、副主席。根据现行宪法的规定，国家主席参与但不干预国家行政事务，只是根据最高国家权力机关的决定行使宪法规定的职权。国家主席、副主席的任期同全国人大任期相同，每届任期五年，连续任职不超过两届。

（3）国务院　国务院即中央人民政府，是我国最高国家行政机关，也是最高国家权力机关的执行机关。国务院向最高国家权力机关负责并报告工作，受最高国家权力机关监督。国务院实行总理负责制的领导体制，由总理领导国务院的工作，副总理、国务委员协助总理工作。国务院会议分为国务院常务会议和国务院全体会议两种，由总理召集和主持。国务院总理在领导国务院工作中处于主导地位，对国务院工作负全部责任，并有完全的决定权。

(4) 中央军事委员会　中华人民共和国中央军事委员会是国家最高军事领导、统帅和决策机关。它领导全国武装力量，是国家机构的一个重要组成部分。中央军事委员会由主席、副主席若干人和委员若干人组成。中央军事委员会主席由全国人民代表大会选举产生。根据中央军事委员会主席的提名，全国人大决定中央军事委员会其他组成人员的人选。全国人大有权罢免中央军事委员会主席和中央军事委员会的其他组成人员。中央军事委员会实行主席负责制，中央军委主席对全国人大和全国人大常委会负责。中央军委的任期同全国人大每届任期相同，但中央军委主席连任没有法律限制。

(5) 最高人民法院　最高人民法院是我国的最高审判机关。最高人民法院院长由全国人大选举和罢免，其每届任期与全国人大每届任期相同，连续任职不超过两届。最高人民法院对全国人大和全国人大常委会负责并报告工作。最高人民法院审理法律规定应由它管辖的全国性重大案件，以及依法律程序应由它审理的上诉、抗诉案件，监督地方各级人民法院和专门人民法院的审判工作，并负责就审判过程中具体适用法律问题进行司法解释。

(6) 最高人民检察院　最高人民检察院是国家最高法律监督机关。法律监督是国家维护宪法和法律统一实施的一项重要权力，通称检察权。最高人民检察院检察长由全国人大选举和罢免，其每届任期与全国人大每届任期相同，连续任职不超过两届。最高人民检察院对全国人大负责并报告工作。最高人民检察院依照法律规定行使法律监督权，领导地方各级人民检察院和专门人民检察院的工作。

2. 地方国家机关

地方国家机关是指国家的行政区划由选民以直接或间接方式选举产生的地方各级国家权力机关，及由其产生的地方各级行政机关、审判机关和检察机关。

(1) 地方各级人民代表大会　根据我国现行宪法和组织法的规定，我国的省、自治区、直辖市、自治州、县、自治县、市、市辖区、乡、民族乡、镇设立人民代表大会。县级以上地方各级人民代表大会设立常委会。地方各级人民代表大会由人民选举代表组成。县级以下人大代表由选民直接选举产生；省级、设区的市、自治州的人大代表由下一级人大选举产生。地方各级人民代表大会每届任期五年。地方各级人大对其产生的原选举机关和选民负责，本级地方国家行政机关、审判机关和检察机关都由本级人大产生，在本行政区域内要对它负责，受它监督。因此，地方各级人大在本行政区域的国家体系中处于首要地位。

(2) 地方各级人民政府　根据现行宪法和现行地方组织法的规定，地方各级人民政府是地方各级国家权力机关的执行机关，是地方各级国家行政机关。地方各级人民政府由同级人大产生，并对其负责任，受其监督，县级以上地方人民政府在同级人大闭会期间对人大常委会负责并报告工作。地方各级人民政府还要对上级国家行政机关负责并报告工作，并接受和服从国务院的统一领导。

(3) 地方各级人民法院　地方各级人民法院是国家地方各级审判机关。地方各级人民法院根据我国的行政区划、人民法院的组织体系和司法审级而设置。根据宪法和有关法律的规定，我国人民法院的组织体系是：最高人民法院、地方各级人民法院和专门人民法院。地方各级人民法院包括：高级人民法院、中级人民法院和基层人民法院。专门人民法院包括军事法院、海事法院等。

（4）地方各级人民检察院　地方各级人民检察院是国家的地方各级法律监督机关。根据宪法和人民检察院组织法的规定，我国人民检察院的组织体系是：最高人民检察院、地方各级人民检察院和专门人民检察院。地方各级人民检察院分为：省、自治区、直辖市人民检察院；省、自治区和直辖市人民检察院分院；自治州和省辖市人民检察院；县、市、自治县、市辖区人民检察院，地方各级人民检察院的任期与同级人大每届任期相同。

第三节　树立社会主义法治理念

法治理念是理性化的法治观念，是法治的灵魂，是指导人们进行法治实践的思想基础、基本原则、价值追求。法治理念根植于一定社会的经济、政治、文化等诸方面的必然性要求之中，人们在长期的法治实践中会自觉不自觉地形成一定的法治观念，并在其支配下参与法治实践。在中国特色社会主义法治国家，大学生应当自觉树立社会主义理念，同时以社会主义法治理念为指导，积极参与社会主义法治建设实践。

社会主义法治理念是体现社会主义法治内在要求的一系列观念、信念、理想和价值的集合体，是指导和调整社会主义立法、执法、司法、守法和法律监督的方针和原则。

一、社会主义法治理念的基本内容

社会主义法治理念的基本内容包括依法治国、执法为民、公平正义、服务大局、党的领导五方面内容，是一个相辅相成、不可分割的有机整体，构成了社会主义法治理念完整的理论体系。

（一）依法治国是社会主义法治的核心内容

除了法律规范之外，道德、宗教等都是调整社会的重要规范，但是新中国法治建设的历程告诉我们，建设中国特色社会主义法治国家，必须依“法”治国，而非依“人”或其他社会规范治理国家。依法治国是社会主义法治的核心内容，其主要理由在于：

1. 依法治国体现了我们党治国理政观念的重大转变

改革开放之后的社会主义建设实践经验证明，“法治”对国家具有极其重要的意义。在党的十五大报告中明确提出依法治国的基本方略，将过去“建设社会主义法治国家”的提法改变为“建设社会主义法治国家”，极其鲜明地突出了对“法治”的强调。1999 年，“依法治国，建设社会主义法治国家”被正式写入宪法。2007 年党的十七大报告中提出“全面落实依法治国的基本方略，加快建设社会主义法治国家”，标志着我们党坚定不移地选择了社会主义法治的治国道路，从而完成了我们党执政治国理念的一次深刻而重大的转变。

2. 依法治国是实现国家长治久安的重要保障

依法治国是中国基本国情的要求。中国是一个大国，要有效治理这样一个大国，必须稳定地保持中央的高度权威，同时还必须充分发挥地方的积极性，因地制宜地回答和解决地方性问题。法治不仅可以保证基本规则和政策的稳定性，而且有助于将中央的权威以及中央与地方的关系制度化；不仅使问题的处理可以依赖于当代人的智慧，而且还可以借助制度凝结的前代人智慧，并通过各层级之间以及同一层级的各国家机构的有效分工合作得以实现，从而保证了效率和公正。

3. 依法治国是发展社会主义民主政治的必然要求

发展社会主义民主政治，建设社会主义政治文明，是全面建设小康社会的重要目标。只有依法治国，人民才能通过各种法定形式参政、议政，管理国家和社会事务；才能通过法定程序保证国家的重大决定符合自己的根本利益；才能使自己的一切合法权利和自由得到切实保障，并在受到侵害时能及时获得法律的有效救助。因此，要推进社会主义民主建设，必须依法治国。

（二）执法为民是社会主义法治的本质要求

执法为民是社会主义法治的本质要求，是人民当家做主的社会主义国家性质在法治上的必然反映，是执政为民的具体体现，其主要包括以人为本、保障人权和文明执法三方面内容。

1. 以人为本是执法为民的根本出发点

以人为本是科学发展观的核心，也是执法为民的根本出发点。其具体要求为：以维护最广大人民群众的根本利益为本；执法为了人民；执法依靠人民。

2. 尊重和保障人权是执法为民的基本要求

尊重和保障人权是我国宪法规定的一项基本原则，人权通常是指普遍的人类权利，在我国主要指宪法赋予公民的各项基本权利，主要包括：公民的生存发展的权利、政治权利、经济社会文化权利与妇女、老人等弱势群体的权利。上述公民权利如果遭受到侵犯而得不到救济，势必会极大地损害宪法与法律的威信，所以贯彻落实执法为民必须坚持尊重和保障人权原则。

3. 文明执法是执法为民的客观需要

所谓文明执法，就是在行政执法中树立以人为本、依法行政、执政为民的理念，充分尊重行政执法相对人的权益，严格遵循法律规定的执法程序，坚持教育与处罚相结合，管理与服务相结合，不断提高行政执法效能，为建设和谐社会和法治社会提供保障。这也是新时期人民群众对执法工作所提出的更高要求。

（三）公平正义是社会主义法治的价值追求

公平正义，就是社会各方面的利益关系得到妥善协调，人民内部矛盾和其他社会矛盾得到正确处理，社会公平和正义得到切实维护和实现。公平正义理念的核心内涵可从以下几方面理解：

（1）法律面前人人平等　法律面前人人平等包括平等对待、反对特权、禁止歧视三方面内容。任何人都不享有超越宪法、法律的特权。公民在宪法和法律面前一律平等，是我国宪法确立的基本原则。

（2）合法合理是公平正义的内在品质　任何组织或个人追求和实现公平正义的方式只有既合乎宪法和法律的规定，又符合事物的内在规律，才能为社会公众所普遍接受。

（3）程序正当是实现公平正义的方式与载体　所谓程序正当，是指司法机关必须严格遵守法定程序的规定，保证案件及时正确处理，确保公平、效率、人权保障与司法监督等价值目标得以实现。

（4）及时高效是衡量公平正义的重要标尺　及时高效，要求以公平正义为前提和基础，最短的时间、最少的成本投入、最低的资源消耗实现最大程度的公平正义，即要求做到完善体制、平均成本和提高效率。

（四）服务大局是社会主义法治的重要使命

服务大局要求牢牢把握大局，紧紧围绕大局，切实立足本职，全面保障服务社会主义经济建设、政治建设、文化建设、社会建设以及生态文明建设，建设富强、民主、文明的社会主义国家。这是社会主义法治的重要使命。把握大局，围绕大局，立足本职，要求各级政法机关和政法干警，必须紧紧围绕党和国家大局开展工作，立足本职，全面正确履行职责，致力于推进全面建成小康社会进程，努力创造和谐稳定的社会环境和公正高效的法治环境。

（五）党的领导是社会主义法治的根本保证

建设社会主义法治国家，最根本的就是要把坚持党的领导、人民当家做主和依法治国有机统一起来。党的领导包括政治领导、思想领导、组织领导。要自觉地把坚持党的领导、巩固党的执政地位和维护社会主义法治统一起来，把贯彻落实党的路线方针政策和严格执法统一起来，把加强和改进党对政法工作的领导与保障司法机关依法独立行使职权统一起来，始终坚持正确的政治立场，忠实履行党和人民赋予的神圣使命。

二、树立社会主义法治理念的重要意义

社会主义法治理念是我国社会主义法治建设的思想观念体系，反映了社会主义法治的性质、功能、目标方向、价值取向和实现途径，是社会主义法治的核心和精髓，是我国立法、执法、司法、守法和法律监督的指导思想。改革开放以来，我们党一贯高度重视法治。党的十八届四中全会通过《中共中央关于全面推进依法治国若干重大问题的决定》，更具体、更全面、更有针对性地制定了全面推进依法治国的路径图。在此情况下，树立社会主义法治理念意义极其重大。

（一）树立社会主义法治理念，是预防违法犯罪、理性维护自身合法权益的需要，也是建设和谐社会的需求

近几年，高校大学生犯罪，以及针对大学生的犯罪案件，屡屡发生，其中不乏重大刑事案件。随着市场经济的深入发展，大学生利益需求呈现多元化态势，加之，大学生工学结合的需求，大学生在日常学习、生活中面临着诸如兼职、购物、交通、旅游等经济交往问题；进入社会后，面临着就业、创业、婚姻等一系列问题。这些问题产生纠纷后，有正确法治观念的青年首先应当以理性冷静的态度去处理，其次要善于运用法律知识来解决，用比较低的成本（法律途径）而非过激的行为来实现自己的诉求。大学生在校期间，学校需要及时关

注在校生权益维护问题，有效避免学生过激化、极端化的维权行动。处理好大学生的问题，自然对构建和谐社会有极大的帮助。

（二）树立社会主义法治理念是培育和践行社会主义核心价值观的必然要求

“自由、平等、公正、法治”，是对美好社会的生动表述，也是从社会层面对社会主义核心价值观基本理念的凝练。其中的“法治”是治国理政的基本方式，依法治国是社会主义民主政治的基本要求。它通过法治建设来维护和保障公民的根本利益，是实现自由平等、公平正义的制度保证。在实现依法治国进程的宏伟蓝图中，公民法治理念的提高具有基础性地位，也是衡量一个社会文明程度的重要标志。公民法治理念水平的高低决定着一个国家的法治土壤肥沃与否。大学生是各行各业的生力军，其法治理念水平的高低，影响着我国公民法治理念的整体水平。指导大学生树立法治理念是高等院校培育和践行社会主义核心价值观，参与依法治国不可推卸的职责。

（三）树立社会主义法治理念，有利于理解中国特色社会主义法律体系的内在精神

构成中国特色社会主义法律体系的众多法律，遵循或体现着共同的法律理念、精神。社会主义法治理念是对中国特色社会法律体系内在理念、精神最准确、最深刻的诠释，其五个方面的内容分别从不同的方面概括出了中国特色社会主义法律体系的核心内容、本质要求、价值追求、重要使命、根本保证等理念。因此，大学生通过学习和理解社会主义法治理念，能够把握中国特色社会主义法律体系的内在精神。

第四节　培养社会主义法治思维方式

一、法治思维方式的含义和特征

能否加快建设社会主义法治国家，在一定程度上要看社会主义法治思维能否深入人心，全民能否运用法治思维分析问题和解决问题。因此，培养公民的法治思维方式极其重要。作为社会的生力军，大学生要准确把握法治思维方式的基本含义和特征，逐步培养法治思维方式，提高依法解决问题的能力。

（一）法治思维方式的基本含义

法治思维方式就是人们运用法治的理念、原则和标准作为判断是非、分析问题、解决问题的标准的思维方式。法治思维方式是一种逻辑的、理性的思维方式，强调思维方式要符合法治的理念、精神、原则和逻辑，具备了法治思维，就会主动运用法治方式认识和解决问题，法治思维外化为法治行为、体现为法治方式，就能真正发挥作用。

（二）法治思维方式的特征

1. 法律至上

法律至上指宪法和法律至高无上。法律至上体现了对法律的信仰。卢梭说：“法律既不

是铭刻在大理石上，也不是铭刻在铜表上，而是铭刻在公民们的内心里。”伯尔曼也曾说过：“法律必须被信仰，否则它将形同虚设。”没有对法律信仰的心理基础，任何社会都不能迈进法治社会的门槛。建设法治社会必须建立法律至高无上的权威，使法律成为人们的信仰。国家行为和公民行为都应在法治框架下进行。法律面前人人平等。无论国家机关、人民团体、企事业单位，还是社团组织、中介机构和公民个人在做决策、解决问题时，都要遵从法律、依法办事，如违反法律，就要受到法律制裁。

2. 权力制约

国家权力是人民赋予的，应为人民而行使，因此，权力运行必须受到有效制约和监督。具体如下：

（1）职权由法定　职权法定是法治的重要原则，也是严格执法的合法性基础。职权法定原则要求，执法机关的权力必须来自法律具体而明确的授予，执法机关必须在严格依据法律规定的权限内履行职责。

（2）有权必有责　即权利义务相一致原则。有权必有责包括两个方面的含义：一是行使权力要对所引起的法律后果负责，法律授予了权力，同时也就意味着赋予了责任；二是被法律赋予了权力而不去行使或者行使不到位，就是不尽职、不作为，就是失职渎职，也要承担相应的法律责任。

（3）用权受监督　权力必须受到监督是一切法治社会都要遵循的一条重要原则。我国《宪法》第二十七条明确规定，一切国家机关和国家工作人员都要受到监督的原则。

（4）违法受追究　这是法律权威与尊严的重要体现。在现实生活当中，对执法者的违法行为依法追究具有十分重要的意义。要建立起对执法犯法者的严厉追究机制。只有执法者的违法行为都毫无例外地依法受到追究和惩罚，才能给整个社会树立依法办事的良好示范。

3. 人权保障

以人为本，保护人权，实则是保障公民个人人权，规范公权，有效防止政府的侵害。人权的本质特征是自由与平等相统一。人权有个人人权和集体人权之分。前者指公民的生命、人身、政治、经济、社会、文化、通信、宗教等诸方面的自由与平等权；后者指种族平等权、民族平等权、自决权、发展权、环境权。法治必然要以保护人权作为重要内容，才能成为法治国家与非法治国家的重要标志。

4. 正当程序

正当程序是人们进行法律行为必须遵循或履行的法定的时间或空间上的步骤和形式，是实现实体权利和义务的合法方式和必要条件。因此，讲程序是法律思维的一个重要特征。

二、培养法治思维方式的途径

大学生培养法治思维方式，增强法治意识，养成依法办事的习惯，除了通过学习法律知识、掌握法律方法、参与法律实践等途径外，在日常生活中还应从以下四方面做起。

（一）养成依法办事的习惯

在依法治国的背景下，思考与处理涉及法律的社会问题，要以法律为准绳，逐渐养成从法律的角度思考、分析、解决问题的思维习惯。某种行为是合法行为还是违法行为，是一般违法行为还是犯罪行为，是否应当承担法律责任等，都应当以法律规定为标准做出判断。如果脱离法律来思考和处理问题，就谈不上法律思维。在社会生活中，人们有时会遇到法与理、法与情、法与习俗等的冲突，遇到合理不合法、合情不合法、合习俗不合法等的情况。其时，法律规定是最理性的，一般情况下对于这些冲突最终公平的解决手段就是法律。一项法律规定，只要它没有被修改或废除，就是有效的，人们就有义务遵守或执行。

（二）以证据为根据

思考与处理涉及法律的社会问题，要以事实为依据，以法律为准绳。只有正确认定事实，才能正确适用法律。事实的真相是证据证明出来的，只有掌握充分的证据，才能认清案件事实。因此，事实要以证据为根据。证据就是以法律规定的形式表现出来，证明案件真实情况的一切客观事实。证据有七种：① 书证；② 物证；③ 视听资料；④ 证人证言；⑤ 当事人的陈述；⑥ 鉴定结论；⑦ 勘验笔录和现场笔录。证据必须经过查证属实，才能作为定案的根据，因此，法律上的证据不同于一般的事实。证据有三个特点：① 证据的合法性。证据的合法性是指证明案件真实情况的证据必须符合法律规定的要求。证据必须是法定人员依照法律规定的程序和方法收集的；证据必须具备合法的形式；证据必须有合法的来源。② 证据的真实性。真实性也叫作证据的客观性或者确实性。它是指证据所反映的内容应当是真实的，客观存在的，不能主观臆断。③ 证据的关联性。证据的关联性又称相关性，是指证据与案件事实之间存在客观联系。与案件情况没有联系的客观事实，不能起证明案件真实情况的作用，不能成为案件的证据。

（三）按程序办事

思考与处理法律问题，要从法律程序出发，按程序办事。程序就是指人们遵循法定的时限和时序并按照法定的方式和关系进行法律行为。简单地说，就是人们实施某种法律行为时，应该先做什么事情，再做什么事情，后做什么事情，以及如何做这些事情才是符合法律规定的。我国目前有三大程序类法律，分别为民事诉讼法、行政诉讼法、刑事诉讼法。与其他类型的思维方式相比，法律思维更为关注行为的程序问题。

（四）讲求法理

思考与处理涉及法律的社会问题，要运用法律原理和法律精神。法律思维的任务不仅是获得处理法律问题的结论，而且要为法律结论提供充分的法律论证与法律理由。任何理性的法律思维都应当用适当的理由来支持所获得的结论。

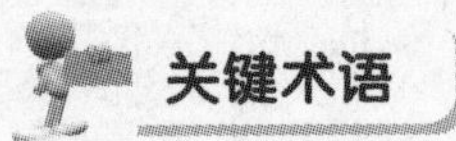

依法治国　　以德治国　　国家制度

国家机构　　　　　　法治理念　　　　　　法治思维

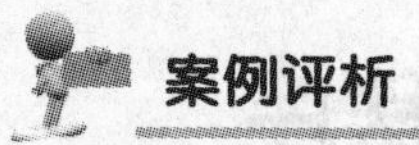

案例评析

1996 年，内蒙古 18 岁的呼格吉勒图被认定奸杀一女子，被执行死刑。9 年后，身负多起命案的赵志红落网，自称他是“呼格吉勒图案”的凶手。

2014 年 11 月 20 日上午，内蒙古自治区高级人民法院立案庭庭长暴巴图代表高级人民法院向呼格吉勒图父母送达立案再审通知书，备受关注的呼格吉勒图案进入再审程序。

2014 年 12 月 15 日，内蒙古自治区高级人民法院再审判决宣告原审被告人呼格吉勒图无罪。

2014 年 12 月 30 日，内蒙古高级人民法院依法做出国家赔偿决定：支付李三仁、尚爱云国家赔偿金共计 2 059 621. 40 元。

【评析】呼格吉勒图为何最终被判处无罪呢？原因在于供词与现场证据矛盾、供词之间互相矛盾等。用本案再审审判长孙炜的话说：“这个案子的基础先天不足，证据不足。”

18 年，逝者如斯，但真相永不褪色，这源于证明真相的证据是客观的。

法院决定再审该案，让人们看到了公正的希望。冤案得以昭雪，让人们对正义没有缺席感到喜悦。法院在司法理念上有了重大转变，有勇气有担当，顶住压力，做出重审决定；互联网时代，广大网民对逝去年轻生命的关切，表明我们国家民众素质、人权意识的提高，这两方面都标志着我国民主法治建设的进步。

党的十八大召开后，习近平总书记对政法机关做出“让人民群众在每一个司法案件中都感受到公平正义”的指示。这让我们对司法公正又多了一份信心。

还当事人一个司法公正，“呼格吉勒图案”不应是一个句号，而应该只是一个开始，一个让法律和制度更加完善的开始。随着法治中国的进步，法治精神渗透到社会的每一个角落，法治真正成为每一位群众的守护神，冤假错案就不会再次发生，公平正义就能真正为人们所看见、实实在在感受到，社会就会更加和谐。

思考与练习

1. 请简述依法治国的科学含义。
2. 全面推进依法治国的总目标是什么？
3. 依法治国的基本要求是什么？
4. 宪法规定的原则有哪些？
5. 宪法规定的我国国家制度是什么？
6. 公民的基本权利和义务有哪些？
7. 社会主义法治理念的内容是什么？
8. 大学生如何培养法治思维方式？

第八章　遵守法律规范　构建和谐秩序

概要及学习要点

婚姻家庭生活、职业生活及社会生活，是人们生活的重要领域。大学生学习和掌握这些领域的重要法律规范，就能在生活中知法、守法，依法理性处理好婚姻家庭生活、职业生活、社会生活中的问题，从而避免纠纷的发生，构建和谐家庭生活、和谐职业生活、和谐社会生活。

第一节　婚姻家庭中的有关法律

一、婚姻法

《中华人民共和国婚姻法》于1980年9月10日第五届全国人民代表大会第三次会议通过，根据第九届全国人民代表大会常务委员会第二十一次会议《关于修改<中华人民共和国婚姻法>的决定》修正，修改后的《婚姻法》于2001年4月28日施行。该法分为总则、结婚、家庭关系、离婚、救助措施与法律责任、附则共六章51条。修改后的《婚姻法》对夫妻财产关系、婚姻效力、离婚的条件和离婚后的权益保护等都做了更明确的规定。日前，我国调整婚姻关系的法律文件除了《婚姻法》之外，还有最高人民法院分别于2001年12月24日、2003年12月4日和2011年7月4日做出的三次《关于适用<中华人民共和国婚姻法>若干问题的解释》。

（一）婚姻法的基本原则

我国《婚姻法》第二条规定："实行婚姻自由、一夫一妻、男女平等的婚姻制度。保护妇女、儿童和老人的合法权益。实行计划生育。"这是关于婚姻法基本原则的规定，具体表现为以下五项：

1．婚姻自由原则

婚姻自由是指公民有权根据法律法规的规定，自主决定自己的婚姻大事，不受任何人强制和干涉，包括结婚自由和离婚自由两个方面。《婚姻法》第三条明确规定："禁止包办、买卖婚姻和其他干涉婚姻自由的行为。"

2．一夫一妻制原则

一夫一妻制是指一男一女结为夫妻的婚姻制度，它包含两层含义：第一，一个男人只能娶一个妻子，一个妇女也只能嫁一个丈夫；第二，婚姻应当是一男一女的结合，同性间不能形成婚姻。在一夫一妻制度下，任何人，无论地位高低，财产多少，都不得同时有两个或两个以上的配偶；已婚者在配偶死亡（包括宣告死亡）或离婚之前，不得再行结婚；一切公开或隐蔽的一夫多妻制或一妻多夫的两性关系都是违法的。

3．男女平等原则

男女平等是指男女双方在婚姻家庭中地位平等，享有平等的权利，负有平等的义务。

4．保护妇女、儿童和老人的合法权益原则

保护妇女、儿童和老人的合法权益是指妇女、儿童和老人在婚姻家庭方面的权利和利益，国家给予特殊的重视和保护。

5．实行计划生育的原则

计划生育是指通过生育机制有计划地调节人口再生产。就我国的实际情况而言，实行计划生育是为了有计划地控制人口增长，提高人口素质。

为保障五项基本原则的贯彻实施，《婚姻法》有六项禁止性：禁止包办、买卖婚姻和其他干涉婚姻自由的行为；禁止借婚姻索取财物；禁止重婚；禁止家庭成员间的虐待和遗弃；禁止有配偶者与他人同居；禁止家庭暴力。

另外，还从正面做了宣言性规定，即：夫妻应当互相忠实，互相尊重。家庭成员间应当敬老爱幼，互相帮助，维护平等、和睦、文明的婚姻家庭关系。

（二）结婚的条件和程序

结婚，又称婚姻的成立，是指男女双方依照法律规定的条件和程序，确立夫妻关系的民事法律行为。它包括三层含义：结婚必须是男女两性的结合，结婚必须符合法定条件并遵守法定程序，结婚是男女双方确立夫妻关系的民事法律行为。

1．结婚的条件

《婚姻法》规定的结婚条件，即结婚的实质条件，包括必备条件和禁止条件两个方面。结婚的必备条件有三个：一是男女双方本人完全自愿。不许任何一方对他方加以强迫或任何第三者加以干涉。二是必须达到法定结婚年龄。《婚姻法》规定，男不得早于二十二周岁，女不得早于二十周岁。三是必须符合一夫一妻制。双方均无配偶，即未婚、丧偶（原配偶生理死亡或宣告死亡）、离婚。有配偶的人又与他人结婚或以夫妻名义共同生活的行为，或明知他人有配偶而与之结婚或者与之以夫妻名义共同生活的行为构成重婚罪，要承担法律责任。结婚的禁止条件有两个：一是直系血亲和三代以内的旁系血亲之间，禁止结婚。二是患有医学上认为不应当结婚的疾病者，禁止结婚。

2．结婚的程序

结婚的程序，即结婚的形式要件，指法律规定的缔结婚姻所必须履行的方式。

登记是我国结婚的唯一法定程序。符合结婚条件的男女双方必须亲自到婚姻登记机关进行登记结婚。经过登记机关的审查，符合规定的，准予登记，并发给结婚证，才算确立了合法的夫妻关系，受到法律的保护。我国内地居民办理婚姻登记的机关，是县级人民政府民政部门或乡（镇）人民政府，省、自治区、直辖市人民政府可以按照便民原则确定农村居民办理婚姻登记的具体机关。

（三）家庭关系

我国《婚姻法》规定的家庭关系包括夫妻关系、父母子女关系和其他家庭成员关系。

1. 夫妻关系

夫妻关系，包括人身关系和财产关系两个方面。

夫妻间的人身关系，是指夫妻双方与其人身不可分离而没有直接经济内容的在人格、身份、地位以及生育等方面的权利与义务关系。有以下几方面的内容：一是夫妻都有各用自己姓名的权利。二是夫妻都有生产、工作、学习和社会活动的自由，任何一方都不得对他方加以限制或干涉。三是夫妻都有实行计划生育的义务。

夫妻间的财产关系，是指夫妻双方在财产、扶养和继承等方面的权利与义务关系。有以下几方面的内容：一是我国夫妻财产婚后所得共同制，也不排斥夫妻就财产的归属另行约定制。二是夫妻有互相扶养的义务；一方不履行扶养义务时，需要扶养的一方，有要求对方付给扶养费的权利。三是夫妻作为第一顺序法定继承人相互享有继承权。

2. 父母子女关系

父母子女关系，也称亲子关系，是指父母与子女之间的权利与义务关系。依据我国《婚姻法》的规定，父母子女关系可以分为婚生父母子女、非婚生父母子女、养父母养子女和继父母继子女四类。

婚生父母子女之间的权利义务依据我国《婚姻法》的规定主要有：一是父母对子女有抚养教育的义务。父母不履行抚养义务时，未成年的或不能独立生活的成年子女，有要求父母付给抚养费的权利。二是子女对父母有赡养扶助的义务。子女不履行赡养义务时，无劳动能力的或生活困难的父母，有要求子女付给赡养费的权利。禁止溺婴、弃婴和其他残害婴儿的行为。三是父母有管教和保护未成年子女的权利和义务。在未成年子女对国家、集体或他人造成损害时，父母有承担民事责任的义务。四是父母和子女有相互继承遗产的权利。

非婚生子女与生父母的关系、受继父或继母抚养的继子女与继父母的关系、养子女与养父母的关系，与婚生子女与父母的关系相同。

3. 其他家庭成员关系

其他家庭成员关系，是指祖父母、外祖父母与孙子女、外孙子女之间，兄弟姐妹之间的权利义务关系。

（四）夫妻财产制度

我国现行《婚姻法》，把夫妻财产制分为了法定共有财产制、法定个人财产制和夫妻约定财产制，对夫妻财产关系的规定进行了充实和完善。

1. 法定共同财产

法定共同财产是指夫妻双方在婚姻存续期间所得的财产，即从男女登记结婚之日起，到夫妻离婚或配偶一方死亡时为止，这一特定时间内夫妻所得的财产，为夫妻共同财产。依据我国现行《婚姻法》第十七条以及《婚姻法司法解释（二）》第十一条的规定，夫妻在婚姻关系存续期间所得的下列财产，归夫妻共同所有：① 工资、奖金；② 生产经营的收益；③ 知识产权的收益；④ 继承或赠予所得的财产，但遗嘱或赠予合同中明确说明只归其中一方的财产除外；⑤ 一方以个人财产投资取得的收益；⑥ 男女双方实际取得或者应当取得的住房补贴、住房公积金、养老保险金、破产安置补偿费。

夫妻对共同所有的财产，有平等的处理权。

2. 法定个人财产

法定个人财产是指夫或妻婚前个人享有的财产和婚姻关系存续期间所得的并依法应归夫妻一方所有的财产，为夫或妻个人财产。

根据我国现行《婚姻法》第十八条的规定，下列财产为夫或妻一方的个人财产，不因婚姻关系的延续而转化为夫妻共有财产。具体包括：① 一方的婚前财产；② 一方因身体受到伤害获得的医疗费、残疾人生活补助费等费用；③ 遗嘱或赠予合同中确定只归夫或妻一方的财产；④ 一方专用的生活用品；⑤ 其他应当归一方的财产。

作为夫或妻一方个人所有的财产，应由其本人占有、管理、支配和处分，他人无权干预。

3. 夫妻约定财产制

夫妻约定财产制，是指法律允许双方以协议之方式，对夫妻在婚姻关系存续期间所得的财产所有权的归属、使用、收益和处分的事项做出约定，以排除法定共同财产或法定个人财产制适用的制度。

根据我国《婚姻法》第十九条规定，夫妻可以约定婚姻关系存续期间所得的财产以及婚前财产归各自所有、共同所有或部分各自所有、部分共同所有。约定应当采用书面形式。没有约定或约定不明确的，根据《婚姻法》第十七条或第十八条之规定，认定为夫妻共同财产或个人财产。夫妻对婚姻存续期间所得的财产以及婚前财产的约定，对双方具有约束力。夫妻对婚姻关系存续期间所得的财产约定归各自所有的，夫或妻一方对外所负的债务，第三人知道该约定的，以夫或妻一方所有的财产清偿。

只要夫妻双方的约定符合我国法律规定就具有法律效力。夫妻约定财产制优先于夫妻法定财产制。

（五）离婚

离婚是夫妻双方依照法律规定解除婚姻关系的行为。离婚标志着夫妻关系的解除和终止，从而引起一系列法律后果，对家庭和社会都将产生一定的影响。所以，离婚自由的原则不能滥用。

1. 离婚方式

我国现行《婚姻法》规定，离婚方式有协议离婚和诉讼离婚两种。

（1）协议离婚　协议离婚是指男女双方自愿离婚，并对子女抚养教育和财产分割等问题达成协议，到婚姻登记机关申请离婚的行为。婚姻登记机关审查合格后，准予离婚，发给离婚证，婚姻关系即告解除。有关财产分割的协议，对双方都具有约束力。

（2）诉讼离婚　诉讼离婚是指男女一方要求离婚，另一方不同意离婚，或者双方虽然是自愿离婚，但在对子女抚养或财产分割未达成协议的情况下，婚姻当事人向人民法院提起离婚诉讼的行为。人民法院审理离婚案件，应当进行调解；如感情确已破裂，调解无效，应准予离婚。

我国《婚姻法》规定了法定离婚的情形。《婚姻法》第三十二条规定，有下列情形之一，调解无效的，应准予离婚。一是重婚或有配偶者与他人同居的；二是实施家庭暴力或虐待、遗弃家庭成员的；三是有赌博、吸毒等恶习屡教不改的；四是因感情不和分居满二年的；五是其他导致夫妻感情破裂的情形。一方被宣告失踪，另一方提出离婚诉讼的，应准予离婚。

我国《婚姻法》对现役军人和女方给予特别保护。现役军人的配偶要求离婚，须得军人同意，但军人一方有重大过错的除外。女方在怀孕期间、分娩后一年内或中止妊娠后六个月内，男方不得提出离婚。女方提出离婚的，或人民法院认为确有必要受理男方离婚请求的，不在此限。

2．子女抚养问题

离婚只是从法律上解除了夫妻关系。父母、子女关系，不因父母离婚而消除。离婚后，父母对子女仍有监护的权利和义务，包括对子女的抚养和教育。

夫妻离婚后，哺乳期内的子女，原则上随哺乳的母亲共同生活，不满10周岁的子女，双方协商，协商不成的，由法院判决，满10周岁的未成年子女，须征求其意见随父亲或母亲共同生活。

离婚后一方抚养子女的，另一方负担必要的抚养费，包括子女生活费、教育费、医疗费等。

不直接抚养子女的一方有探望子女的权利，另一方有协助的义务。

3．财产分割

离婚后的财产问题，夫妻共同财产由双方协议处理，协议不成的，由法院根据情况做出判决。离婚时，一方隐藏、转移、变卖、毁损夫妻共同财产，或伪造债务企图侵占另一方财产的，分割夫妻共同财产时，对隐藏、转移、变卖、毁损夫妻共同财产或伪造债务的一方，可以少分或不分。离婚后，另一方发现有上述行为的，可以向人民法院提起诉讼，请求再次分割夫妻共同财产。

离婚时，关于债务问题，个人债务由一方财产清偿；离婚时，为夫妻共同生活所负的债务，应当共同偿还。共同财产不足清偿的，或财产归各自所有的，由双方协议清偿；协议不成时，由人民法院判决。

4．离婚过错损害赔偿制度

现行《婚姻法》和最高人民法院《关于适用<婚姻法>若干问题的解释》（以下简称《司法解释》）都对离婚过错损害赔偿做了明确规定。

根据《婚姻法》第四十六条规定，有下列四种情况之一，导致离婚的，无过错方可以请求损害赔偿：① 重婚的；② 有配偶者与他人同居的；③ 实施家庭暴力的；④ 虐待、遗弃家庭成员的。

离婚过错损害赔偿，包括物质损害赔偿和精神损害赔偿。

物质损害赔偿是指由于行为人的过错给他人造成损害，加害方应依法赔偿受害方的经济损失。

精神损害赔偿是指由于行为人的过错给他人造成损害，加害方应依法对受害方的精神损失予以赔偿。无过错方可据此请求法院判决过错方赔偿一定数额的精神损害抚慰金。

离婚无过错损害赔偿的请求主体是无过错方。因为无过错方是受害人，他（她）对分割人即过错方因过错给自己造成的经济损失和精神损失当然有权主张权利。承担损害赔偿责任的主体为离婚诉讼当事人中无过错方的配偶。

无过错方作为原告向人民法院提起损害赔偿请求的，必须在离婚诉讼的同时提出。在婚姻关系存续期间，当事人不起诉离婚而单独依据该条规定提起损害赔偿请求的，人民法院不予受理。符合《婚姻法》第四十六条规定的无过错方作为被告的离婚诉讼案件，如果被告不同意离婚也不基于该条规定提起损害赔偿请求的，可以在离婚后一年内就此单独提起诉讼。被告一审时未提出，二审期间提出损害赔偿请求的，人民法院应当进行调解，调解不成的，应当告知当事人在离婚后一年内进行起诉。同时，对于人民法院判决不准离婚的案件，当事人提出的损害赔偿请求，依法也是不会得到支持的。

当事人在婚姻登记机关协议离婚后，可以向人民法院提出损害赔偿之诉，但当事人在协议离婚时已经明确表示放弃该项请求，或者在办理离婚登记手续一年后提出的，人民法院则不予支持。

二、继承法

《中华人民共和国继承法》于 1985 年 4 月 10 日第六届全国人民代表大会第三次会议通过，1985 年 10 月 1 日起施行。同年又颁布了《最高人民法院关于贯彻执行 < 中华人民共和国继承法 > 若干问题的意见》。

继承法，是调整财产继承关系的法律规范的总称。就法律范畴来讲，继承法中的继承专指财产的继承。财产继承是一种民事法律制度，即公民死亡后，依法定程序把死者遗留的个人合法财产转移给继承人所有的法律制度。按照这种制度，遗留财产的死亡公民叫被继承人；接受遗产的人称之为继承人；死者遗留的个人合法财产，称为遗产；继承人依法取得被继承人遗产的权利称为继承权。

继承法的基本原则是继承法的指导思想，也是研究、解释和贯彻执行继承法的依据和出发点。继承法的基本原则包括：保护公民私有合法财产继承权的原则；继承权男女平等的原则；养老育幼原则；互谅互让，团结和睦原则；权利与义务相一致原则。

（一）继承权的取得、放弃和丧失

1. 继承权的取得

自然人取得继承权主要有两种方式：法定继承权的取得和遗嘱继承权的取得。

（1）法定继承权的取得　法定继承权基于法律规定取得。继承法规定自然人可以基于以下三种原因而取得继承权：一是因婚姻关系而取得；二是因血缘关系而取得；三是因抚养、赡养关系而取得。

(2) 遗嘱继承权的取得　自然人取得遗嘱继承权必须依据被继承人生前立下的合法有效遗嘱。即遗嘱继承权的取得必须符合两个条件：一是有合法继承权；二是有合法有效的遗嘱。

2. 继承权的放弃

继承权的放弃是指继承人在继承开始后，遗产分割前，以明示的方式做出的拒绝接受被继承人遗产的意思表示。

(1) 放弃继承权的时间　继承人放弃继承的意思表示应该在继承开始后遗产分割前以明示的方式做出。继承人在遗产分割前没有做出意思表示的，视为接受继承。

(2) 放弃继承权的方式　继承权的放弃，必须以明示的方式做出拒绝接受被继承人遗产的意思表示。所谓明示就是通过语言、文字表达等方式对某一事物做出的明确判断。继承人放弃继承权应当以书面形式向其他继承人表示。如果用口头方式表示放弃继承的，有其他充分证据证明，或者本人承认的，也应当认定放弃有效。

(3) 放弃继承权的效力　放弃继承的意思表示属单方法律行为，只要放弃继承的继承人有放弃继承的意思表示即可，无须经他人同意。

放弃继承的继承人不享有请求分割遗产的权利；同时，对被继承人遗留的债务也不负清偿责任，并且放弃行为的效力溯及继承开始时。在遗产处理前或诉讼进行中，继承人对放弃行为反悔的，由人民法院依其提出的理由决定是否予以承认。遗产处理后，继承人对放弃继承反悔的，法院不予承认。

3. 继承权的丧失

继承权的丧失是指继承人因对被继承人或其他继承人有法律规定的违法行为而被依法剥夺继承权，从而丧失继承权的法律制度。

根据《继承法》第七条的规定，继承人有下列行为之一的，丧失继承权：

(1) 故意杀害被继承人的　其构成要件主观上的要求是故意，客观上必须有杀害行为，不予考虑是否既遂。

(2) 为争夺遗产而杀害其他继承人的　杀害继承人的动机是争夺遗产，杀害的对象是其他继承人时，主观上是故意的，才能确定其丧失继承权。

(3) 遗弃被继承人的，或虐待被继承人情节严重的　遗弃被继承人是指有赡养能力、抚养能力的继承人，拒绝赡养或抚养没有独立生活能力或丧失劳动能力的被继承人的行为。虐待被继承人主要是指经常对被继承人进行肉体或精神上的折磨，如侮辱、打骂、冻饿等。继承人以后确有悔改表现而且被遗弃人、被虐待人又在生前表示宽恕的，可以不剥夺其继承权。

(4) 伪造、篡改或者销毁遗嘱，情节严重的　情节严重是指伪造、篡改或销毁遗嘱的行为侵害了缺乏劳动能力又无生活来源的继承人的利益，并造成其生活困难的。

(二) 法定继承

法定继承也叫无遗嘱继承，它是在被继承人生前没有立下遗嘱的情况下采用的一种继承方式，是法律对被继承人意志的一种推定。法定继承，是继承人的范围、继承顺序和遗产分配原则均由法律规定的一种继承方式。它是依据继承人和被继承人之间的婚姻关系、血缘关系或相互扶养关系确定的。

1．法定继承的条件

根据我国继承法的有关规定，有下列情形之一的，方可适用法定继承：被继承人生前没有立遗嘱和遗赠的；遗嘱继承人放弃继承或者受遗嘱人放弃受遗赠的；遗嘱继承人丧失继承权的；遗嘱继承人、受遗赠人先于遗嘱人死亡的；遗嘱无效部分所涉及的遗产；遗嘱未加处分的遗产。

2．法定继承人的范围

法定继承人的范围，是指按照法律规定哪些人可享有继承权，可作为遗产的继承人。我国继承法确定的法定继承人有被继承人的配偶、子女、父母、兄弟姐妹、祖父母、外祖父母、对公婆或岳父母尽了主要赡养义务的丧偶儿媳或丧偶女婿。

3．法定继承人的顺序

（1）第一顺序继承人：配偶、子女、父母　子女包括婚生子女、非婚生子女、养子女以及形成了事实抚养关系的继子女。父母包括亲生父母、养父母以及形成了事实抚养关系的继父母。同时，婚姻法把对公、婆或岳父母尽了主要赡养义务的丧偶儿媳、女婿，也列为第一顺序继承人。

（2）第二顺序继承人：兄弟姐妹、祖父母、外祖父母　兄弟姐妹包括同父母的兄弟姐妹、同母异父或同父异母的兄弟姐妹、养兄弟姐妹以及形成了事实抚养关系的继兄弟姐妹。

继承开始后，由第一顺序继承人继承，只有在第一顺序继承人全部放弃或丧失继承权时，或没有第一顺序继承人时，第二顺序继承人才能继承。对同一顺序的继承人，继承遗产时，没有先后顺序之分，继承遗产的份额，一般应当均等。可见，继承开始时，第一顺序继承人的继承权是现实的，第二顺序继承人的继承权只是一种可能性，它要成为现实需要具备一定的条件。

4．代位继承

代位继承是法定继承的一种特殊形式，是指被继承人的子女先于被继承人死亡时，被继承人子女的晚辈直系血亲代其继承遗产的一种继承方式。代位继承中，先于被继承人死亡的被继承人子女称为被代位继承人。代替被代位继承人继承遗产的称为代位继承人。代位继承人的继承权称为代位继承权。代位继承只适用于法定继承第一顺序继承人中先于被继承人死亡的子女。

5．转继承

转继承是指继承人在继承开始后，遗产分割之前死亡，其应继承的遗产转由他的合法继承人继承的制度。

（三）遗嘱继承

遗嘱是指被继承人在生前按照法律规定的内容和方式，对自己的财产预先做处分并在死亡时发生法律效力的法律行为。遗嘱有遗嘱继承和遗嘱赠予（遗赠）两种。遗嘱继承，又称为“指定继承”，是与法定继承相对应的一种继承方式，是指在被继承人死亡后，按照其生前所立遗嘱内容继承其遗产的法律制度。在遗嘱继承中，生前立有遗嘱的被继承人称为遗嘱人或立遗嘱人，依照遗嘱的制定享有遗嘱继承权的人称为遗嘱继承人。

1. 遗嘱的有效条件

在我国，遗嘱必须符合继承法规定的有效条件，才具有法律效力。立遗嘱人必须具有行为能力；遗嘱必须是立遗嘱人的真实意思表示；遗嘱的内容必须符合法律和社会道德；遗嘱必须具备一定的形式。

2. 遗嘱的形式

(1) 口头遗嘱　它是指在紧急情况下，遗嘱人以口头形式设立的遗嘱。必须是在危急情况下才能采用；设立时必须有两个见证人在场；危急情况解除后，遗嘱人能用书面或录音形式设立遗嘱时，所立口头遗嘱无效。

(2) 录音遗嘱　它是指以录音形式设立的遗嘱，须有两个以上的见证人在场见证。当遗嘱制作完毕以后，应当场将录音遗嘱封存，并由见证人签名，注明年、月、日。

(3) 自书遗嘱　它是指遗嘱人亲笔书写的书面遗嘱，不需要见证人在场见证。

(4) 代书遗嘱　它是指因遗嘱人不能书写而委托他人代为书写的遗嘱形式。代书遗嘱应当由两个以上见证人在场，由其中一人代书，注明年、月、日，由代书人、其他见证人和遗嘱人签名。

(5) 公证遗嘱　它是先由遗嘱人亲自书写（或者代书），签名，注明年、月、日，然后到公证机关办理公证手续的遗嘱。其效力优先于其他形式，无公证遗嘱的，以最后遗嘱为准。

五种遗嘱形式中，前两种为口头形式，后三种为书面形式。

（四）遗赠

遗赠，是公民以遗嘱的方式，把自己的财产的一部分或者全部，在他死亡后赠送给国家、集体组织、社会团体或者法定继承人以外的其他公民的法律行为。遗赠是遗嘱继承的一种特殊形式，遗赠财产的人称为遗赠人，接受遗赠的人称为受遗赠人。

（五）遗赠扶养协议

遗赠扶养协议是指受扶养的公民和扶养人之间关于扶养人承担受扶养人的生养死葬的义务，受扶养人将财产遗赠给扶养人的协议。遗赠扶养协议在平等、自愿、互利的基础上建立，任何一方都不得强迫对方签订或不签订遗赠扶养协议。遗赠扶养协议签订后，任何人不能单方面解除，其效力也优先于遗嘱。

第二节　职业生活中的有关法律

一、劳动法

《中华人民共和国劳动法》是1994年7月5日第八届全国人民代表大会常务委员会第八次会议通过，自1995年1月1日起施行的。狭义的劳动法专指本法。广义的劳动法除《劳动法》外，还包括宪法、法律、行政法规、地方性法规中有关劳动问题的规定。比较重要的如2008年1月1日实施的《中华人民共和国劳动合同法》、2008年5月1日施行的《中华人民共和国劳动争议调解仲裁法》。《劳动法》中涉及劳动合同以及劳动争议处理与前述两部法律不一致的，分别适用《劳动合同法》和《劳动争议调解仲裁法》。

1. 劳动法的概念和调整对象

1）劳动法是调整劳动关系以及与劳动关系密切联系的其他社会关系的法律规范的总称。

2）劳动法调整的对象是劳动关系以及与劳动关系密切联系的其他社会关系。

劳动关系是指劳动者与用人单位在实现劳动的过程中建立的社会经济关系。

具体地讲，劳动法调整的劳动关系的范围包括：各类企业的劳动关系和个体经济组织中形成的劳动关系；国家机关、事业单位、社会团体通过与劳动者签订劳动合同建立的劳动关系。公务员和比照实行公务员制度的事业组织和社会团体的工作人员不适用劳动法；农村劳动者（乡镇企业职工和进城务工、经商的农民除外），现役军人和家庭保姆等不属于劳动法调整的范围。

劳动法还调整与劳动关系密切联系的其他社会关系。主要包括劳动力管理关系、劳动保险关系、劳动争议处理关系、劳动监察关系、工会组织与企业行政之间的关系等。

2. 劳动法的基本原则

劳动法的基本原则有：公民享有劳动权利和义务原则；保护劳动者合法权益原则；劳动力资源合理配置原则。

3. 劳动法律关系

劳动法律关系是指劳动者与用人单位之间，在实现劳动过程中依据劳动法律规范而形成的劳动权利与劳动义务关系。

劳动法律关系的主体，就是依劳动法享有权利与承担义务的劳动法律关系的参与者，包括自然人和法人。在我国，劳动法律关系的主体，通常一方是具有劳动能力的劳动者，另一方是用人单位。

劳动法律关系的内容包括劳动者的权利和义务。

劳动者的主要权利是：平等就业和选择职业的权利；取得劳动报酬的权利；休息休假的权利；获得劳动安全卫生保护的权利，接受职业技能培训的权利；享受社会保险和福利的权利；提请劳动争议处理的权利以及法律规定的其他劳动权利。

劳动者的主要义务是：完成劳动任务；提高职业技能；执行劳动安全卫生规程；爱护机器、设备；遵守劳动纪律和职业道德。

劳动法律关系的客体，是指劳动权利和劳动义务所指向的对象，包括劳动行为和财物。劳动行为包括从事生产活动行为、交付工作任务行为、劳动者参加民主管理行为和用人单位对劳动过程实行管理的行为等。财物是指作为劳动报酬、劳动保护、社会保险以及福利待遇等的实物和货币。

4. 工作时间和休息休假制度

（1）工作时间　《劳动法》规定国家实行劳动者每日工作时间不超过8小时、平均每周工作时间不超过44小时的工时制度。对实行计件工作的劳动者，用人单位应当根据前述工时制度合理确定其劳动定额和计件报酬标准。用人单位应当保证劳动者每周至少休息1日。企业因生产特点不能实行前述规定的，经劳动行政部门批准，可以实行其他工作和休息办法。

用人单位由于生产经营需要，经与工会和劳动者协商后可以延长工作时间，一般每日不得超过1小时；因特殊原因需要延长工作时间的在保障劳动者身体健康的条件下延长工作时间每日不得超过3小时，但是每月不得超过36小时。有下列情形之一的，延长工作时间不受前述延长工作时间规定的限制：一是发生自然灾害、事故或者因其他原因，威胁劳动者生命健康和财产安全，需要紧急处理的；二是生产设备、交通运输线路、公共设施发生故障，影响生产和公众利益，必须及时抢修的；三是法律、行政法规规定的其他情形。除此之外，用人单位不得违反规定延长劳动者的工作时间。

有下列情形之一的，用人单位应当按照下列标准支付高于劳动者正常工作时间工资的工资报酬：一是安排劳动者延长时间的，支付不低于工资的百分之一百五十的工资报酬；二是休息日安排劳动者工作又不能安排补休的，支付不低于工资的百分之二百的工资报酬；三是法定休假日安排劳动者工作的，支付不低于工资的百分之三百的工资报酬。

（2）休息休假　用人单位在下列节日期间应当依法安排劳动者休假：一是元旦；二是春节；三是国际劳动节；四是国庆节；五是法律、法规规定的其他休假节日，现阶段其他休假节日包括清明节、端午节、中秋节。

国家实行带薪年休假制度。

二、劳动合同法

（一）劳动合同法概述

劳动合同是劳动者与用人单位确立劳动关系，明确双方权利和义务的协议。

劳动合同法，是指为了完善劳动合同制度，明确劳动合同双方当事人的权利和义务，保护劳动者的合法权益，构建和发展和谐稳定的劳动关系而制定的法律。

劳动合同法调整的范围包括：中华人民共和国境内的企业、个体经济组织、民办非企业单位等用人单位与劳动者建立劳动关系，订立、履行、变更、解除或者终止劳动合同；国家机关、事业单位、社会团体和与其建立劳动关系的劳动者，订立、履行、变更、解除或者终止劳动合同。

（二）劳动合同的订立

1. 劳动合同的形式

我国《劳动合同法》规定，建立劳动关系，应当订立书面劳动合同。用人单位自用工之日起即与劳动者建立劳动关系。已建立劳动关系，即形成了事实劳动关系，未同时订立书面劳动合同的，应当自用工之日起一个月内订立书面劳动合同。用人单位与劳动者在用工前订立劳动合同的，劳动关系自用工之日起建立。

劳动合同由用人单位与劳动者协商一致，并经用人单位与劳动者在劳动合同文本上签字或者盖章生效。劳动合同文本由用人单位和劳动者各执一份。

2．劳动合同应当具备的条款

劳动合同应当具备以下条款：

1）用人单位的名称、住所和法定代表人或者主要负责人。

2）劳动者的姓名、住址和居民身份证或者其他有效身份证件号码。

3）劳动合同期限。

4）工作内容和工作地点。

5）工作时间和休息休假。

6）劳动报酬。

7）社会保险。

8）劳动保护、劳动条件和职业危害防护。

9）法律、法规规定应当纳入劳动合同的其他事项。

劳动合同除前款规定的必备条款外，用人单位与劳动者可以约定试用期、培训、保守秘密、补充保险和福利待遇等其他事项。

3．劳动合同的期限

劳动合同的期限分为三类：固定期限劳动合同、无固定期限劳动合同和以完成一定工作任务为期限的劳动合同。

1）固定期限劳动合同是指用人单位与劳动者约定合同终止时间的劳动合同。用人单位与劳动者协商一致，可以订立固定期限劳动合同。

2）无固定期限劳动合同是指用人单位与劳动者约定无确定终止时间的劳动合同。用人单位与劳动者协商一致，可以订立无固定期限劳动合同。

《劳动合同法》规定应当订立无固定期限劳动合同的情形有：一是劳动者在该用人单位连续工作满十年的；二是用人单位初次实行劳动合同制度或者国有企业改制重新订立劳动合同时，劳动者在该用人单位连续工作满十年且距法定退休年龄不足十年的；三是连续订立二次固定期限劳动合同，且劳动者没有《劳动合同法》第三十九条和第四十条第一项、第二项规定的情形，续订劳动合同的；四是用人单位自用工之日起满一年不与劳动者订立书面劳动合同的，视为用人单位与劳动者已订立无固定期限劳动合同。

3）以完成一定工作任务为期限的劳动合同是指用人单位与劳动者约定以某项工作的完成为合同期限的劳动合同。用人单位与劳动者协商一致，可以订立以完成一定工作任务为期限的劳动合同。

4．劳动合同试用期制度

1）劳动合同期限三个月以上不满一年的，试用期不得超过一个月；劳动合同期限一年以上不满三年的，试用期不得超过二个月；三年以上固定期限和无固定期限的劳动合同，试用期不得超过六个月。

2）同一用人单位与同一劳动者只能约定一次试用期。

3）以完成一定工作任务为期限的劳动合同或者劳动合同期限不满三个月的，不得约定试用期。

4）试用期包含在劳动合同期限内。劳动合同仅约定试用期的，试用期不成立，该期限为劳动合同期限。

5）劳动者在试用期的工资不得低于本单位相同岗位最低档工资或者劳动合同约定工资的百分之八十，并不得低于用人单位所在地的最低工资标准。

6）在试用期中，除劳动者有《劳动合同法》第三十九条和第四十条第一项、第二项规定的情形外，用人单位不得解除劳动合同。用人单位在试用期解除劳动合同的，应当向劳动者说明理由。

5. 保密条款和竞业限制法律制度

（1）保密条款　《劳动合同法》规定，用人单位与劳动者可以在劳动合同中约定保守用人单位的商业秘密和与知识产权相关的保密事项。

（2）竞业限制　它是指负有保守用人单位商业秘密的劳动者，在终止或解除劳动合同后的一定期限内不得在生产同类产品、经营同类业务或有其他竞争关系的用人单位任职，也不得自己生产与原单位有竞争关系的同类产品或经营同类业务。

《劳动合同法》规定，对负有保密义务的劳动者，用人单位可以在劳动合同或者保密协议中与劳动者约定竞业限制条款，并约定在解除或者终止劳动合同后，在竞业限制期限内按月给予劳动者经济补偿。劳动者违反竞业限制约定的，应当按照约定向用人单位支付违约金。

竞业限制的人员限于用人单位的高级管理人员、高级技术人员和其他负有保密义务的人员。竞业限制的范围、地域、期限由用人单位与劳动者约定，竞业限制的约定不得违反法律、法规的规定。

竞业限制期限，不得超过二年。

6. 违约金制度

《劳动合同法》只规定了以下两种约定违约金的情形，除此之外，用人单位不得与劳动者约定由劳动者承担违约金，如果约定了违约金，也是无效的。

（1）培训服务期约定违约金。用人单位为劳动者提供专项培训费用，对其进行专业技术培训的，可以与该劳动者订立协议，约定服务期。劳动者违反服务期约定的，应当按照约定向用人单位支付违约金。违约金的数额不得超过用人单位提供的培训费用。用人单位要求劳动者支付的违约金不得超过服务期尚未履行部分所应分摊的培训费用。用人单位与劳动者约定服务期的，不影响按照正常的工资调整机制提高劳动者在服务期期间的劳动报酬。

（2）在竞业限制约定中约定违约金。用人单位与劳动者可以在劳动合同中约定保守用人单位的商业秘密和与知识产权相关的保密事项。对负有保密义务的劳动者，用人单位可以在劳动合同或者保密协议中与劳动者约定竞业限制条款，并约定在解除或者终止劳动合同后，在竞业限制期限内按月给予劳动者经济补偿。劳动者违反竞业限制约定的，应当按照约定向用人单位支付违约金。

（三）劳动合同解除

1. 劳动者解除劳动合同

（1）劳动者提前通知解除　劳动者在试用期满后，提前三十日以书面形式通知用人单位，可以解除劳动合同。劳动者在试用期内只需要提前三日通知用人单位，就可以解除劳动合同。

（2）劳动者随时解除劳动合同　随时解除劳动合同是指在法定情形下，劳动者不需要事先通知用人单位，劳动者就可以解除劳动合同。《劳动合同法》规定，用人单位有以下情形之一的，劳动者可以解除劳动合同：未按照劳动合同约定提供劳动保护或者劳动条件的；未及时足额支付劳动报酬的；未依法为劳动者缴纳社会保险费的；用人单位的规章制度违反法律、法规的规定，损害劳动者权益的；因本法第二十六条第一款规定的情形致使劳动合同无效的；法律、行政法规规定劳动者可以解除劳动合同的其他情形。用人单位以暴力、威胁或者非法限制人身自由的手段强迫劳动者劳动的，或者用人单位违章指挥、强令冒险作业危及劳动者人身安全的，劳动者可以立即解除劳动合同，不需事先告知用人单位。

劳动者在该情形下解除合同，用人单位需向劳动者支付经济补偿金。

2. 用人单位解除劳动合同

（1）协商解除　用人单位与劳动者协商一致，可以解除劳动合同。由用人单位提出、劳动者同意解除劳动合同的，用人单位应向劳动者支付经济补偿金。

（2）用人单位因劳动者过失解除　劳动者有下列六种情形之一的，用人单位可以解除劳动合同：一是在试用期间被证明不符合录用条件的；二是严重违反用人单位的规章制度的；三是严重失职，营私舞弊，给用人单位造成重大损害的；四是劳动者同时与其他用人单位建立劳动关系，对完成本单位的工作任务造成严重影响，或者经用人单位提出，拒不改正的；五是因《劳动合同法》第二十六条第一款第一项规定的情形致使劳动合同无效的；六是依法追究刑事责任的。

用人单位在该情形下解除合同，无须向劳动者支付经济补偿金。

（3）用人单位不因劳动者过失解除　有下列情形之一的，用人单位提前三十日以书面形式通知劳动者本人或者额外支付劳动者一个月工资后，可以解除劳动合同：一是劳动者患病或者非因工负伤，在规定的医疗期满后不能从事原工作，也不能从事由用人单位另行安排的工作的；二是劳动者不能胜任工作，经过培训或者调整工作岗位，仍不能胜任工作的；三是劳动合同订立时所依据的客观情况发生重大变化，致使劳动合同无法履行，经用人单位与劳动者协商，未能就变更劳动合同内容达成协议的。

用人单位在此情形下解除合同，需向劳动者支付经济补偿金。

（4）用人单位经济性裁员解除　有下列情形之一，需要裁减人员二十人以上或者裁减不足二十人但占企业职工总数百分之十以上的，用人单位提前三十日向工会或者全体职工说明情况，听取工会或者职工的意见后，裁减人员方案经向劳动行政部门报告，可以裁减人员：一是依照企业破产法规定进行重整的；二是生产经营发生严重困难的；三是企业转产、重大技术革新或者经营方式调整，经变更劳动合同后，仍需裁减人员的；四是其他因劳动合同订立时所依据的客观经济情况发生重大变化，致使劳动合同无法履行的。

裁减人员时，应当优先留用下列人员：一是与本单位订立较长期限的固定期限劳动合同的；二是与本单位订立无固定期限劳动合同的；三是家庭无其他就业人员，有需要扶养的老人或者未成年人的。

用人单位因经济性裁员裁减人员后，在六个月内重新招用人员的，应当通知被裁减的人员，并在同等条件下优先招用被裁减的人员。

用人单位在上述情形下解除合同，需向劳动者支付经济补偿金。

3. 不能解除劳动合同的情形

劳动者有下列情形之一的，用人单位不得因劳动者过失和经济性裁员解除劳动合同：① 从事接触职业病危害作业的劳动者未进行离岗前职业健康检查，或者疑似职业病病人在诊断或者医学观察期间的；② 在本单位患职业病或者因工负伤并被确认丧失或者部分丧失劳动能力的；③ 患病或者非因工负伤，在规定的医疗期内的；④ 女职工在孕期、产期、哺乳期的；⑤ 在本单位连续工作满十五年，且距法定退休年龄不足五年的；⑥ 法律、行政法规规定的其他情形。

用人单位违法解除劳动合同，劳动者要求继续履行劳动合同的，用人单位应当继续履行；劳动者不要求继续履行劳动合同或者劳动合同已经不能继续履行的，用人单位应当支付双倍赔偿金。

（四）劳动合同的终止

有下列情形之一的，劳动合同终止：

1）劳动合同期满的。

2）劳动者开始依法享受基本养老保险待遇的。

3）劳动者死亡，或者被人民法院宣告死亡或者宣告失踪的。

4）用人单位被依法宣告破产的。

5）用人单位被吊销营业执照、责令关闭、撤销或者用人单位决定提前解散的。

6）法律、行政法规规定的其他情形。

（五）集体合同和其他几种用工形式

1. 集体合同

企业职工一方与用人单位通过平等协商，可以就劳动报酬、工作时间、休息休假、劳动安全卫生、保险福利等事项订立集体合同。集体合同草案应当提交职工代表大会或者全体职工讨论通过。

集体合同由工会代表企业职工一方与用人单位订立；尚未建立工会的用人单位，由上级工会指导劳动者推举的代表与用人单位订立。

企业职工一方可以与用人单位订立劳动安全卫生、女职工权益保护、工资调整机制等专项集体合同。

2. 劳务派遣

劳动合同用工是我国企业的基本用工形式。劳务派遣用工是补充形式，只能在临时性、辅助性或者替代性的工作岗位上实施。

经营劳务派遣业务应当具备下列条件：

（1）注册资本不得少于人民币二百万元。

（2）有与开展业务相适应的固定的经营场所和设施。

（3）有符合法律、行政法规规定的劳务派遣管理制度。

（4）法律、行政法规规定的其他条件。

经营劳务派遣业务，应当向劳动行政部门依法申请行政许可；经许可的，依法办理相应的公司登记。未经许可，任何单位和个人不得经营劳务派遣业务。

劳务派遣单位是用人单位，应当履行用人单位对劳动者的义务。劳务派遣单位与被派遣劳动者订立的劳动合同，除应当载明劳动合同应具备的条款规定的事项外，还应当载明被派遣劳动者的用工单位以及派遣期限、工作岗位等情况。

劳务派遣单位应当与被派遣劳动者订立二年以上的固定期限劳动合同，按月支付劳动报酬；被派遣劳动者在无工作期间，劳务派遣单位应当按照所在地人民政府规定的最低工资标准，向其按月支付报酬。

被派遣劳动者享有与用工单位的劳动者同工同酬的权利。用工单位应当按照同工同酬原则，对被派遣劳动者与本单位同类岗位的劳动者实行相同的劳动报酬分配办法。用工单位无同类岗位劳动者的，参照用工单位所在地相同或者相近岗位劳动者的劳动报酬确定。

3. 非全日制用工

非全日制用工，是指以小时计酬为主，劳动者在同一用人单位一般平均每日工作时间不超过四小时，每周工作时间累计不超过二十四小时的用工形式。

非全日制用工双方当事人可以订立口头协议。

从事非全日制用工的劳动者可以与一个或者一个以上用人单位订立劳动合同；但是，后订立的劳动合同不得影响先订立的劳动合同的履行。

非全日制用工双方当事人不得约定试用期。

非全日制用工双方当事人任何一方都可以随时通知对方终止用工。终止用工，用人单位不向劳动者支付经济补偿。

非全日制用工小时计酬标准不得低于用人单位所在地人民政府规定的最低小时工资标准。

非全日制用工劳动报酬结算支付周期最长不得超过十五日。

三、劳动争议调解仲裁法

劳动争议是指劳动者与用人单位之间因劳动的权利与义务发生分歧而引起的争议。

劳动争议调解仲裁法是为了公正及时解决劳动争议，保护当事人合法权益，促进劳动关系和谐稳定而制定的法律。

（一）劳动争议调解仲裁法适用范围

中华人民共和国境内的用人单位与劳动者发生的下列劳动争议，适用劳动争议调解仲裁法：

1）因确认劳动关系发生的争议。

2）因订立、履行、变更、解除和终止劳动合同发生的争议。

3）因除名、辞退和辞职、离职发生的争议。

4）因工作时间、休息休假、社会保险、福利、培训以及劳动保护发生的争议。

5）因劳动报酬、工伤医疗费、经济补偿或者赔偿金等发生的争议。

6）法律、法规规定的其他劳动争议。

（二）劳动争议处理程序

发生劳动争议，劳动者可以与用人单位协商，也可以请工会或者第三方共同与用人单位协商，达成和解协议。

发生劳动争议，当事人不愿协商、协商不成或者达成和解协议后不履行的，可以向调解组织申请调解；不愿调解、调解不成或者达成调解协议后不履行的，可以向劳动争议仲裁委员会申请仲裁；对仲裁裁决不服的，除本法另有规定不得起诉的以外，可以向人民法院提起诉讼。

（三）调解

1．调解组织

发生劳动争议，当事人可以到下列调解组织申请调解：

1）企业劳动争议调解委员会。

2）依法设立的基层人民调解组织。

3）在乡镇、街道设立的具有劳动争议调解职能的组织。

企业劳动争议调解委员会由职工代表和企业代表组成。职工代表由工会成员担任或者由全体职工推举产生，企业代表由企业负责人指定。企业劳动争议调解委员会主任由工会成员或者双方推举的人员担任。

2．调解申请

当事人申请劳动争议调解可以书面申请，也可以口头申请。口头申请的，调解组织应当当场记录申请人基本情况、申请调解的争议事项、理由和时间。

3．调解效力

经调解达成协议的，应当制作调解协议书。

调解协议书由双方当事人签名或者盖章，经调解员签名并加盖调解组织印章后生效，对双方当事人具有约束力，当事人应当履行。

自劳动争议调解组织收到调解申请之日起十五日内未达成调解协议的，当事人可以依法申请仲裁。

达成调解协议后，一方当事人在协议约定期限内不履行调解协议的，另一方当事人可以依法申请仲裁。

因支付拖欠劳动报酬、工伤医疗费、经济补偿或者赔偿金事项达成调解协议，用人单位在协议约定期限内不履行的，劳动者可以持调解协议书依法向人民法院申请支付令。人民法院应当依法发出支付令。

（四）仲裁

除了《劳动争议仲裁法》另有规定为“一裁终局”的外，处理劳动争议案件，仲裁是诉讼的法定必经程序。否则，人民法院不予受理。也就是说，我国处理劳动争议案件，采取“仲裁前置”的原则。

1. 仲裁管辖

劳动争议仲裁委员会负责管辖本区域内发生的劳动争议。

劳动争议由劳动合同履行地或者用人单位所在地的劳动争议仲裁委员会管辖。双方当事人分别向劳动合同履行地和用人单位所在地的劳动争议仲裁委员会申请仲裁的，由劳动合同履行地的劳动争议仲裁委员会管辖。

2. 申请

劳动争议申请仲裁的时效期间为一年。仲裁时效期间从当事人知道或者应当知道其权利被侵害之日起计算。

前述规定的仲裁时效，因当事人一方向对方当事人主张权利，或者向有关部门请求权利救济，或者对方当事人同意履行义务而中断。从中断时起，仲裁时效期间重新计算。

因不可抗力或者有其他正当理由，当事人不能在规定的仲裁时效期间申请仲裁的，仲裁时效中止。从中止时效的原因消除之日起，仲裁时效期间继续计算。

劳动关系存续期间因拖欠劳动报酬发生争议的，劳动者申请仲裁不受仲裁时效期间的限制；但是，劳动关系终止的，应当自劳动关系终止之日起一年内提出。

申请人申请仲裁应当提交书面仲裁申请，并按照被申请人人数提交副本。书写仲裁申请确有困难的，可以口头申请，由劳动争议仲裁委员会记入笔录，并告知对方当事人。

3. 受理

劳动争议仲裁委员会收到仲裁申请之日起五日内，认为符合受理条件的，应当受理，并通知申请人；认为不符合受理条件的，应当书面通知申请人不予受理，并说明理由。对劳动争议仲裁委员会不予受理或者逾期未做出决定的，申请人可以就该劳动争议事项向人民法院提起诉讼。

4. 开庭和裁决

仲裁庭应当在开庭五日前，将开庭日期、地点书面通知双方当事人。当事人有正当理由的，可以在开庭三日前请求延期开庭。是否延期，由劳动争议仲裁委员会决定。

仲裁庭裁决劳动争议案件，应当自劳动争议仲裁委员会受理仲裁申请之日起四十五日内结束。案情复杂需要延期的，经劳动争议仲裁委员会主任批准，可以延期并书面通知当事人，但是延长期限不得超过十五日。逾期未做出仲裁裁决的，当事人可以就该劳动争议事项向人民法院提起诉讼。

仲裁庭裁决劳动争议案件时，其中一部分事实已经清楚，可以就该部分先行裁决。

当事人对“一裁终局”案件以外的其他劳动争议案件的仲裁裁决不服的，可以自收到仲裁裁决书之日起十五日内向人民法院提起诉讼；期满不起诉的，裁决书发生法律效力。

另外，劳动者对“一裁终局”案件仲裁裁决不服的，可以自收到仲裁裁决书之日起十五日内向人民法院提起诉讼。

5.“一裁终局”案件

所谓一裁终局，即指劳动争议案件经仲裁委员会仲裁后，仲裁裁决为终局裁决，裁决书自做出之日起发生法律效力。用人单位不得起诉。

《劳动争议调解仲裁法》第四十七条规定，下列劳动争议，除本法另有规定的外，仲裁裁决为终局裁决，裁决书自做出之日起发生法律效力：

1）追索劳动报酬、工伤医疗费、经济补偿或者赔偿金，不超过当地月最低工资标准十二个月金额的争议。

2）因执行国家的劳动标准在工作时间、休息休假、社会保险等方面发生的争议。

《劳动争议调解仲裁法》第四十八条规定，劳动者对本法第四十七条规定的仲裁裁决不服的，可以自收到仲裁裁决书之日起十五日内向人民法院提起诉讼。

6. 仲裁其他规定

发生劳动争议，当事人对自己提出的主张，有责任提供证据。与争议事项有关的证据属于用人单位掌握管理的，用人单位应当提供；用人单位不提供的，应当承担不利后果。

劳动争议仲裁不收费。

第三节　社会生活中的有关法律

一、治安管理处罚法

《中华人民共和国治安管理处罚法》由第十届全国人民代表大会常务委员会第十七次会议于2005年8月28日通过，自2006年3月1日起实施。该法既是公安机关维护社会治安秩序，保障公共安全，保护公民合法权益的重要法律武器，也是规范公安机关及公安民警依法履行治安管理职责的重要法律，更是公民约束自身行为、保护自己合法权益的重要法律规范。《治安管理处罚法》的颁布实施，对于维护社会治安，保障公共安全，化解社会矛盾，维护社会稳定，促进社会和谐都具有十分重要的作用。

（一）《治安管理处罚法》的立法目的和基本原则

《治安管理处罚法》的立法目的是为了维护社会治安秩序，保障公共安全，保护公民、法人和其他组织的合法权益，规范和保障公安机关及其人民警察依法履行治安管理职责。其基本原则有：

1. 行为与处罚法定原则

《行政处罚法》第三条规定："没有法定依据或者不遵守法定程序的，行政处罚无效。"这就是行为与处罚法定原则的实质，涉及治安管理处罚，它是指违反治安管理行为和治安管理处罚应当由法律明文规定，法律没有明文规定的，不能认定为违反治安管理行为并不能适用治安管理处罚。

2. 处罚与违法行为相当原则

《行政处罚法》第四条规定："设定和实施行政处罚必须以事实为依据，与违法行为的事实、性质、情节以及社会危害程度相当。"《治安管理处罚法》第五条也规定："治安管理处罚必须以事实为依据，与违反治安管理行为的性质、情节以及社会危害程度相当。"这就是处罚与违法行为相当原则的核心，它是指治安管理处罚以事实为依据，与违反治安管理行为的性质、情节以及社会危害程度相当。这体现了法制的统一性、严肃性和公平性。

3．公开、公正原则

《行政处罚法》第四条规定："行政处罚遵循公正、公开的原则。"《治安管理处罚法》第五条也规定，"实施治安管理处罚，应当公开、公正……"，坚持实施治安管理处罚的公开、公正原则。公开是指实施治安管理处罚的依据和被处罚当事人享有的权利应公布于众。公正是指"公平正直，没有偏私"。

4．尊重和保障人权原则

《治安管理处罚法》第五条规定："实施治安管理处罚，应当公开、公正，尊重和保障人权，保护公民的人格尊严。"所以，尊重和保障人权原则是指认定违反治安管理行为，实施治安管理处罚，尊重和保障人权，保护公民的人格尊严。

5．教育与处罚相结合原则

《治安管理处罚法》第五条第三款规定："办理治安案件应当坚持教育与处罚相结合的原则。"这一原则的基本精神是指坚持处罚不是目的，而是一种手段，教育也是一种手段，通过处罚和教育，使其不再危害社会，预防和减少违法犯罪的发生。

（二）《治安管理处罚法》的适用范围和处罚种类

治安管理处罚是指对扰乱公共秩序，妨害公共安全，侵犯人身权利、财产权利，妨害社会管理，具有社会危害性，尚不够刑事处罚的，由公安机关给予的处理惩罚。治安管理处罚的种类有警告、罚款、行政拘留、吊销公安机关发放的许可证、限期出境或者驱逐出境等。行政拘留处罚，按照不同的违法行为的性质，区分为五日以下、五日至十日、十日至十五日，并规定合并执行最长不超过二十日。行政拘留适用的细分体现了对限制人身自由的处罚的慎用。治安管理处罚必须严格依照调查、决定和执行程序进行，被处罚人可依法通过听证程序和救济程序保护合法权益。

公安机关及其人民警察对治安案件的调查，应当依法进行。严禁刑讯逼供或者采用威胁、引诱、欺骗等非法手段收集证据。人民警察办理治安案件有刑讯逼供行为的，依法给予行政处分；构成犯罪的依法追究刑事责任。公安机关及其人民警察违法行使职权，侵犯公民、法人和其他组织合法权益的，应赔礼道歉；造成损害的，应当依法承担赔偿责任。

二、刑法

刑法是规定犯罪、刑事责任和刑罚的法律，是掌握政权的统治阶级为了维护本阶级政治上的统治和经济上的利益，根据自己的意志，规定哪些行为是犯罪并应当负何种刑事责任，给予犯罪人何种刑事处罚的法律规范的总称。刑法有广义与狭义之分。广义刑法是一切刑事法律规范的总称，狭义刑法仅指刑法典，在我国即《中华人民共和国刑法》。与广义刑法、狭义刑法相联系的，刑法还可区分为普通刑法和特别刑法。普通刑法是指具有普遍使用效力的刑法，实际上即指刑法典。特别刑法是指仅使用于特定的人、时、地、事（犯罪）的刑法，在我国，也就是指单行刑法和附属刑法。1979 年 7 月 1 日五届全国人大二次会议上通过了新中国第一部刑法典。1997 年，对《中华人民共和国刑法》进行全面修订，至2014 年中国先后通过一个决定和九个修正案，对刑法做出修改、补充。

（一）刑法的基本原则

刑法的基本原则，是指刑法特有的在刑法的立法、解释和适用过程中所必须普遍遵循的具有全局性、根本性的准则。我国1997年及2012年修订的刑法典规定了四个基本原则：一是罪刑法定原则。法无明文规定不为罪，法无明文规定不处罚，故什么行为构成犯罪，对犯罪如何处罚，必须在事前明文规定。二是适用刑法平等原则。刑法面前人人平等，是指刑法规范在根据其内容应当得到适用的所有场合，都予以严格适用。对刑法所保护的合法权益予以平等的保护；对于事实犯罪的任何人，都必须严格依照法律认定犯罪；对于任何犯罪人，都必须根据其犯罪事实与法律规定量刑；对于被判处刑罚的任何人，都必须严格按照法律的规定执行刑罚。三是罪刑相适应原则。犯多大的罪，就应当承担多大的刑事责任，法院亦应判处其相应轻重的刑罚，做到重罪重罚，轻罪轻罚，罚当其罪，罪刑相称；罪轻罪重，应当考虑行为人的犯罪行为本身和其他各种影响刑事责任大小的因素。四是尊重和保障人权。什么是犯罪，对犯罪如何处罚，必须由人民群众决定，具体表现为由人民群众选举产生的立法机关来决定；尊重人权主义要求，为了保障公民的自由，必须使得公民能够事先预测自己行为的性质与后果。

（二）刑法的效力范围

刑法的效力范围，即刑法的适用范围，是指刑法在什么地方、对什么人、在什么时间适用，以及是否有溯及既往的效力。

（1）刑法的空间效力　它就是指刑法对地和对人的效力，也就是要解决刑事管辖权的范围问题。我国《刑法》第六条第一款规定：“凡在中华人民共和国领域内犯罪的，除法律有特别规定以外，都适用本法。”中国领域是指我国国境以内的全部地域，包括领陆、领水、领空。凡是在本国领域内犯罪，无论是本国人还是外国人，都适用本法；反之，在本国领域外犯罪的，都不适用本法。“在中华人民共和国领域内犯罪的”包括三种情况：犯罪行为和结果都发生在我国领域以内；犯罪行为发生在我国领域以外，而结果发生在我国领域以内；犯罪行为发生在我国领域以内，而结果发生在我国领域以外。以上三种情况都属于在我国领域内犯罪，都适用我国刑法。

（2）刑法的属人效力　凡是中华人民共和国的公民，即使身在国外，也仍然受我国法律的保护。《刑法》第七条第一款规定：“中华人民共和国公民在中华人民共和国领域外犯本法规定之罪的，适用本法，但是按本法规定的最高刑为三年以下有期徒刑的，可以不予追究。”第七条第二款规定：“中华人民共和国国家工作人员和军人在中华人民共和国领域外犯本法规定之罪的，适用本法。”

我国公民在我国领域外犯我国刑法规定之罪的，不论按照当地法律是否认为是犯罪，也不论其所犯罪行侵犯的是何国或何国公民的利益，原则上都适用我国刑法。只是按照我国刑法的规定，该中国公民所犯之罪的法定最高刑为三年以下有期徒刑的，才可以不予追究。

（3）刑法的时间效力　它是指刑法的生效时间、失效时间以及对刑法生效前所发生的行为是否具有溯及力的问题。刑法的生效时间有两种方式：一是公布之日起生效，这通常是一些单行刑法法律的做法。二是公布之后经过一段时间再施行。刑法的失效时间基本上也有两种方式：一是由国家立法机关明确宣布某些法律失效。二是自然失效，即新法施行后代替了同类内容的旧法，或者由于原来特殊的立法条件已经消失，旧法自行废止。刑法的溯及力，是指刑法生效后，对于其生效以前未经审判或者判决尚未确定的行为是否适用的问题。我国刑法对溯及力的规定，采取的是从旧兼从轻原则。我国修订的《刑法》第十二条第一款规定："中华人民共和国成立以后本法施行以前的行为，如果当时的法律不认为是犯罪的，使用当时的法律；如果当时的法律认为是犯罪的，按照本法总则第四章第八节的规定应当追诉的，按照当时的法律追究刑事责任，但是如果本法不认为是犯罪或者处刑较轻的，适用本法。"

（三）犯罪

犯罪是指严重危害社会，触犯刑法并应受刑罚处罚的行为。首先，犯罪是危害社会的行为，即具有一定的社会危害性。行为具有一定的社会危害性，是犯罪最本质最基本的特征。所谓社会危害性，也就是犯罪行为对我们社会主义社会所具有的危害性。在社会主义社会，由于人民当家做主，国家和人民的利益是完全一致的，所以讲犯罪的社会危害性，也就是指对国家和人民利益的危害性。如果某种行为根本不可能给社会带来危害，我们的法律就没有必要把它规定为犯罪，也不会对它进行刑罚处罚。某种行为虽然有一点危害性，但是情节显著轻微、危害不大，也不认为是犯罪。由此可见，没有社会危害性，就没有犯罪；社会危害性没有达到相当的程度，也不构成犯罪。其次，犯罪是触犯刑律的行为，即具有刑事违法性。违法行为有各种各样的情况，有的是违反民事法律、经济法律、法规，叫民事违法行为、经济违法行为；有的是违反行政法律、法规，叫行政违法行为。犯罪也是违法行为，但不是一般违法行为，而是违反刑法、触犯刑律的行为，是刑事违法行为。违法并不都是犯罪，只有违反刑法的才构成犯罪。再次，犯罪是应受刑罚处罚的行为，即具有应受惩罚性。对于违反刑法的犯罪行为来说，则要求承担刑罚处罚的法律后果。犯罪的以上三个基本特征是紧密结合的。这三个基本特征是任何犯罪都必然具有的。

1. 犯罪构成

犯罪构成是指我国刑法规定的，确定某种行为构成犯罪所必须具备的主观要件和客观要件的总和。犯罪构成有四个共同要件，即犯罪客体、犯罪的客观方面、犯罪主体、犯罪的主观方面。行为必须同时具备这四个方面的要件，才能使行为人负刑事责任，缺少其中任何一个要件都不构成犯罪。

1）犯罪客体是我国刑法所保护的而为犯罪行为所侵害的社会主义社会关系。根据犯罪行为所侵害的社会关系的范围不同，可以把犯罪客体分为三类：一般客体、同类客体和直接客体。犯罪客体不同于犯罪对象，犯罪对象是犯罪行为所指向的具体的人或物，它是犯罪客体的物质承担者。

2）犯罪的客观方面是指犯罪活动的客观外在表现，主要指危害社会的行为及其所造成的危害结果。危害行为是指表现人的意志和意识，危害社会的行为，危害结果是危害行为给刑法所保护的社会关系所造成的具体侵害事实。比如盗窃罪的客观方面表现为秘密窃取公私财物的行为，其结果是破坏了公私财产所有权关系；故意杀人罪的客观方面表现为非法剥夺他人生命的行为，其结果是使他人的生命权利丧失了。

3）犯罪主体是指实施危害社会的行为并且依法承担刑事责任的人或单位。我国刑法对自然人承担刑事责任年龄划分为三个阶段：第一，完全不负刑事责任年龄阶段。不满十四周岁的人所实施的危害社会的行为，不追究刑事责任。第二，相对负刑事责任年龄阶段。《刑法》第十七条第二款规定："已满十四周岁不满十六周岁，犯故意杀人、故意伤害致人重伤或者死亡、强奸、抢劫、贩卖毒品、放火、爆炸、投放危险物质罪的，应当负刑事责任。"第三，完全负刑事责任年龄阶段。已满十六周岁的人犯罪，应当负刑事责任。

4）犯罪的主观方面是指犯罪主体对自己实施的行为引起的危害社会的结果所抱的心理状态，它包括犯罪的故意、犯罪的过失、犯罪的目的和犯罪的动机。犯罪的故意是指行为人明知自己的行为会发生危害社会的结果，并且希望或者放任这种结果发生的一种主观心理态度。犯罪的过失是指应当预见自己的行为可能发生危害社会的结果，因为疏忽大意而没有预见，或者已经预见而轻信能够避免，以致发生这种结果的心理态度。

刑法规定犯罪构成有着重大的意义：第一，为追究犯罪人的刑事责任提供根据；第二，为划分罪与非罪、此罪与彼罪的界限提供标准；第三，为无罪的人不受非法追究提供法律保障。因此，严格按照刑法规定分析犯罪构成，这是社会主义法治原则所要求的。

2. 正当防卫和紧急避险

正当防卫是指为了使国家、公共利益、本人或者他人的人身、财产和其他权利免受正在进行的不法侵害，而采取的制止不法侵害的行为，对不法侵害人造成损害的，属于正当防卫，不负刑事责任。正当防卫明显超过必要限度造成重大损害的，应当负刑事责任，但是应当减轻或者免除处罚。对正在进行行凶、杀人、抢劫、强奸、绑架以及其他严重危及人身安全的暴力犯罪，采取防卫行为，造成不法侵害人伤亡的，不属于防卫过当，不负刑事责任。根据《刑法》第二十条规定，为使国家、公共利益、本人或者他人的人身、财产和其他权利免受正在进行的不法侵害，而采取的制止不法侵害的行为，对不法侵害人造成损害的，属于正当防卫，不负刑事责任。

根据刑法的规定，只有同时具备下列五个要件才能构成正当防卫：一是不法侵害现实存在。正当防卫的起因必须是具有客观存在的不法侵害。"不法"指法令所不允许的，以其侵害行为构成犯罪为条件。对于精神病人所为的侵害行为，一般认为可实施正当防卫。二是不法侵害正在进行。不法侵害正在进行的时候，才能对合法权益造成威胁性和紧迫性，因此才可以使防卫行为具有合法性。三是具有防卫意识。正当防卫要求防卫人具有防卫认识和防卫意志。前者是指防卫人认识到不法侵害正在进行；后者是指防卫人出于保护合法权益的动机。四是针对侵害人防卫。正当防卫只能针对侵害人本人防卫。由于侵害是由侵害人本人造成的，因此只有针对其本身进行防卫，才能保护合法权益。五是没有明显超过必要限度。防卫行为必须在必要合理的限度内进行，否则就构成防卫过当。

紧急避险是为了使国家、公共利益、本人或者他人的人身、财产和其他权利免受正在发生的危险，不得已采取的紧急避险行为，造成损害的，不负刑事责任。紧急避险超过必要限度造成不应有的伤害的，应当负刑事责任，但是应当减轻或者免除处罚。紧急避险的条件有：① 必须针对正在发生的紧急危险。如果人的行为构成紧急危险，必须是违法行为。② 所采取的行为应当是避免危险所必需的。③ 所保全的必须是法律所保护的权利。④ 不可超过必要的限度，就是说，所损害的利益应当小于所保全的利益。紧急避险不负法律责任。

3. 共同犯罪

共同犯罪是指二人以上共同故意犯罪。《刑法》根据共同犯罪人的作用并适当考虑分工的情况，将共同犯罪人分为主犯、从犯、胁从犯、教唆犯，并规定了不同的刑事责任原则。组织、领导犯罪集团进行犯罪活动或者在共同犯罪中起主要作用的，是主犯。三人以上为共同实施犯罪而组成的较为固定的犯罪组织，是犯罪集团。对于组织、领导犯罪集团进行犯罪活动的首要分子，按照集团所犯的全部罪行处罚，对于犯罪集团的首要分子以外的主犯，应分为两种情况处罚：对于组织、指挥共同犯罪的人，应当按照其组织、指挥的全部犯罪处罚；对于没有从事组织、指挥活动但在共同犯罪中起主要作用的人，应按其参与的全部犯罪处罚。在共同犯罪中起次要或者辅助作用的，是从犯。从犯也应对自己参与的全部犯罪承担刑事责任，但根据刑法第二十七条第二款的规定，对于从犯，应当从轻、减轻或者免除处罚。胁从犯是被胁迫参加犯罪的人，即在他人威胁下不完全自愿地参加共同犯罪，并且在共同犯罪中起较小作用的人。对于胁从犯，应当按照他的犯罪情节减轻处罚或者免除处罚。教唆犯是指以授意、怂恿、劝说、利诱或者其他方法故意唆使他人犯罪的人。教唆犯所教唆的对象必须是达到刑事责任年龄、具有刑事责任能力的人，必须有教唆行为和教唆故意。教唆他人犯罪的，应当按照他在共同犯罪中所起的作用处罚。教唆不满十八周岁的人犯罪的，应当从重处罚。如果被教唆的人没有犯被教唆的罪，对于教唆犯可以从轻或者减轻处罚。

4. 故意犯罪形态

故意犯罪形态是指故意的犯罪在其发展过程中的不同阶段，由于主客观原因而停止下来的各种犯罪形态，即犯罪预备、犯罪未遂、犯罪中止和犯罪既遂。犯罪既遂是指行为人故意实施的行为已具备了某种犯罪构成的全部要件。犯罪预备是指为了犯罪，准备工具、制造条件的行为。有犯罪预备行为，因意志以外的原因而未能着手实行的，是预备犯。对于预备犯，可以比照既遂犯从轻，减轻处罚或者免除处罚。已着手实行犯罪，由于犯罪分子意志以外的原因而未得逞的，是犯罪未遂。对于未遂犯，可以比照既遂犯从轻或减轻处罚。在犯罪过程中，自动放弃犯罪或自动有效地防止犯罪结果发生的，是犯罪中止。对于中止犯，没有造成损害的，应免除处罚；造成损害的应减轻处罚。

（四）刑罚

刑罚是由刑法规定的，由国家审判机关依法对犯罪分子所适用的限制或者剥夺其某种权益的最严厉的法律制裁方法。

1. 刑罚的种类

我国的刑罚分为主刑和附加刑。主刑就是只能独立适用，不能附加于其他刑种适用的刑罚。我国刑法规定的主刑有：管制、拘役、有期徒刑、无期徒刑、死刑。管制是指由人民法院依法判决，对犯罪分子不予关押，但限制其一定自由，由公安机关予以执行和人民群众监督改造的刑罚方法。管制期限为三个月以上二年以下，数罪并罚最高不能超过三年。拘役是短期剥夺犯罪分子的人身自由，由公安机关就近执行，并对受刑人进行劳动改造的刑罚方法。拘役期限为一个月以上六个月以下，数罪并罚最高不超过一年。有期徒刑是指剥夺犯罪分子一定期限的人身自由，实行强制劳动改造的刑罚方法。有期徒刑刑期为六个月以上十五年以下。但是判决宣告以前一人犯数罪的，除判处死刑和无期徒刑的以外，应当在总和刑期以下、数刑中最高刑期以上，酌情决定执行的刑期，有期徒刑总和刑期不满三十五年的，最高不能超过二十年，总和刑期在三十五年以上的，最高不能超过二十五年。无期徒刑是指剥夺犯罪分子终身自由，并强制进行劳动改造的刑罚方法。死刑是指剥夺犯罪分子生命的刑罚方法，是一种最严厉的刑罚。附加刑就是作为主刑的补充而附加适用，但也可以独立适用的刑罚。我国刑法规定的附加刑有：罚金、剥夺政治权利、没收财产。此外，对于犯罪的外国人，可以独立适用或者附加适用驱逐出境，这实际上也属于附加刑。

我国刑罚就是通过有主有从、互相配合，有轻有重、互相衔接的设计方式，形成了严整的体系。在这个体系中，每个刑种都有它特定的内容和作用。刑种的多样性，是为了适应犯罪性质和情节的多样性，便于体现惩办与宽大相结合的政策，实行区别对待的原则。所以，这些刑种是切合我国同犯罪做斗争的实际需要的。

2. 刑罚裁量

刑罚裁量简称量刑，指人民法院根据行为人所犯罪行及刑事责任的轻重，在定罪并找准法定刑的基础上，依法决定是否对犯罪分子判处处罚，判处何种刑罚，刑度或者所判刑罚是否立即执行的刑事审判活动。具体的量刑制度包括累犯、自首和立功、数罪并罚、缓刑等。

累犯是指受过一定的刑罚处罚，刑罚执行完毕或者赦免以后，在一定的时间内又犯被判处一定刑罚之罪的犯罪分子。累犯分为一般累犯和特殊累犯两种。

一般累犯是指被判处有期徒刑以上刑罚的犯罪分子，刑罚执行完毕或者赦免以后，在五年以内再犯应当判处有期徒刑以上刑罚之罪的，是累犯，应当从重处罚，但是过失犯罪和不满十八周岁的人犯罪的除外。前述规定的期限，对于被假释的犯罪分子，从假释期满之日起计算。

特别累犯是指危害国家安全犯罪、恐怖活动犯罪、黑社会性质的组织犯罪的犯罪分子，在刑罚执行完毕或者赦免以后，在任何时候再犯上述任一类罪的，都以累犯论处。累犯应当从重处罚，从重处罚是处理累犯的一个基本原则，对累犯必须一律从重处罚。对于累犯，不适用缓刑。

自首是指犯罪事实或者犯罪嫌疑人未被司法机关发觉，或者虽被发觉，但犯罪嫌疑人尚未受到讯问、未被采取强制措施时，主动、直接向公安机关、人民检察院或者人民法院投案。对于自首的犯罪分子，可以从轻或者减轻处罚；对于犯罪较轻的，可以免除处罚。具体确定从轻、减轻还是免除处罚，应当根据犯罪轻重，并考虑自首的具体情节。

立功指的是刑罚裁量中的立功，而非刑罚执行制度中的立功。犯罪分子到案后有检举、揭发他人犯罪行为，包括共同犯罪案件中的犯罪分子揭发同案犯共同犯罪以外的其他犯罪，经查证属实；提供侦破其他案件的重要线索，经查证属实；阻止他人犯罪活动；协助司法机关抓捕其他犯罪嫌疑人（包括同案犯）；具有其他有利于国家和社会的突出表现的，应当认定为有立功表现。立功分一般立功和重大立功，犯罪分子有立功表现的，可以从轻或减轻处罚，有重大立功表现的，可以减轻或免除处罚，自首后又有重大立功的，应当减轻、免除处罚。

数罪并罚是指一个人在判决宣告以前犯有数罪，或者在判决宣告以后、刑罚执行完毕以前，发现被判刑的犯罪分子在判决宣告以前还有其他罪没有判决，或者被判刑的犯罪分子在刑罚执行完毕以前又犯新罪，审判机关依照刑法规定的数罪并罚的原则和方法对一人所犯数罪的合并处罚。我国数罪并罚的适用原则，以限制加重原则为主，兼采其他原则。数刑中只要有一个是死刑或者无期徒刑的，就应当执行死刑或者无期徒刑。数刑中有两个以上有期徒刑、两个以上拘役或者两个以上管制的，应当在总和刑期以下、数刑中最高刑期以上，酌情决定应当执行的刑期。但是按照刑法的规定，管制最高不能超过三年，拘役最高不能超过一年，有期徒刑总和刑期不满三十五年的，最高不能超过二十年，总和刑期在三十五年以上的，最高不能超过二十五年。数罪中有判处附加刑的，附加刑仍须执行，其中附加刑种类相同的，合并执行，种类不同的，分别执行。

缓刑是指人民法院对判处拘役、三年以下有期徒刑的犯罪分子，根据其犯罪情节及悔罪表现，认为暂缓执行原判刑罚，确实不致再危害社会的，规定一定的考验期，暂缓其刑罚的执行；在考验期内，如果符合法定条件，原判刑罚就不再执行的一项制度。

《刑法》规定，对于被判处拘役、三年以下有期徒刑的犯罪分子，同时符合下列条件的，可以宣告缓刑，对其中不满十八周岁的人、怀孕的妇女和已满七十五周岁的人，应当宣告缓刑：

（1）犯罪情节较轻。

（2）有悔罪表现。

（3）没有再犯罪的危险。

（4）宣告缓刑对所居住社区没有重大不良影响。

被宣告缓刑的犯罪分子，如果被判处附加刑，附加刑仍须执行。

三、集会游行示威法

（一）集会游行示威法的目的和原则

集会游行示威法的立法目的是在维护社会安定和公共秩序的前提下，充分保障宪法赋予公民的集会、游行、示威的权利和自由。其基本原则主要有：一是政府依法保障原则。对公民行使集会、游行、示威的权利，各级人民政府应当依法予以保障。二是权利义务一致原则。公民在行使集会、游行、示威的权利的时候，必须遵守宪法和法律，不得反对宪法所确定的基本原则，不得损害国家、社会、集体的利益和其他公民的合法的自由和权利。三是和平进行原则。集会、游行、示威应当和平进行，不得携带武器、管制刀具和爆炸物，不得使用暴力或煽动使用暴力。

（二）集会游行示威的申请许可

在中华人民共和国境内举行集会、游行、示威，均适用集会游行示威法。集会是指聚集于露天公共场所（公众可以自由出入的或者凭票可以进入的室外公共场所，不包括机关、团体、企业事业组织管理的内部露天场所），发表意见、表达意愿的活动；游行是指在公共道路、露天公共场所列队行进、表达共同意愿的活动；示威是指在露天公共场所或者公共道路上以集会、游行、静坐等方式，表达要求、抗议或者支持、声援等共同意愿的活动。文娱、体育活动，正常的宗教活动，传统的民间习俗活动，不适用集会游行示威法。

依照本法规定需要申请的集会、游行、示威，其负责人必须在举行日期的五日前向主管机关递交书面申请。申请书中应当载明集会、游行、示威的目的、方式、标语、口号、人数、车辆数、使用音响设备的种类与数量、起止时间、地点（包括集合地和解散地）、路线和负责人的姓名、职业、住址。主管机关接到集会、游行、示威申请书后，应当在申请举行日期的二日前，将许可或者不许可的决定书面通知其负责人。不许可的，应当说明理由。逾期不通知的，视为许可。对于依法举行的集会、游行、示威，主管机关应当派出人民警察维持交通秩序和社会秩序，保障集会、游行、示威的顺利进行。依法举行的集会、游行、示威，任何人不得以暴力、胁迫或者其他非法手段进行扰乱、冲击和破坏。

申请举行的集会、游行、示威，有下列情形之一的，不予许可：反对宪法所确定的基本原则的；危害国家统一、主权和领土完整的；煽动民族分裂的；有充分根据认定申请举行的集会、游行、示威将直接危害公共安全或者严重破坏社会秩序的。

四、环境保护法

（一）概况

《中华人民共和国环境保护法》是为保护和改善环境，防治污染和其他公害，保障公众健康，推进生态文明建设，促进经济社会可持续发展制定的国家法律，1989 年 12 月 26 日通过实施。2014 年 4 月进行修订，修订后的《中华人民共和国环境保护法》自 2015 年 1 月 1 日起施行。新《环境保护法》进一步明确了政府对环境保护的监督管理职责，完善了生态保护红线等环境保护基本制度，强化了企业污染防治责任，加大了对环境违法行为的法律制裁，法律条文也从原来的 47 条增加到 70 条，增强了法律的可执行性和可操作性，被称为“史上最严”的环境保护法。

（二）主要内容

1. 引入了生态文明建设和可持续发展的理念

环境保护法明确要推进生态文明建设，促进经济社会可持续发展，要使经济社会发展与环境保护相协调，充分体现了环境保护的新理念。

2. 明确了保护环境的基本国策和基本原则

环境保护法进一步强化环境保护的战略地位，规定“保护环境是国家的基本国策”，并明确“环境保护坚持保护优先、预防为主、综合治理、公众参与、污染者担责的原则”。

3. 完善了环境管理基本制度

一是完善了环境监测制度。环境保护法第十七条规定：建立环境信息共享机制，要求有关行业、专业等各类环境质量监测站（点）的设置应当符合法律法规的规定和监测范围；明确了监察机构应当使用符合国家标准的监测设备，遵守监测规范；监测机构及其负责人对监测数据的真实性和准确性负责。

二是完善了环境影响评价制度。加大了未批先建的违法责任，没有进行环评的项目不得开工，《环境保护法》第十九条规定：“未依法进行环境影响评价的建设项目，不得开工建设。”并规定相应的法律责任：“建设单位未依法提交建设项目环境影响评价文件或者环境影响评价文件未经批准，擅自开工建设的，由负责审批建设项目环境影响评价文件的部门责令停止建设，处以罚款，并可以责令恢复原状。”

三是完善了跨行政区污染防治制度。《环境保护法》第二十条规定：“国家建立跨行政区域的重点区域、流域环境污染和生态破坏联合防治协调机制。”强化了联合防治机制，实行统一规划、统一标准、统一监测、统一的防治措施。

四是完善了防治污染设施“三同时”制度和重点污染物排放总量控制制度和区域限批制度，补充了总量控制制度。

五是明确排污许可管理制度。《环境保护法》第六十三条规定，企事业单位和其他生产经营者，违反法律规定，未取得排污许可证排放污染物，被责令停止排污，拒不执行，且不构成犯罪的，除依照有关法律法规规定予以处罚外，对直接负责的主管人员和其他直接责任人员给予行政拘留。

六是增加生态保护红线规定。《环境保护法》第二十九条规定，国家在重点生态功能区、生态环境敏感区和脆弱区等区域划定生态保护红线，实行严格保护，明确了生态保护红线的范围。

4. 突出强调政府监督管理责任

环境保护法突出强调政府责任、监督和法律责任。在上级政府机关对下级政府机关的监督方面，加强了地方政府对环境质量的责任。同时，增加规定了环境保护目标责任制和考核评价制度，并规定了上级政府及主管部门对下级部门或工作人员工作监督的责任。规定了地方各级人民政府应当对本行政区域的环境质量负责，促使地方政府平衡经济发展和环境保护的关系。要求县级以上人民政府应当将环境保护目标完成情况纳入对本级人民政府环境保护具有监管职责的部门及其负责人和下级人民政府及其负责人的考核内容，作为对其考核评价的重要依据。总之，就是将环境保护目标作为政绩考核的重要指标，加大其在考核指标体系中的权重。

5. 信息公开和公众参与

环境保护法专章规定了环境信息公开和公众参与，加强公众对政府和排污单位的监督。

6. 规定了公民的环境权利和环保义务

环境保护法规定公民应当遵守环境保护法律法规，配合实施环境保护措施，按照规定对生活废弃物进行分类放置，减少日常生活对环境造成的损害。规定每年6月5日为环境日。

7. 强化了主管部门和相关部门的责任

主管部门和相关部门的责任包括编制本行政区域环保规划、制定环境质量和污染物排放标准、现场检查、查封、扣押等。

8. 强化了企事业单位和其他生产经营者的环保责任

企事业单位和其他生产经营者实施清洁生产、减少环境污染和危害、按照排污标准和总量排放、安装使用监测设备、建立环境保护制度、缴纳排污费，以及制定环境事件应急预案等。

9．完善了环境经济政策，鼓励投保环境污染责任保险

10．加强农村环境保护

《环境保护法》第三十三条规定，各级人民政府应当“促进农业环境保护新技术的使用，加强对农业污染源的监测预警，统筹有关部门采取措施”，保护农村环境；规定“县、乡级人民政府应当提高农村环境保护公共服务水平，推动农村环境综合整治”。第四十九条规定“施用农药、化肥等农业投入品及进行灌溉，应当采取措施，防止重金属及其他有毒有害物质污染环境”，增加规定“县级人民政府负责组织农村生活废弃物的处置工作”。

11．加大了违法排污的责任

一是规定了按日计罚制度。“按日计罚”，就是按照违法的天数计算罚款，不再是一次性罚金，同时罚款总额上不封顶，且建立“黑名单”制度，将环境违法信息记入社会诚信档案并向社会公布，提高了企业的违法成本。

二是责令停业、关闭。《环境保护法》第六十条规定，企事业单位和其他生产经营者超过污染物排放标准或者超过重点污染物排放总量控制指标的县以上环境保护行政主管部门可以责令其采取闲置生产、停产整治等措施，情节严重的，报经有批准权的人民政府批准，责令停业、关闭。

三是规定了行政拘留。《环境保护法》第六十三条规定，违反法律规定，建设项目未依法进行环评，被责令停止建设，拒不执行的；未取得排污许可证排放污染物，被责令停止排污，拒不执行的；通过偷排或者篡改、伪造监测数据，或者不正常运行防治污染设施等逃避监管的方式排放污染物的；生产、使用国家明令禁止生产、使用的农药，被责令改正，拒不改正的。有以上行为之一尚不构成犯罪的，由县级以上人民政府环境保护主管部门或者其他有关部门将案件移送公安机关，对其直接负责的主管人员和其他直接责任人员，处十日以上十五日以下拘留；情节较轻的，处五日以上十日以下拘留。

五、民法

（一）民法概念及基本原则

民法是调整平等主体的公民之间、法人之间及公民与法人之间的财产关系和人身关系的法律规范的总称。它是国家法律体系中的重要部门法之一，与人们的生活密切相关。我国1986年公布并施行的《民法通则》，规定了民事法律的基本制度。民法的调整对象为平等主体之间的社会关系、财产关系、人身关系。

民法的基本原则是对民事立法、司法和民事活动具有普遍指导意义和约束功能的基本行为准则，是民法及其经济基础的本质和特征的集中体现，是高度抽象的、最一般的民事行为规范和价值判断准则。民法的基本原则有：一是平等原则，民事主体享有独立、平等的法律人格，在具体的民事法律关系中互不隶属，能自主地表达自己的意愿，其合法权益平等地受法律保护。二是自愿原则，民事主体在法律允许的范围内有完全的意志自由，可以根据自己的意愿参加民事活动，做出民事行为，任何组织和个人都不得非法干预、强迫或胁迫。三是公平原则，是公平合理，在民事活动中，要以公平、正义的理念来指导自己的行为，确定其民事权利、民事义务和民事责任。四是诚实信用原则，民事主体从事民事活动、行使民事权

利或履行民事义务时，应善意无欺，讲求信用。五是禁止权利滥用原则，民事主体在行使民事权利时，应当尊重社会公德，不得损害社会公共利益和他人利益。

（二）民事主体与民事行为

民事主体是指根据法律规定，能够参与民事法律关系，享有民事权利和承担民事义务的自然人、法人和其他组织。作为民事法律关系的主体，必须具有民事权利能力和民事行为能力。

自然人是指依自然规律出生而取得民事主体资格的人。自然人的民事权利能力是指自然人依法享有民事权利、承担民事义务的资格，是公民主体资格的集中表现。自然人从出生时起到死亡时止具有民事权利能力。公民是指具有该国国籍的自然人。民事行为能力是指公民通过自己的行为独立行使民事权利或履行民事义务的能力，包括从事合法行为的能力，而且也包括对其违法行为承担责任的能力。公民的民事行为能力是以其权利能力为前提的。按照《民法通则》的规定，十八周岁以上的公民是成年人，具有完全民事行为能力，可以独立进行民事活动，是完全民事行为能力人。十六周岁以上不满十八周岁的公民，以自己的劳动收入为主要生活来源的，视为完全民事行为能力人。十周岁以上的未成人是限制民事行为能力人，可以进行与他的年龄、智力相适应的民事活动；其他民事活动由他的法定代理人代理，或者征得他的法定代理人的同意。不满十周岁的未成年人或虽已达成年但不确认自己行为的精神病人是无民事行为能力人，其民事活动由他的法定代理人代理。无民事行为能力人不能独立进行民事活动，其行为应由其法定代理人代理进行。

法人是指具有民事权利能力和民事行为能力，依法独立享有民事权利和承担民事义务的社会组织。法人的权利能力是指法人享有参与民事活动，取得民事权利并承担民事义务的能力或资格。法人的行为能力是指法人能够以自己的行为进行民事活动，取得权利并承担义务的能力或资格。法人按其功能、设立方法以及财产来源的不同可分为四类，即企业法人、机关法人、事业单位法人和社会团体法人。

其他组织是指不具有法人资格，但可以以自己的名义进行民事活动的组织，包括个人独资企业、个体工商户，农村承包经营户和个人合伙。

（三）民事权利与民事责任

1．民事权利

民事权利是指自然人、法人或其他组织在民事法律关系中享有的具体权益。我国民法所规定的民事权利，主要有物权、债权、知识产权、继承权、人身权等。

1）物权是指权利人依法对特定的物享有直接支配和排他的权利，包括所有权、用益物权和担保物权。所有权是最典型、最完全的物权。土地使用权是不完全的特权。所有权人对自己的不动产或动产依法享有占有、使用、收益和处分的权利。土地使用权属于用益物权，是对标的物使用价值的支配，即对标的物占有、使用和收益。抵押权、质权、留置权属于担保物权，是对标的物交换价值的支配，即在所担保债务到期不能清偿时，以变卖标的物的价款抵偿。

2）债权是指债权人得请求相对人为特定行为或不为特定行为的权利，性质上属于请求权。合同关系上的权利，就是最典型的债权。债权包括给付请求权、给付受领权、保护请求权三项权能。引起债权债务发生的主要根据有：① 合同之债。合同是债发生的最重要最普遍的根据。② 侵权行为之债。侵权行为是指民事主体非法侵害公民或法人的财产所有权、人身权利或知识产权的行为。③ 不当得利之债。不当得利是指没有法律上或合同上的根据，取得不应获得的利益而使他人受到损失的行为。④ 无因管理之债。无因管理是指没有法定的或者约定的义务，为避免他人利益遭受损失，自愿为他人管理事务或财物的行为。

3）知识产权又称智力成果权，是指智力成果的创造人和工商业生产经营标记的所有人依法所享有的权利的总称。其内容包括著作权、专利权、商标权、发现权、发明权和其他科技成果权。

4）继承权是指公民依法承受死者个人所遗留的合法财产的权利。根据继承权产生方式的不同，继承的方式有四种：法定继承、遗嘱继承、遗赠和遗赠抚养协议。法定继承是关于继承人的范围、继承的顺序以及遗产分配的原则，按法律规定处理的一种继承方式。遗嘱继承是基于被继承人生前立下的合法有效的遗嘱而享有的继承权。

5）人身权是指法律赋予民事主体的与其生命和身份延续不可分离而无直接财产内容的民事权利。人身权分为人格权和身份权。人格权是法律规定的作为民事法律关系主体所应享有的权利，主要包括姓名权、荣誉权、名誉权、生命权、身体健康权、自由权、肖像权。身份权指因民事主体的特定身份而产生的权利，主要包括知识产权中的人身权利，监护权，公民在婚姻家庭关系中的身份权，即亲权、继承权。

2. 民事责任

民事责任，是对民事法律责任的简称，是指民事主体在民事活动中，因实施了民事违法行为，根据民法所承担的对其不利的民事法律后果或者基于法律特别规定而应承担的民事法律责任。民事责任属于法律责任的一种，是保障民事权利和民事义务实现的重要措施，是民事主体因违反民事义务所应承担的民事法律后果，它主要是一种民事救济手段，旨在使受害人被侵犯的权益得以恢复。

我国《民法通则》以民事责任发生的原因为标准，将其分为违反合同的民事责任和侵权的民事责任两类。违反合同的民事责任又称违约民事责任。其构成要件是：有违约行为，违约造成了损失，违约行为与损害事实之间存在因果关系，存在过错。侵权民事责任是行为人由于过错造成他人的财产或人身的损害，依法应承担的民事责任。侵权民事责任分为一般侵权民事责任和特殊侵权民事责任。一般侵权民事责任的构成要件是：损害事实的发生，致害行为的违法性，违法行为与损害后果之间的因果关系，主观有过错。特殊侵权民事责任与一般侵权民事责任的构成要件区别在于，它不要求行为人主观上有过错。

《民法通则》规定，承担民事责任的方式主要有：停止侵害，排除妨碍，消除危险，返还财产，恢复原状，修理、重作、更换，赔偿损失，支付违约金，消除影响、恢复名誉，赔礼道歉。

（四）诉讼时效

诉讼时效是指民事权利受到侵害的权利人在法定的时效期间内不行使权利，当时效期间届满时，权利人将失去胜诉权利，即胜诉权利归于消灭。在法律规定的诉讼时效期间内，权利人提出请求的，人民法院就强制义务人履行所承担的义务。而在法定的诉讼时效期间届满之后，权利人行使请求权的，人民法院就不再予以保护。当事人超过诉讼时效后起诉的，人民法院应当受理。受理后，如另一方当事人提出诉讼时效抗辩且查明无中止、中断、延长事由的，判决驳回其诉讼请求。如果另一方当事人未提出诉讼时效抗辩，则视为其自动放弃该权利，法院不得依照职权主动适用诉讼时效，应当受理支持其诉讼请求。诉讼时效分为普通诉讼时效和特殊诉讼时效。普通诉讼时效指在一般情况下普遍适用的时效，这类时效不是针对某一特殊情况规定的，而是普遍适用的，我国《民法通则》第一百三十五条规定："向人民法院请求保护民事权利的诉讼时效期限为二年，法律另有规定的除外。"特别诉讼时效分为短期诉讼时效、长期诉讼时效和最长诉讼时效。我国《民法通则》规定下列的诉讼时效期间为一年：身体受到伤害要求赔偿的；出售质量不合格的商品未声明的；延付或拒付租金的；寄存财物被丢失或被损坏的。长期诉讼时效是指诉讼时效在两年以上二十年以下的诉讼时效。如《环境保护法》规定："提起环境损害赔偿诉讼的时效期间为三年，从当事人知道或者应当知道其受到损害时起计算。"《合同法》规定："因国际货物买卖合同和技术进出口合同争议提起诉讼或者申请仲裁的期限为四年。"最长诉讼时效为二十年。从权利被侵害之日起超过二十年，人民法院不予保护。

诉讼时效从权利人知道或应当知道其权利受到侵害之日起开始计算，即从权利人能行使请求权之日开始算起。在诉讼时效期间进行中，因发生一定的法定事由，致使已经经过的时效期间统归无效，引起诉讼时效的中断，待时效中断的事由消除后，诉讼时效期间重新起算。在诉讼时效进行中，因一定的法定事由产生而使权利人无法行使请求权，引起诉讼时效中止，暂停计算诉讼时效期间。《民法通则》规定："在诉讼时效期间的最后六个月内，因不可抗拒力或其他障碍不能行使请求权的，诉讼时效中止。"

六、合同法

（一）合同的概念和特征

合同是指平等主体的自然人、法人、其他组织之间设立、变更、终止民事权利义务关系的协议。在合同关系中，享有权利的人称为债权人，履行债务的人称为债务人，通常双方互为债权人和债务人。合同法是调整平等主体的自然人、法人、其他组织之间设立、变更、终止民事权利义务关系的法律规范的总称。中国现行合同法《中华人民共和国合同法》，于1999年3月15日第九届全国人民代表大会第二次会议通过，1999年10月1日正式实施。

合同具有以下法律特征：

1）合同是两个或两个以上平等民事主体之间的法律行为。合同的这一特征区别于单方法律行为。单方法律行为是基于民事主体单方的意思所决定，而合同则是双方或多方民事主体的合意，且合同是合法行为。依法成立的合同对当事人具有法律约束力，得到国家法律的承认和保护。

2）合同是以设立、变更和终止民事权利义务关系为目的的民事法律行为。民事主体之间订立合同是具有一定的目的和宗旨的，即订立合同最终的目的是为了设立、变更、终止民事权利义务关系。

3）合同是平等主体在平等自愿基础上意思表示相一致的协议。意思表示一致是合同构成的基础。

4）合同是非身份关系的协议。我国《婚姻法》中有关结婚、离婚以及《民法通则》中关于监护以及《继承法》中关于遗赠扶养协议的合同，都是属于身份上的合同，依照我国《合同法》第二条第二款之规定，并非合同法上所称的合同。

（二）合同的订立

合同的订立是指两方以上当事人通过协商而于互相之间建立合同关系的行为。合同的订立是合同双方动态行为和静态协议的统一，它既包括缔约各方在达成协议之前接触和洽谈的整个动态的过程，也包括双方达成合意、确定合同的主要条款或者合同的条款之后所形成的协议。合同的订立包括要约和承诺两个阶段，当事人为要约和承诺的意思表示均为合同订立的程序。要约是指一方当事人以缔结合同为目的，向对方当事人提出合同条件，希望对方当事人接受的意思表示。发出要约的一方称要约人，接受要约的一方称受要约人。要约必须具备两个要件：一是要约的内容具体明确，要约的内容应具备合同的必要条款；二是表明经受要约人承诺，要约人即受该意思表示的约束。承诺是指受要约人同意接受要约的全部条件而缔结合同的意思表示。承诺必须由受要约人向要约人做出，承诺必须是对要约明确表示同意的意思表示，承诺的内容不能对要约做出实质性的变更，承诺应在要约有效期限内做出。

当事人订立合同，有书面形式、口头形式和其他形式。法律、行政法规规定采用书面形式的，应当采用书面形式。当事人约定采用书面形式的，应当采用书面形式。书面形式是指合同书、信件和数据电文等可以有形地表现所载内容的形式。合同的内容由当事人约定，一般包括以下条款：当事人的名称或者姓名和住所；标的；数量；质量；价款或者报酬；履行期限、地点和方式；违约责任；解决争议的方法。依法成立的合同，自成立时生效。法律、行政法规规定应当办理批准、登记手续生效的，依照其规定。当事人对合同的效力可以约定附条件或附期限。

（三）合同的履行

合同的履行指的是合同规定义务的执行。任何合同规定义务的执行，都是合同的履行行为；相应地，凡是不执行合同规定义务的行为，都是合同的不履行。因此，合同的履行，表现为当事人执行合同义务的行为。当合同义务执行完毕时，合同也就履行完毕。当事人应遵循诚实信用原则，根据合同的性质、目的和交易习惯履行通知、协助、保密等义务。合同生效后，当事人就质量、价款或者报酬、履行地有约定或者约定不明确的，可以协议补充的不能达成补充协议的，按照合同有关条款或者交易习惯确定。因债务人怠于行使其到期债权，对债权人造成损害的，债权人可以向人民法院请求以自己的名义代位行使债务的债权，但该债权专属于债务人自身的除外。如果债务人放弃到期债权或无偿转让财产，对债权人造成损害的，债权人可以依法请求法院撤销债务人所实施的行为。

（四）违约责任

当事人必须按合同的约定履行自己的义务，不履行合同义务或者履行合同义务不符合约定的，应当承担继续履行、采取补救措施或者赔偿损失等民事责任。违约责任主要有：强制实际履行、采取补救措施、赔偿损失、支付违约金等。

七、诉讼法

（一）诉讼法的概念和种类

诉讼法，是规定诉讼活动程序的法律规范，是国家机关和当事人以及其他诉讼参与人进行诉讼活动必须遵守的法律规范的总称。根据法律规定的内容的不同，我国目前的基本法可分为程序法与实体法。诉讼法与相关实体法的关系密不可分，它们相互储存、相互统一，是一种形式与内容的关系。诉讼法是实体法的保障。当实体法中所规定的权利被侵犯或义务人不履行义务时，可以通过诉讼程序使权利得以实现或义务得以履行。实体法是诉讼法存在的前提。没有实体法，诉讼法的存在也就失去了目的、意义和价值。总之，诉讼法离不开实体法，而实体法也离不开诉讼法。

我国诉讼法根据诉讼任务和诉讼形式特点的不同，将诉讼分为民事诉讼、行政诉讼和刑事诉讼。为使这些诉讼活动顺利进行，并保障诉讼参与人的合法权益，国家制定了相应的法律，分别为民事诉讼法、行政诉讼法和刑事诉讼法。

（二）诉讼法的基本原则

我国诉讼法的基本原则是指贯穿整个诉讼程序之中，指导司法机关和诉讼参与人进行诉讼活动的基本原则。我国的三大诉讼法就其性质而言，都是社会主义性质的，最终目的也是相同的，但诉讼活动所解决的案件性质又各不相同，这样诉讼法的基本原则又分为一般原则和特殊原则。诉讼法一般原则有：以事实为根据，以法律为准绳原则；公民在适用法律上一律平等的原则；司法机关依法独立行使职权的原则；审判公开原则；使用本民族语言文字进行诉讼的原则；回避原则；合议制原则；两审终审原则；检察机关对诉讼活动实行法律监督的原则。诉讼法的特殊原则，是只适用于某种诉讼的基本原则，我国三部诉讼法分别规定了一些只适用于该种诉讼的特殊原则。

（三）诉讼管辖

1. 民事诉讼管辖

这是指各级法院之间和同级法院之间对第一审民事案件的分工和权限。主要包括以下几种：级别管辖，是指上下级人民法院之间受理第一审民事案件的分工和权限。它主要解决人民法院内部的纵向分工。地域管辖，是指同级人民法院之间在各自辖区受理第一审民事案件的分工和权限，它主解决法院内部的横向分工问题。专属管辖，是指法律规定某些特殊类型的案件专门由特定法院管辖。裁定管辖，是指人民法院以裁定方式确定的诉讼管辖，分为移送管辖、指定管辖和管辖权的转移三种。

2. 行政诉讼管辖

这是指上下级法院之间和同级法院之间受理第一审行政案件的分工和权限。根据行政诉讼法的规定，管辖主要分为级别管辖、地域管辖、裁定管辖。

3. 刑事诉讼管辖

这是指公安机关、检察机关和人民法院在直接受理刑事案件上的权限和分工以及人民法院系统内部在审判第一审刑事案件上的权限划分。刑事诉讼管辖分为立案管辖和审判管辖两种。立案管辖又称职能管辖或部门管辖，是指公安机关、人民检察院、人民法院三机关之间受理刑事案件上的权限划分。审判管辖分为普通管辖和专门管辖。普通管辖又分为级别管辖、地域管辖和指定管辖。专门管辖是专门人民法院与普通人民法院之间，各专门人民法院之间以及各专门人民法院系统内部在第一审刑事案件受理范围上的分工。

（四）诉讼当事人

1. 民事诉讼当事人

这是指因民事权利义务发生争议，以自己的名义进行诉讼，并受法院裁判拘束的人。当事人在第一审程序中，一般称为原告和被告；在第二审程序中，称为上诉人和被上诉人。就大多数情形而言，当事人是发生争执的民事法律关系的主体，是为了保护自身权益参加诉讼的，与案件审理结果有直接的利害关系，法院所做的判决、裁定、调解书对他们产生拘束力。

2. 行政诉讼当事人

这是指因起诉或者应诉以自己名义参加行政诉讼活动的人，包括原告、被告。

3. 刑事诉讼当事人

这是指与案件结果有着直接的利害关系，对诉讼进程有巨大影响的诉讼参与人，包括被害人、自诉人、犯罪嫌疑人、被告人、附带民事诉讼的原告人和被告人。公诉案件被害人是指直接遭受犯罪行为侵害的人。公诉案件实行国家追诉制度，被害人不是原告人，但他对人民检察院做出的不起诉决定有申诉权。对人民检察院维护不起诉决定的，被害人可以向上一级人民检察院申诉，也可以不经申诉，直接向人民法院起诉。自诉人是指依法直接向人民法院起诉的当事人，一般都是自诉案件的被害人。犯罪嫌疑人是指在刑事诉讼中被指控犯罪，尚未起诉到人民法院的当事人。被告人是指被人民检察院向人民法院提起公诉或被自诉人直接向人民法院起诉要求追究其刑事责任的当事人。附带民事诉讼的原告人和被告人，前者是指因行为人的犯罪行为而直接遭受物质损失，在刑事诉讼中提起民事诉讼要求得到赔偿的当事人；后者是因其犯罪行为造成物质损失而被起诉索赔的当事人。

（五）诉讼程序

1. 民事诉讼程序

民事诉讼程序分为普通程序、简易程序、第二审程序、审判监督程序、特别程序、执行程序等。第一审普通程序是指人民法院审理民事纠纷案件，除简单的民事纠纷案件外，都适用的程序。主要包括：起诉和受理、审理前的准备、开庭审理、宣判等环节。简易程序，是简化了的普通程序，是基层人民法院及其派出法庭审理简单民事案件所运用的一种独立的简便易行的诉讼程序。在审判实践中，简单的民事案件一般是指那些事实清楚、情节简单、争议不大、影响较小的案件。第二审程序是指当事人不服第一审裁判，在上诉期内提出上诉，由上一级人民法院对案件进行审理的程序。上诉必须在法定的上诉期限内提出。审判监督程序是指人民法院发现已经发生法律效力的判决或裁定确有错误，对案件依法重新审理并做出裁判的程序。特别程序是指人民法院对非民事权益冲突案件的审理程序。执行程序是指人民法院根据一方当事人的申请或依职权采取法定措施，强制不履行义务的一方当事人履行已经发生法律效力的民事判决、裁定、调解书及其他法律文书的程序。

2. 行政诉讼程序

行政诉讼程序是行政诉讼活动必须遵守的次序、方式和方法。就其内容来说，与民事诉讼法基本相似。行政诉讼的第一审普通程序分为起诉和受理、审理和判决、执行等几个阶段。

3. 刑事诉讼程序

刑事诉讼程序包括立案、侦查、起诉、审判和执行五个阶段。立案是指公安机关、人民检察院发现犯罪事实或犯罪嫌疑人，或者公安机关、人民检察院和人民法院对接受的报案、控告、举报或自首及人民法院对自诉人的自诉材料进行审查后，判明有无犯罪事实和应否追究刑事责任，并决定是否进行侦查或审理的诉讼活动。侦查是指法定侦查机关在未证实犯罪和查获犯罪行为人而依照法律进行的专门调查工作和采取的有关强制性措施。起诉是指依法享有刑事起诉权的机关或个人对刑事被告人提出控诉，要求人民法院予以审判，以追究被告人刑事责任的诉讼行为。审判是指人民法院对依法起诉的刑事案件进行审理和裁判的诉讼活动。审判程序包括：第一审程序、第二审程序、死刑复核程序、审判监督程序。执行是指将人民法院已经发生法律效力的判决、裁定所确定的内容付诸实现以及处理执行过程中的变更执行等问题而依法进行的活动。

关键术语

继承	劳动合同	犯罪构成	正当防卫	紧急避险
刑罚	治安管理处罚	民事主体	民事行为	民事权利
民事责任	诉讼时效	民事诉讼	行政诉讼	刑事诉讼

案例评析

1. 2014年3月，被告人刘某为谋取私利，在内蒙古巴彦淖尔临河区多个地点张贴广告，通过电话联系买主，以150~200元不等的价格为徐某等六人伪造了宁夏大学、青岛滨海学院等六个虚假毕业证，非法获利近1200元。庭审中，被告向法官坦言，一直以为办假证算不上大事，即使被抓，也就是被公安机关罚点款。

问：刘某的行为是否构成了犯罪，应受到怎样的处罚？

【评析】关于“办假证”，刑法有明确规定，即伪造、变造、买卖或者盗窃、抢夺、毁灭国家机关的公文、证件、印章的，处三年以下有期徒刑、拘役、管制或者剥夺政治权利；情节严重的，处三年以上十年以下有期徒刑。法律没有对制作或购买假证在数量上规定明确的触刑标准。正因如此，从司法实践上看，只要制作一张假证、一枚假公章，即可追究刑事责任。本案经临河区法院审理后认为，被告人刘某为牟取非法利益，伪造高等院校印章制作学历、学位证明并贩卖的行为，已构成伪造事业单位印章罪，并依法判处被告人刘某有期徒刑九个月。

法网恢恢，疏而不漏。人生旅途，每个人都应通过合法诚实的劳动，获取报酬。

2. 到了婚嫁年龄的李梅与很多追求幸福的女孩一样，希望自己将来能找一个有车又有房的人结婚。2013年，李梅遇到了刘玉，刘玉有两套房产、一部奥迪轿车，其个人条件让李梅很满意。2014年9月，二人结婚。婚后，李梅如愿做起了全职太太。后靠刘玉的工资收入，二人存款8万元。不久，二人发现感情不和。刘玉将李梅起诉至法院要求离婚，并分割财产。后法院判决双方离婚。李梅分得4万元存款，其余财产归刘玉所有。李梅重新回到了无车、无房的时代。判决生效后，刘玉告诉李梅，可以先在自己房子里免费住两个月，但李梅需要用这两个月的宽限期另外找房，到期后，李梅必须搬离刘玉的房屋。在这期间，李梅并没去找房，她希望能在这里长期免费住下去。可到第三个月后，刘玉见李梅还没搬走，就要求李梅向自己交付房租。李梅勃然大怒，老公竟然成了自己的房东？

请问：法院对二人财产分割是否合法？为什么？

【评析】《婚姻法》第十七条规定：夫妻在婚姻关系存续期间所得的下列财产，归夫妻共同所有：

（一）工资、奖金。

（二）生产、经营的收益。

（三）知识产权的收益。

……

《婚姻法》第十八条规定：有下列情形之一的，为夫妻一方的财产：

（1）一方的婚前财产。

……

根据以上婚姻法规定，法院判决合法。因为，只有8万元是婚后所取得，属于夫妻共同财产，应平等分割。其余财产为刘玉婚前取得，属于刘玉个人财产，婚后仍属于其个人财产。离婚时理应继续归刘玉所有。

大学生应从本案中受到一定启发。无论男女，都不应该把对方的物质条件作为考量一个人的唯一标准。更重要的是关注一个人的品格与发展的潜力。因此，大学生应学会自立、自强，把自己培养成为德才兼备的人。

思考与练习

1. 什么是民法？我国民法调整的对象和基本原则是什么？
2. 什么是刑法？什么是犯罪，犯罪的构成要件有哪些？
3. 举例说明依照法律程序维护合法权益的意义。
4. 结婚必须具备哪些条件？哪些情形不得结婚？
5. 哪些属于夫妻共同财产？哪些属于一方个人财产？
6. 第一顺序、第二顺序继承人分别有哪些？
7. 遗嘱继承的形式有哪些？
8.《劳动合同法》是如何规定劳动合同的订立、解除和终止的？
9. 劳动争议如何解决？

参 考 文 献

[1] 马树超，郭扬，等. 中国高等职业教育历史的抉择 [M]. 北京：高等教育出版社，2009.

[2] 彭万林. 民法学 [M]. 北京：中国政法大学出版社，2002.

[3] 胡锦光，刘炳信. 法律基础 [M]. 北京：中国人民大学出版社，2002.

[4] 詹万生. 职业道德与就业指导 [M]. 北京：教育科学出版社，2001.

[5] 中共中央宣传部宣传教育局. 公民道德建设实施纲要学习读本 [M]. 北京：学习出版社，2001.

后 记

为贯彻落实《中共中央国务院关于进一步加强和改进大学生思想政治教育的意见》精神，根据2005年年初《中共中央宣传部教育部关于进一步加强和改进高等学校思想政治理论课的意见》实施方案以及专科层次设置“思想道德修养与法律基础”等必修课的有关规定，2006年我们组织编写了《思想道德修养与法律基础》。近年来，由于国际国内形势发生了较大变化，我国的相关政策、法律法规也有一定变化，为适应高职院校广大师生的需要，2015年我们组织有多年教学经验的一线教师重新修订本书。本书力求集中反映高等职业教育多年来的教学实践经验，借鉴和吸收该学科研究领域的新成果，使思想政治理论课教学更具有针对性、实效性，更富有吸引力和感染力，期望得到广大师生和读者的喜爱。

本书由宋彩云任主编，王洪娇、吕秀侠任副主编，陈令霞、孙增林、佀玉杰、吴现文等数位教师参加了编写。全书由宋彩云统稿。本书在编写过程中得到了青岛职业技术学院部分领导和教师的大力支持，在此表示衷心感谢！对于本书存在的疏漏和不足，恳请广大读者和专家批评指正。

编　者